KB170722

오늘과 내일을 잇는 학교

함께 고민하고 성장해 온

다행복 가람중학교 도전의 기록

함께 고민하고 성장해 온 다행복 가람중학교 도전의 기록

오늘과 내일을 잇는 학교

가람교육공동체 지음

호밀밭

추천사

가람중학교에 들어서면 예쁘게 가꾸어진 꽃밭이 눈에 들어온다. 그리고 이내 꽃보다 훨씬 밝은 아이들의 표정이 사방에 펼쳐져 있는 것을 보게 된다. 아이들은 학교에 방문한 손님인 나에게도 인사를 아끼지 않는다. '아, 사랑받고 있구나!'를 자연스레 느끼게 된다. 아이들은 표정을 통해, 활기찬 인사를 통해 학교에 대한 이야기를 전해준다. 그리고 이 책은 그 이유를 차근차근 풀어서 다시 친절하게 알려준다.

내가 가람중학교를 찾게 된 것은 수업 변화, 수업 알아차림 대화를 함께 하기 위해서였다. 그러나 역설적이게도 수업 변화는 수업만을 이야기하는 것으로는 해낼 수 없다. 학교의 체계와 문화가, 학부모가 함께 움직여야 한다. 가람중학교는 그런 점에서 쉽지 않은 상황에 있었다. 지역의 특성상 학습에 어려움을 경험하는 학생들이 많았고, 수업 변화를 가로막는 벽도 그만큼 여러 겹이었다. 그러나 학교는 그 벽에 도전장을 내밀었고 하나씩 부딪혀 나갔다.

전문적 학습공동체를 만들어 수업에 대한 논의를 시작했고, 학생들의 생활 규정을 바꾸고, 교육과정을 바꾸고, 다양한 교육활동들을 체계적으로 시도했다. 교육활동의 경험은 단순히 재미있는 '활동'으로 끝나지 않고 수업으로 연결되었으며, 삶을 관통하는 다양한 주제가 교과 융합수업이 되어 학생들의 살아있는 지식으로 다시 피어났다. 경험과 지식의 선순환 구조를 만들어 내기 위한 노력이었다. 새로운 시도를 할 때마다 수업 변화를 가로막는 것처럼 보였던 그 벽이 하나씩 열렸다. 벽처럼 보였는데 문이었다. 적어도 가람중학교에서는 벽이 문이 되었다.

급하게 시행된 교육정책이 공허한 메아리가 되는 것을 종종 목격해왔다. 수업 변화에 대한 요구도 마찬가지였다. 그러나 가람중학교에서는 아이들의 필요에 시선을 두고, 오히려 정책들을 적극 활용했다. 새로운 교육적 흐름을 적극적으로 수용했다. 그러나 그 흐름을 수동적으로 따라가기보다 학교에 맞는 방안을 찾기 위해 적극적으로 논의했으며, 때로 갈등이 생겨도 그것을 피하지 않았다. 학교에 맞는, 아이들에게 맞는 해결 방안을 찾아낼 때까지 함께 논의했고, 그 결과에 대한 책임도 함께 지고 갔다. 변화를 두려워하지 않고 새로운 도전을 시도해 볼 힘은 거기에 있었다. 함께 했다는 것, 서로를 믿어주었다는 것. 때문에 묵묵한 실천으로 우리 교육계에 주는 영향력을 만들어 냈다.

만일 학습의 어려움이, 상황의 어려움이 우리 아이들의 밝은 얼굴을, 주체적인 삶의 방식을 어렵게 만든다 느낀다면, 이 책을 처음부터 꼼꼼하게 읽어보도록 권한다. 쉬운 길을 제시해서가 아니다. 쉽게 따라할 수 있을 것이라 생각하고 책을 펼친다면 어쩌면 혀를 내두를 도전과 시도에 놀랄 수도 있다. 그러나 내용을 따라가다 보면 어느 순간 하나의 강력한 메시지를 만날 것이다.

'어떤 벽이 눈앞에 있어도 우리는 부딪혀 볼 것입니다. 아이들을 사랑하기 때문에 용기를 낼 수 있습니다.'

비슷한 고민을 하는 많은 선생님들, 그리고 학교들이 함께 용기를 얻기를 바라는 마음으로 이 책을 추천하는 바이다.

수업과성장연구소 대표 신을진

목차

1장   학교 문화

2장 학생 성장

3장 교사 성장

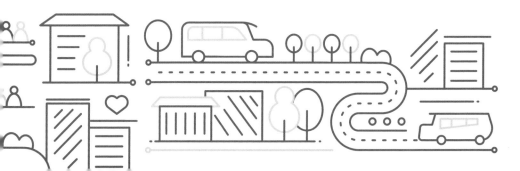

"행복한 가정은 모두 비슷하게 닮았지만 불행한 가정은 불행한 이유가 저마다 다 다르다."
　　　　　　　　　　　　　　　　　-톨스토이, 『안나 카레리나』 중에서

　그랬다. 가람중학교도 여느 혁신학교처럼 열악한 교육환경 속에 곪아가는 아이들이 안타까워 뭐라도 바꿔보자고 교사들이 의기투합하여 만들어낸 학교이다. 그러나 전국의 혁신학교들이 저마다 비슷한 이유로 혁신학교를 만들었지만, 그 속을 깊이 들여다보면 각자 학교가 처한 상황의 상이함 만큼 안고 있는 고민도 저마다 다 다르다.

　2009년 경기도에서 처음 혁신학교가 시작된 이래 13년이 지났다. 그동안 전국에서 혁신학교와 관련하여 무수히 많은 출판물들이 쏟아져 나왔다. 그중에는 혁신학교의 롤모델이 되는 경험과 사례로 베스트셀러를 기록한 책도 있었지만 그냥 사장되는 경우도 많았다. 그럼에도 불구하고 굳이 가람중학교의 이야기를 공식적으로 출판하려는 데는 나름의 이유가 있다.

우리 스스로의 필요 때문이다.

가람중학교 혁신교육 6년의 과정과 성과를 구체적인 백서 형태로 기록해 놓아야 휘발되지 않고 전승된다고 생각했다. 가람중학교는 공립학교이다. 매년 1/4 혹은 1/3의 교사가 바뀐다. 혁신학교와 그 문화가 지속되려면 사람이 바뀌어도 학교의 비전과 철학, 시스템을 계속적으로 이어 나갈 필요가 있다. 그런데 새로 전입한 교사들은 그 공유가 쉽지 않다. 학교 문화에 익숙해지기까지 시간이 많이 걸린다. 하지만 '책'의 형태로 기록이 남아 있으면 기존의 문화를 이해하는 데 드는 수고를 훨씬 줄일 수 있다. 또한 혁신학교의 철학과 비전, 시스템 구축에 직접 참여하고 운영했던 교사들이라 할지라도 시간이 지나면 자연히 구체적인 기억들은 희미해지거나 사라져 버린다. 하지만 객관적이고 정확한 기록이 남아 있으면 시스템의 형해화를 막을 수 있을 것이라 생각했다.

다른 학교와 혁신학교의 경험과 성과를 공유하고자 하는 바람이다.

다행복학교의 경우, 공통적으로 혁신교육의 동질성을 유지하고자 4대 운영체제에 준하여 시스템을 구축하고 학교를 운영한다. 그런데 학교마다 각자 처한 상황과 고민의 지점이 다 다르다. 어떤 학교는 교육과정 운영이 고민이고 또 다른 학교는 전문적 학습공동체의 운영이 어렵고, 수업 공개에서 한 걸음도 나아가지 못하는 학교도 있다. 가람중학교도 이런 고민을 했다. 그런 고민의 과정에서 머리를 맞대고 수없이 의논하고 실천한 결과 가람중학교만의 노하우를 갖게 되었다. 우리가 해결했던 방식이 다른 학교의 고민과 문제해결의 열쇠가 될 수도 있다고 생각하기에 구체적인 사례를 들어 문서화하기 위해 노력하였다.

세간의 다행복학교, 혁신교육에 대한 오해와 폄훼의 시선을 바로잡고 싶었다.

외부에서 다행복학교, 나아가 혁신교육을 바라보는 염려, 혹은 오해의 시선을 모르지 않는다. 기초학력 부족, 체험활동 위주의 교육과정, 과한 예산 지원 등이 그것이다. 학력 차이는 생애 초기부터 발생한다. 부모와의 정서 교류, 가정 분위기, 가족의 문화자본 등으로 발생한 격차는 해를 거듭할수록 그 차이가 쌓여 커지게 된다. 혁신학교는 태생 자체가 교육적, 문화적으로 소외된 지역에서 시작한 경우가 많다. 출발선이 다르니 오히려 일반적인 교육 방식으로는 학습 격차가 더욱 심화될 뿐이다. 경험이 적고 학습과 멀어진 학생들에게는 그만큼 세심한 접근이 필요하다. 이를 위해 체험활동을 비롯한 다양한 교육활동을 계획함에 있어 그것이 일회적인 것이 되지 않도록, 그리고 예산을 직접적인 물질의 지원이 아니라 의미 있는 교육활동에 사용하기 위해 가람중학교가 고민해 온 과정을 공유하고 싶었다.

가람중학교를 관통하는 의미, 키워드를 찾고자 함이다.

책에 어떤 내용을 실을 것인지 고민하고, 책의 목차를 정하기 위해 서로 머리를 맞대는 과정을 통해 가람중학교를 관통하는 의미, 키워드를 찾고 싶었다. 이에 책 출간을 위한 작업 자체를 가람중학교 전문적 학습공동체의 사업과제로 삼고, 여러 차례의 TF팀 회의와 대담회를 거쳐 가람중학교의 혁신교육 역사를 공유하고 공부하였다. 또한 구성원이 각종 자료를 찾고 직접 글을 쓰며 막연하게만 생각했던 가람중학교 교육과정의 실체, 즉 관통하는 의미를 찾아 앞으로 가람중학교가 나아갈 방향을 정립할 수 있기를 기대했다.

이러한 이유로 모두가 합심하여 써 내려간 이 책은 총 3개의 장으로 구성되어 있다.

먼저 1장에서는 가람중학교의 문화를 살펴보았다. 책을 쓰는 과정에서 가람중학교를 움직이는 힘은 '사람'이라고 많은 구성원들이 이야기하였다. 사람이 사람을 기르는 곳이 학교이니 어쩌면 당연한 이야기이다. 또한 이 책에 가장 많이 나온 단어는 '함께', '고민' 그리고 '성장'이다. 학생, 나아가 교사의 성장을 가능하게 한 원동력이 '함께 고민하는 것'임을 확인한 것이다. 구성원들이 어떤 고민의 과정을 거쳐 다행복학교로 첫걸음을 내딛고 계속해오고 있는지, 그것을 가능하게 한 가람중학교의 교사 문화는 어떠한지, 학교 문화가 생활 교육 문화로는 어떻게 이어지고 있는지를 살펴보았다.

이어지는 2장에서는 학교의 중핵인 학생 성장을 다루었다. 학생 성장을 위해 가람중학교가 해오고 있는 교과 융합수업, 주제 중심 학년 교육과정, 문화예술 교육과정, 봉사활동, 현장체험학습의 의미와 과정들을 깊게 들여다보았다. 이것들은 개별적으로 존재하기도 하고,

서로 긴밀하게 얽혀 있기도 하다. 그러므로 자연스레 교과 융합수업에서 다루어진 것이 주제 중심 학년 교육과정에서 다시 이야기되기도 하고, 봉사활동에서 이야기되기도 한다. 또한 각각의 교육과정이나 활동들이 나오게 된 고민의 과정을 최대한 자세히 풀어내기 위해 노력했다. 책에 실린 것은 가람중학교의 완성된, 모범적인 교육과정이 아니라 현시점의 이야기일 뿐이다. 독자들과 고민의 맥락 속에서 가람중학교의 이야기를 공유하고 싶었다.

마지막으로 3장에서는 교사 성장에 대해 이야기하였다. 학생, 그리고 사회는 계속해서 변화하는데 교사가 정체되어 있어서는 안된다. 학교가 어떻게 교사의 배움을 지원하는지, 많은 학교에서 어려움을 겪고 있는 수업 나눔은 어떤 과정을 거쳐 어떠한 방식으로 이루어지고 있는지를 앞장들과 마찬가지로 최대한 자세히 담아냈다. 그리고 혁신교육, 나아가서는 교육의 본질에 대한 고민들을 자유롭게 나눈 '라운드 테이블'을 마지막에 덧붙여 독자들과 함께 고민하고 방향을 찾아보고자 하였다.

서두에서 언급했듯, 학교는 저마다 처한 상황과 고민이 다 다르다. 이 책을 읽는 독자들이 가람중학교의 6년을 함께하며 우리만 고민하고 있는 것이 아님을, 고민이 의미 없는 것이 아님을 알고 약간의 용기를 얻기를 바란다. 또, 어떤 벽에 부딪혔을 때 주저하지 않고 아이들을 중심에 두고 함께 변화해 나갈 수 있기를 희망한다.

1장

학교 문화

1. 학교를 고민하다

가람중학교에 들어서면 오래된 비석 하나를 볼 수 있다. 비석에는 1953년, 가람중학교가 개교하게 된 건립 취지와 힘을 보탠 사람들의 이름이 한문으로 새겨져 있다. 전쟁 후, 학교가 위치한 구포 지역 주민들이 중학교가 없어 어린 학생들이 타지역으로 힘들게 통학하거나 심지어 학업을 포기하는 것을 안타까워하며 십시일반 모아 학교를 세운 것이다. 이후 학교를 부산광역시 교육청에 기증하면서 공립학교가 되었지만, 처음 학교를 세운 그 뜻은 여전히 남아 학교 입구를 지키고 있다.

지역사회와 맞닿아 있는 이러한 교육 열기는 1990년대 초반까지 이어졌고, 학교 건립의 뜻에 맞게 가람중학교(당시 학교명은 구포여자중학교)는 지역의 중심 교육기관으로서의 역할을 충실히 하였다. 그러나 이후 지역 경제가 점점 쇠퇴하고 신시가지 개발 등으로 지역 주민들이 빠져나가면서 학교 주변은 점차 낙후지역이 되었다. 경제 상황이 어려운 가정이 다수였고, 생활에 바쁘고 불안한 어른들이 많아지면서 학생들은 돌봄을 충분히 받지 못하게 된 것이다. 이러한 여파는 학교 교육활동에까지 고스란히 이어졌다.

2014년, 학교의 상황은 밖에서 듣던 것보다 훨씬 심각했다. 정서적으로 불안정하고 위험한 학생, 학교에 오지 않는 학생들, 거칠고 무기력한 교실, 서로에 대한 존중과 공동체의 경계가 무너져 있는 위기의 학교 모습 그 자체였다. 그나마 다행인 것은 당시 가람중학교의 교사들이 학교가 제대로 된 교육활동을 하기 위해서는 공동체의 경계가 분명해야 한다는 인식을 가지고 자청해서 힘든 역할을 하고 있었다는 것이다. 오랫동안 복잡하게 꼬인 매듭을 어디서 풀어야 하는지 명확하지 않았다. 그러나 가람중학교 교사들은 학생들을 탓하거나 외면하기보다는 생활 교육과 수업을 통해 학생들과 온전히 잘 만나고자 각자의 자리에서 고군분투하고 있었다.

1.1. 가람중학교, 다행복학교[1]가 되다

다행복학교를 꿈꾸다 (2015년~2016년)

매일 아침, 교문을 들어서는 학생들의 얼굴은 벌써 지쳐있는 듯했다. 수업 시간에 귀를 닫고 엎드린 채 배움에서 멀리 달아나 있는 학생들, 친구들끼리 싸우거나 선생님들과 수업 중 갈등이 생겨 언제나 소란스러운 교무실. 이런 상황 속에서 교사들은 각자 애쓰는 것에 한계를 느껴갔다.

그리고 때마침 2015년, 부산형 혁신학교인 다행복학교가 생겨났다. 가람중학교 안에서도 학교의 당면한 어려움을 해결하기 위해서는 교사 각자의 노력이 아니라 학교의 문화 자체를 바꿔야 한다는 생각이 움트기 시작했다. 가장 먼저 시도한 것은 수업의 변화였다. 학생

---

[1] 공식 명칭은 부산다행복학교이다. 이는 부산형 혁신학교를 말하는 것으로, 학교 구성원의 참여와 소통을 기반으로 함께 배우고 성장하며, 존중과 배려로 더불어 행복한 공교육 모델 학교를 추구한다.

들이 무엇보다 수업에 참여할 수 있도록 해야 한다는 생각으로 수석 교사를 중심으로 당시에는 생소했던 전문적 학습공동체를 꾸리고 운영하였다. 외부 강사를 초청해 연수를 개설하여 오랜 시간 쌓은 수업 노하우를 배우고, 각자의 수업에 적용해 보려고 노력하면서 교사들의 얼굴에는 조금씩 활기가 생겨나기 시작했다.

이런 열기를 이어 9월에는 '다행복학교에 대한 이해'를 주제로 하는 부산광역시 교육청의 찾아가는 연수를 신청하려고 하였다. 그러나 연수를 신청하는 것에 대해 일부 구성원의 반대가 매우 심했고 이로 인해 학교 내부는 소란스러워졌다. 결국 북부교육지원청 장학사 1명을 포함한 7명만이 연수를 들을 수 있었다. 우여곡절 끝에 듣게 된 연수를 통해 가람중학교 교사들은 학교 밖 환경이 엄청난 속도로 변화하고 있으며, 급속도로 변화하는 사회에서 살아갈 미래 세대들을 잘 교육하기 위해서는 학교의 문화와 본질에 대해 구성원 모두가 함께 고민해야 한다는 것을 알게 되었다.

연수 후 교사들은 각자 고군분투하는 것이 아니라 함께 연결되어야 학교가 변화할 수 있다는 사실을 깨닫고, 어떻게 '함께' 할 수 있을지를 고민했다. 그리고 학교에서 겪고 있는 교사로서의 어려움에 대한 공유와 공감, 민주적이고 협력적인 학교 문화 속에서 학생들을 제대로 가르치고 성장시켜 보고 싶다는 갈망이 더욱 표면화되었다. 이러한 갈망으로 이듬해부터 다행복학교로 출발하기 위해 공모를 추진했으나 여러 다른 의견들이 뒤섞인 학교 내부의 사정은 녹록지 않았다. 갈등과 소란함 속에서 이루어진 교사 대상 다행복학교 공모 찬반 투표 결과는 13 대 12, 단 1표 차이로 다행복학교에 공모조차 할 수 없게 되었다.[2] 그 결과는 말할 수 없이 속상하고 아쉬웠지만 돌이켜보면 그런 과정이 있었기에 다음 해에 주어진 기회가 더 소중했고, 새로운 학교와 교육 방향에 대한 교사들 사이의 공감대를 더 넓힐 수 있었다.

2016년 가람중학교는 전기(轉機)를 맞이하였다. 새 학교장이 취임했고, 많은 교사가 이동했다. 가람중학교에 전입해 온 교사들은 눈앞에 마주한 학교와 학생들의 상황에 무척 놀라워했다. 그렇지만 동시에 교사로서 자신의 역할을 최대한 펼쳐 보려는 뜻을 가지고 있었다. 학생들을 통제의 대상으로 바라보고 문제가 생겼을 때 징벌하는 생활 지도가 아니라 학생들이 처한 상황을 듣는 것으로부터, 모범 답안을 주는 것이 아니라 공감하고 이해하는 태도로 학생들을 만나려는 모습이 유독 눈에 띄었다. 그해, 학교 곳곳에서 학생들과 상담하는 교사들의 모습을 일상적으로 볼 수 있었다.

혁신학교는 아니었지만 가람중학교는 당시의 위치에서 할 수 있는 것들을 해 나갔다. 생활안전부(현 생활 교육부) 교사들을 중심으로 학생 생활규칙 개정의 필요성과 방향에 대해 학생회와 토론을 한 후 학급 단위로 규칙을 개정해 보게 하며 학생들을 주체로 세우고자 하였다. 또 정기고사 준비 기간에는 또래 공부방을 열기도 하였고, 사제동행 문화 활동, 사회 교과의 경제 단원 수업과 연계한 학생자치매점을 열기도 하였다. 특히 수업을 방해하는 행위와 친구들에게 함부로 말

---

2 2016년 당시 다행복학교 공모시 교직원 투표 및 찬성 비율은 필수 요건이었음.

하고 행동하는 것을 엄격하게 지도하며 공동체를 위한 경계 세우기에도 공을 들였다. 또 한편에서는 수업 변화를 위해서, 배움이 살아있는 교실을 위한 교사 전문적 학습공동체 활동을 지속하였고 몇몇 교과가 중심이 되어 교과 융합수업을 틈틈이 시도하였다.

그런데 학생이 주체가 될 수 있는 다양한 교육활동을 모색하고 거기에 참여하면서 자율성과 책임감을 느끼도록, 그리고 학생들이 배움에서 멀어지지 않도록 노력했지만 평화롭고 안전하며 배움이 살아있는 학교 공동체를 만들기란 쉽지 않았다. 변화를 시도하여 얻은 결과는 분명 값진 것이었지만, 부분적으로만 시도하는 것에는 한계가 있다는 것도 알게 되었다. 2016년은 학교 전체의 문화가 변화하고 그것이 튼튼한 기초로 다져져야만 시스템의 힘과 사람의 힘이 생겨날 수 있다는 것을 깨닫는 시간이었다.

이러한 깨달음으로 직전 해보다 더 많은 교사들이 부산광역시 교육청의 찾아가는 연수를 신청하여 혁신학교의 철학, 다행복학교 운영 사례 등에 대해 들었고, 국제신문사 강당에서 열렸던 다행복학교 설명회에도 참석했다. 이후 다양한 생각들을 가진 교사들이 격론을 벌이기도 하고 설득하기도 하면서 2017 다행복학교에 공모하는 것으로 결정하였다. 과정은 쉽지 않았지만 결국 80%가 넘는 교사들의 공모 동의를 얻었다. 이후 간략하게나마 학부모 대상 설명회를 열었고 학부모들의 동의도 80%를 넘겨 그해 2학기, 2017 다행복학교에 공모하였다. 한 번의 좌절과 더 큰 필요가 초석이 되어 부산다행복학교로 새출발을 하게 된 것이다.

다행복학교, 도전을 시작하다(2017년~2019년)

2017 다행복학교로 출발하는 학교들의 공동연수가 그해 1월, 3박 4일간 경주에서 진행되었다. 학교의 본질과 책무, 다행복학교의 바탕 철학과 중점과제, 학생자치 활동 및 학교자치, 회복적 생활교육, 미래교육을 담는 교육과정과 평가, 꿈꾸는 학교의 모습 공유하기 등 연수는 쉴 틈 없이 채워져 있었다. 용어와 내용들이 낯설기는 했지만 수준 높은 강의와 선행학교들의 혁신교육 경험을 들은 교사들은 새로운 학교에 대한 설렘과 열정으로 서로의 생각을 나누며 학교의 미래를 함께 설계하였다.

그리고 3박 4일간의 공동연수 후 구심점이 필요하다는 의견에 따라 리더그룹이 만들어졌다. 다행복학교가 민주적인 소통과 협의를 지향하지만 초창기에는 리더그룹이 먼저 고민하고 추려낸 사항을 구성원들에게 설명하고 의견을 모으는 과정으로 진행하는 방식이 처음에서 오는 혼란을 줄일 수 있을 것이라 생각했다.

가장 먼저 고민한 것은 다행복학교가 공통적으로 추진하는 4대 중점과제[3]의 운영에 대한 것이었다. 중점과제들을 운영 기간(2017~2020) 동안 한 해에 한 가지씩 순차적으로 진행해 나갈 것인지 동시에 진행할 것인지를 고민하고 협의한 끝에 네 가지를 동시에 진행하는 것으로 결정했다. 구성원들의 열정과 협력을 바탕으로 동시다발적으

---

3 부산광역시 교육청은 다행복학교의 4대 중점과제로 민주적 학교운영 체제, 윤리적 생활공동체, 창의적 교육과정, 전문적 학습공동체를 제시하고 있다.

다행복학교 출발 기념 2017 벽화 작품

로 중점과제를 추진하면서 학교의 문화를 빠르게 바꾸어 가는 것이 좋겠다는 의견이 많았기 때문이다. 또 다행복학교에 지원되는 예산을 활용해 이런저런 프로그램들을 펼치는 학교가 아니라, 수업의 변화를 통해 무엇보다 교육과정이 중심이 되는 학교로 나아가야 한다는 생각도 4대 과제를 동시에 추진하자는 결정을 한몫 거들었다. 돌이켜보면 이때의 결정이 가람중학교가 다행복학교로서 큰 시행착오 없이 정착하고 꾸준히 성장할 수 있었던 매우 중요한 지점으로 작용했음을 알 수 있다.

2월에는 전 교사가 참여하는 '새학년 준비 워크숍'을 해운대에서 1박 2일간 진행하고 나머지 이틀은 학교에서 이어서 진행했다. 대다수에게 생소했던 다행복학교의 철학, 중점 과제를 모두가 공유하고 가장 먼저 학교 비전을 확정했다. 가람중학교는 2016년 말, 다행복학교로 확정된 이후부터 학교의 환경과 사람, 강·약점 등을 분석하고, 학생들이 어떠한 사람으로 성장하면 좋을 것인지를 수차례 함께 나누며 학교 비전을 고민해왔다. 그리고 그 바람을 담은 학교 비전을 4개 정도로 간추렸고, 이후 2017년 2월 워크숍에서 이 논의를 이어 키워드를 찾고 유목화하였다. 이를 통해 '존중', '참여', '배움', '협력', '행복' 등이 핵심어로 추출되었고, 마침내 '서로 존중하고 참여하며 더불어 배우는 행복한 학교'가 가람중학교의 학교 비전으로 정해졌다. 이때 정해진 학교 비전은 가람중학교의 철학이자 학교에서 일어나는 모든 교육활동의 시작점으로서 지금까지 이어져 오고 있다.

다음으로 고민한 것은 학교 업무구조였다. 업무가 아닌 교육활동과 교육과정이 중심이 되는 학교 시스템을 만들기 위해서는 학교 업무구조의 개선이 필요하다. 한 명의 학생도 배움으로부터 소외되지 않고 함께 잘 성장하도록 하려면 교사들이 업무가 아닌 학생들 곁으로 가야 한다. 그러려면 담임교사는 되도록 행정업무를 맡지 않는 교무행정 시스템이 요구되는 것이다. 이것을 위해 다행복학교로 확정된 2016년 12월부터 학교 업무의 경감 요소를 찾아 덜어내는 작업을 시작했다. 덜어내기를 위한 많은 논의 후 교무실을 학년지원부, 생활지원부, 업무지원부로 구조화하였다. 이 구조를 만드는 것은 생각보다 수월하지 않았다. 담임교사가 행정업무를 맡지 않고 업무지원부에서 업무를 중점적으로 맡는 것을 이해하고 수긍하기 어려워하는 교사들이 많았다. 또 담임교사와 학년의 교과교사가 합심하여 학년 교육과정을 마련할 것이라는 말도 쉽게 이해하기 어려워했다. 이러한 형태의 업무구조를 교사들이 교직 생활동안 생각해 본 적도 실제로 운영해 본 적도 없었으니 당연한 일이었다.

모든 조직에는 갈등이 있기 마련이다. 그 갈등을 갈등이 없는 것처럼 그저 수면 아래로 밀어놓는 곳도 있을 것이고 함께 지혜롭게 해결해 가는 곳도 있을 것이다. 갈등을 인식하고 마주 보는 것, 이 갈등을 해결하는 과정에는 만만치 않은 어려움이 따른다. 다행히 가람중학교는 그동안의 축적된 과정을 통해 이견(異見)을 말하는 것이 그리 어려운 문화가 아니었다. 학교 업무구조를 재구성하는 과정에서 생긴 갈등을 수면 위로 올려 거듭 토의하고 경청한 끝에 다행복학교 첫해인 2017년부터 이러한 구조를 시도할 수 있었다. 그러나 이 구조는 고착된 것이 아니다. 해마다 학년말 업무 경감 요소를 찾아보고 각 업무의 적재적소가 어디인지를 살펴보며 업무분장을 새롭게 하기에 매년 조금씩 달라져 왔고 지금도 그러하다.

새로운 학교업무구조와 함께 수업에 대한 고민과 제안도 이어졌다. 무기력하고 엎드려 있던 학생들을 어떻게든 수업에 참여시키고 배움의 중심에 서도록 하기 위해서는 개개인이 아니라 교사들 공동의 고민과 공동의 실천이 필요하다. 이러한 공동의 실천을 위한 수업 나눔의 방법으로 다행복학교 공동연수에서 접했던 배움의 공동체[4]를 기반으로 하는 제안수업 방식이 논의되었다. 교사들은 늘 더 나은 자신의 수업을 위해 고민하지만 정작 수업을 개방하는 것에 대해서는 두려움을 가지고 있다. 그러나 기존의 평가적인 수업 공개와 수업 장학 방식으로는 교사를 성장시킬 수 없다는 것도 경험을 통해 알고 있다. 제안수업은 무엇이고 어떻게 하는지, 이를 위한 사전 수업디자인은 어떻게 해 볼 것인지, 수업 후 수업 나눔은 어떤 시각으로 나누어야 하는지 등에 대해 모두 명확하게 알지 못했다. 그러나 수업을 함께 나눌 필요성을 절감한 가람중학교 교사들은 어설프더라도 일단 제안수업의 형태로 수업 나눔을 시도해 보기로 마음을 모은 것이다.

또 회복적 생활교육을 위한 첫걸음으로 사례회의를 도입했고, 상벌점제 폐지를 안건으로 하는 대토론회를 열었다. 예상과 달리 교사, 학생, 학부모 중 제법 많은 사람들이 상벌점제를 버리는 데 주저했다. 뒤에서 자세히 기술되겠지만, 이번에도 격론 끝에 상벌점제를 폐지하기로 결정하였다.

이전에 해보지 않았던 새로운 교육활동을 모색하고 실천하는 동안 2017년이 빠르게 흘러갔다. 힘겹게 마음을 모아 다행복학교를 시작하고 첫해를 마무리할 즈음, 우리는 함께 열정을 쏟았던 노력과 실

---

4 일본의 교육학자인 도쿄대학교의 사토 마나부 명수가 창시한 교육 혁신 철학이자 방법론으로, 그의 제자인 손우정에 의해 국내 교육 현장에 확산되어 왔다. 배움의 공동체에서는 공공성, 민주주의, 탁월성을 바탕으로 함께 배우며 더 나은 수업을 만들어가는 것을 목표로 한다.

천들이 학교 구성원들에게 어떻게 다가갔고 어떤 의미를 남겼는지가 궁금해졌다. 그래서 그 의미를 찾기 위한 교육과정 평가회를 계획하였다. 교육과정 평가회의 필요성을 공유하고 학생들부터 월드카페 형식으로 교육과정 평가회를 운영하였다. 자신들의 1년살이와 학교의 교육활동을 평가해 보는 것이 처음인 학생들은 낯설어하면서도 다양한 생각들을 내놓았다. 교사들 입장에서는 생각하지 못했던 의견들도 제법 많았다. 이렇게 모인 학생들의 생각을 정리해 교사들도 교육과정 평가회를 시작했다. 12월, 주제별로 교육과정 평가회를 거쳐 내용과 의견을 정리한 후에는 다음 해 2월, 새학년 준비 워크숍에서 가람중학교로 전입해온 교사들에게 안내하고 의견도 공유하며 다가올 새 학년의 교육활동에 반영하였다.

다행복학교 2년 차인 2018년은 첫해의 시행착오를 바탕으로 좀 더 깊이 있고 안정적인 다행복학교 시스템을 만들고자 노력한 해였다. 학교 비전과 각 학년별 교육과정과의 연관성, 해당 연령에 필요한 요구, 학년이 올라갈수록 점점 더 깊어지고 넓어질 수 있는 주제 등 여러 방면으로 고민하고 논의한 끝에 학년별로 철학이 정해졌고 이는 학년 교육과정 운영의 기본 방향이 되었다. 또 교육 3주체(학생, 학부모, 교사)들은 토론을 통해 생활협약을 정하고 선포식을 함께했다. 이렇게 정해진 학교 비전과 학년 철학, 생활협약을 바탕으로 3월에는 학급 단위로도 수업협약과 생활협약을 정하고 실천하기 위해 노력하였다.

교사 교육과정 평가회

가람중학교 학교 비전 및 학년 철학

학교 비전	학년 철학
서로 존중하고 참여하며 더불어 배우는 행복한 학교	1학년: 나를 알고 사랑하기
	2학년: 다름을 이해하고 협력하기
	3학년: 따뜻한 감성으로 세상과 소통하고 실천하기

    그리고 학년 교육과정 중 현장체험학습도 학년 철학 및 수업과 연계하여 실시해보자는 공감대가 형성되었다. 현장체험학습이 행사처럼 분절적인 활동이 되지 않고 연속성을 가질 수 있도록 사전에 교과수업과 연계하는 등의 노력도 함께 기울였다. 학년 철학을 바탕으로 하여 1학년은 순천에서 농어촌 생태교육을, 2학년은 기존의 수학여행을 기본으로 하되 둘째 날 학생들이 모둠별로 기획한 서울 자유투어와 문화 체험을, 3학년은 부산 해운대 아르피나를 베이스캠프로 해

서 둘째 날에는 학생들이 희망한 진로체험처에서 오전·오후 두 가지를 체험할 수 있도록 기획하였다.

교사들의 새로운 시도와 준비는 학생들의 높은 만족도로 결실을 맺었다. 학생들은 현장체험학습에서 가장 좋았던 것이 자신들이 스스로 여행의 주제를 정하고 일정을 짜서 실제로 체험해 보았던 것이라고 평가했다. 교사들도 처음 시도하는 형태의 현장체험학습이라 불안한 마음 때문에 하루 전체를 학생들에게 다 내어주지 못했는데 학생들도 이 부분을 가장 아쉬워했다. 그러나 학생들은 다소 짧은 일정에서도 책임감과 협력하는 마음, 갈등을 조정하는 법 등이 얼마나 중요한지 경험을 통해 배울 수 있었다는 후기를 들려주었다. 학년별 현장체험학습 중에 자신들끼리 공유하는 시간을 가진 후 만들어진 결과물은 학교 복도에 붙여 다른 학년들과도 공유하며 각 학년의 현장체험학습에 대한 의미를 다시 한번 되새기기도 했다.

2017년의 경험을 바탕으로 학생회 외에 더 많은 학생들이 학교의 주인으로서 활동할 수 있도록 학생자치회가 생겨났고, 이와 더불어 학생 자율동아리도 더 많이 만들어지고 그 내실을 다져갔다. 또 교사들이 자율적으로 공개했던 제안수업도 조금 더 책무성을 갖고 함께 성장하자는 생각에서 2년에 1회씩은 공개한다는 대원칙을 정했다. 이에 따라 다행복학교 2년 차인 2018년에는 10명의 교사가 수업을 공개하였다. 쉽게 결정된 것은 하나도 없었지만 함께 참여하면서 학교가 교육공동체로 변화해 갔다.

2019년, 가람중학교는 다시 변화를 선택했다. 2017년부터 2019년

1학기까지 2년 반의 시간 동안 학교 문화를 민주적으로 바꾸고 수업을 변화시키기 위해 노력해 오면서 교사들은 무엇보다 학교의 교육과정이 학생들을 키우는 요체이자 모든 교육활동의 나침반이라는 것을 깨달았다. 또한 교사들의 교육활동을 관리하며 학교 환경 및 시설물을 책임지는 자리를 넘어 미래교육의 방향에 대한 비전을 지니고 학교를 이끌 학교장의 새로운 리더십이 필요하다고 생각했다. 이런 리더십에 대한 절실함으로 가람중학교 구성원들은 의견을 모아 공모제(내부형) 교장에 응모했고, 그 결과 2019년 9월 1일, 부산의 중학교로서는 처음으로 평교사 출신의 공모제(내부형) 교장이 부임하게 되었다.

새 교장선생님은 부임 이후 면접이 있던 날, 한 시간 먼저 학교에 도착해서 교정 이곳저곳을 돌아보다가 교내 텃밭을 보고는 '가람중학교 선생님들이 텃밭을 가꾸고 생명을 기르는 마음으로 학생들을 만나고 있구나' 하고 느꼈다는 이야기를 했다. 교장선생님은 교직원들이 저마다 마음에 두고 애쓰고 있는 일을 살피고, 교육활동에 대한 다양한 의견을 듣고, 먼 열 걸음이 아닌 딱 한 걸음 정도 앞서서 학교가 가야 할 곳을 보여주려고 노력하였다.

공모형 교장이 부임한 2019년 2학기부터는 전문적 학습공동체 시간에 교육과정이 어떤 의미를 지니고 있는지, 교사들은 교육과정을 어떻게 생각하고 어떤 역할을 해야 하는지 등에 대해 함께 이야기를 나누고, 서로의 고민을 공유하였다. 교사들은 교육과정 백워드 설계 연수를 듣고 관련 책을 읽으며 더욱 본격적으로 학교 교육과정에 대해 공부하기 시작했다.

다행복학교, 다시 도전하다(2020년)

2020년은 코로나19로 전 세계가 충격에 빠진 해였다. 학교의 충격은 더욱 컸다. 개학이 수차례 연기되면서 학생들이 학교에 오지 못했고, 교사들은 학사일정을 계속 수정하고 안내하기 바빴다. 엄청난 혼란 속에서 겨우 온라인 상으로 수업이 재개되면서 교사들은 가르침과 배움의 방식이 이전과는 달라져야 함을, 학생들이 살아갈 미래에 대해 다시금 생각해야 함을 느껴갔다.

학생들이 등교하는 날이 적어지고 학년별로 번갈아 등교하는 것으로 방향이 정해지면서 학년 교육과정 운영에 대한 학년부장들의 고민이 커졌다. 코로나19 상황이니 이를 중단하거나 축소해야 할지 아니면 다른 대안을 찾아 가람중학교의 철학에 맞추어 진행하는 것이 옳은지. 답은 학교공동체가 함께 찾았다. 어려운 시기이지만 학생들은 수업을 비롯한 학교의 모든 교육활동 속에서 멈춤 없이 계속 성장해야 한다고 말이다. 언제 끝날지 모르는 코로나19 상황이지만 일상적으로 해 오던 것들을 현 상황에서 가능한 방법을 찾아 어렵더라도 함께 해 보자는 것으로 마음이 모아졌다.

이에 가람중학교는 이전에 하던 모든 교육활동들을 대안적 방법으로 꾸준히 실천했다. 학생들은 오전과 오후로 나누어, 학년별 교육과정 운영에 맞춰 요일을 번갈아 가며 등교하고, 수업은 대면과 온라인 방식을 병행했다. 봉사활동의 경우 코로나19 상황에 맞게 손소독제와 마스크 줄을 만들고 마음을 담은 엽서를 써서 학교 주변 어르신들께 드리는 방법으로 진행하며 이어갔다. 강당에서 전교생이 모였던 학생 대토론회도 ZOOM을 활용해 실시간으로 열었고, 학생들이 손꼽아 기다리던 체육의 날도 체육 교사와 학생회, 자치회가 똘똘 뭉쳐 운동장과 교실에서 소규모 그룹으로 번갈아 가며 할 수 있는 꼭지들을 마련하여 진행하였다. 또 공연까지는 어려울 수도 있겠다고 우려했던 문화예술 교육과정도 결국 무사히 학년별 발표회를 개최할 수 있었다.

교사들의 핵심 활동인 전문적 학습공동체와 제안수업도 멈춤 없이 지속했다. 처음에는 밀집도를 고려해 제안수업을 여는 수업자와 해당 학급의 담임교사, 동교과 교사들만 교실에서 수업을 관찰한 후 전 교사가 다시 그 수업 영상을 함께 보는 방식으로 수업을 나누었다. 다음에는 온라인 수업으로 제안수업을 열고 다른 교사들이 ZOOM에 접속하여 학생들을 살피고 소그룹 활동을 지켜보는 형태로 수업 나눔을 이어 나갔다. 그리고 코로나19의 상황이 좀 나아질 때는 코로나19 이전과 동일한 방식으로 제안수업과 수업 나눔을 하였다.

다행복학교 4년 차인 2020년은 다행복학교 1기 운영에 대해 종합평가를 받는 해이기도 했고 재지정을 받는 해이기도 했다. 이를 위해 4년 동안 교사들이 함께 일궈낸 것들을 차근차근 갈무리하고 부족한 것은 다시 채워보기로 했다. 종합평가를 맞이하는 준비 과정에서 우리는 학생들의 삶과 연계되고 미래를 향해 나아가는 교육과정, 학교와 교사의 새로운 역할, 신(新)학력관 등에 대해 여러 차례에 걸쳐 주제 토의를 했다. 그리고 이를 바탕으로 종합평가 당일, 학교를 방문한 다른 학교 교사들과도 깊은 토의를 하며 서로가 가는 길에 공감하고 응원하는 시간을 가졌다.

학년말에는 다행복학교 재지정과 함께 다행복자치학교[5]에 응모하여 한 단계 더 도약해 보기로 마음을 모았다. 이를 위해 교사들은 학교 교육과정의 핵심을 어디에 두어야 하는지를 주제로 하여 또다시 긴 토의·토론 레이스를 펼쳤다. 그 결과 지역 이해, 생태와 환경, 건강한 성 인식, 차별과 혐오가 없는 인권교육, 민주시민교육, 독서교육 등의 영역별 주제가 도출되었다. 그리고 도출된 가르침과 배움의 주제를 교과 융합수업이나 창의적 체험활동을 중심으로 하는 데서 나아가 교육과정 안에서 체계성을 갖도록, 학년별로 연계되고 심화되도록 그 형태도 함께 고안하였다. 이러한 고민의 과정을 거쳐 가람중학교는 이듬해인 2021년, '학습자 중심 미래형 교육과정 연구'를 핵심 과제로 선정하고 '다행복자치학교'로 발돋움하였다.

다행복학교, 도약을 꿈꾸다(2021~현재)

학교는 저마다 처한 환경이 다르고, 각자 하고있는 고민이 다르다. 그렇기에 구성원 스스로 우리 학교가 무엇을 할 것인지, 그것을 왜 하는 것인지, 어떻게 할 것인지를 끊임없이 물어야 한다. 가람중학교 구성원들은 그 질문의 핵심에 바로 학교의 창의적 교육과정이 있는 것

---

5 미래형 혁신학교를 이르는 부산광역시 교육청의 공식 명칭이다.

이라고 생각하고 오랫동안 함께 고민해왔다. 학교는 국가교육과정을 기본으로 하면서 창의적 교육과정을 통해 학생들이 자신들의 삶을 사랑하며 건강한 민주시민으로서 성장하도록 노력을 기울여야 한다. 또한 삶의 터전인 지역을 알고 이해하며, 미래 사회를 더 나은 공동체로 만드는 데 필요한 태도와 역량을 지닐 수 있도록 지원해야 함도 잊지 말아야 한다. 이를 위해 빛깔 있는 학교 교육과정이 필요한 것이다.

가람중학교는 2017년부터 2020년까지 다행복학교 1기를 운영하며 지속적으로 빛깔 있는 학교 교육과정을 지향하면서 다양한 노력과 실천을 거듭해왔다. 그리고 다행복자치학교로 발돋움한 2021년에는 학년마다 중심 주제를 달리 설정하고, 그 주제를 담은 수업과 학년별 창의적 체험활동들이 서로 순환하며 융합하고 심화되도록 구성하였다.

새로운 도약을 꿈꾸는 가람중학교의 학교 교육과정은 지금도 계속되고 있다. 이러한 교육과정을 지속하는 데는 수많은 고민과 노력들이 필요하다. 이를 위해서는 창의적 교육과정의 필요성과 의의, 운영 방향 등에 대한 교사들의 공동 인식이 우선되어야 할 뿐만 아니라, 운영 과정에서 생기는 어려움과 때때로 생기는 질문을 함께 터놓고 진솔하게 이야기할 수 있어야 한다. 이런 과정을 통해 다져지는 동료교사들의 자발성과 협력성은 가장 든든한 비빌 언덕이 된다. 또 관리자의 인식과 지원은 교사들을 신나게 하고 힘 나게 한다. 나아가 학부모와 지역사회의 참여와 지원으로 학교의 교육활동은 더욱 깊어지고 넓어진다. 이 모든 것이 합쳐져 학교가 창의적 교육과정을 마련하고 꽃을 피우면 그 자리에서 학생들이 열매를 맺는 것이다.

또한 학생 성장을 위한 학교 교육과정과 함께, 다행복학교 첫해부터 전문적 학습공동체와 제안수업으로 교사 성장을 향해 꾸준히 연찬해오던 교사들도 2021년부터는 '수업 알아차림' 과정을 함께하면서 더 깊고 넓게 수업을 바라보고자 노력하고 있다. 익숙한 것에서 변화하기란, 꾸준히 노력하기란 말처럼 쉬운 것이 아니지만 서로를 의지하며 함께하기에 또 그리 어려운 것만은 아니라는 것도 알고 있다.

지난 6년 동안 가람중학교는 학생들에게서 출발해서, 학생들을 향해, 학생들의 현재 삶을 보듬고 미래를 어루만지기 위해 모두가 함께 노력하고 있다. 가람중학교의 이런 노력은 현재진행형인 동시에 미래진행형일 것이다.

2. 팀리더십[6]

나에게는 '가람중학교' 하면 떠오르는 강렬한 문장이 하나 있다. 그것은 2018년, 가람중학교가 다행복학교 2년 차 때 받은 다행복학교 중간평가에서 평가위원들이 남긴 찬사, 가람중학교는 '세상에 없는 학교', '지금 하고 있는 것이 이미 아름다운 학교'라는 문구이다. 당시 가람중학교의 외부인으로서 이 말을 접했을 때에는 '겨우 2년 차 다행복학교에 대해 이런 평가가 가능한가?' 하는 의구심이 들었다. 그러나 2019년 2학기부터 공모제(내부형) 교장으로 가람중학교에 부임해 근무해보니 과연 이런 평가를 받기에 모자람이 없는 학교였다.

이런 찬사를 가능하게 했던 가람중학교만의 특별함은 무엇일까?

첫째는 가람중학교에 근무하는 교사는 4년에 두 번, 즉 2년에 1회 이상은 반드시 '제안수업'이라는 이름으로 전체 교사 앞에서 수업 공개를 해야 한다는 동료교사와의 약속을 예외 없이 지켜오고 있다는 점이다. 어쩌면 학교에서 가장 중심이 되는 동시에 가장 폐쇄적인 것은 다름 아닌 '수업' 장면이 아닐까? 가람중학교는 이를 약속으로 정해 모두 함께 고민하는 장으로 끌어내고, 다행복학교 초기부터 일관된 수업 나눔 문화를 이어오고 있다.

둘째는 생활 교육 측면에서 '경계 세우기'가 확실하다는 점이다.

---

6 이 책은 특정한 한 사람이 아니라 가람중학교 전체의 교육활동을 바탕으로 쓰였기에 서술자를 드러내지 않고자 노력하였다. 다만 팀리더십 파트는 2022년 현재 가람중학교 교장인 윤미경 선생님의 시점으로 작성된 것임을 밝혀둔다.

대부분의 혁신학교가 윤리적 생활공동체 구축을 통한 학생 생활 교육을 천명하면서, 학생들에게 기존의 강압적 훈육 대신 '회복적 생활 교육' 중심의 자율적 학생 생활 교육을 내세운다. 그러다 보면 초기에는 넓어진 자유의 허용치에 스스로 정한 규칙임에도 지키지 않는 학생들이 속출하고 이로인해 초래되는 무질서를 견뎌야 하는 교사들의 곤혹감이 예외 없이 따라온다. 즉 자율과 경계 세우기가 제대로 자리잡기 어려운 상황이 오래 계속되는데, 가람중학교에서는 '경계 세우기'가 초기부터 잘 지켜져 왔다.

그렇다면 가람중학교만의 이 특별함은 어디에서 온 것일까? 나는 그것이 가람중학교 특유의 교사 팀리더십에 기인한다고 생각한다. 다행복학교로서의 가람중학교도 처음에는 대다수의 혁신학교가 그러했듯 교실 붕괴, 학교 붕괴의 두려움 속에서 학생을, 학교를 살려보겠다는 소박한 꿈을 가진 교사들의 뜻으로 시작되었다. 가람중학교가 다행복학교로 출발한 2017년 전후, 비슷한 교육적 고민을 하던 교사들이 가람중학교에 모였고, 함께 고민을 나누고 의기투합하면서 팀리더십을 발휘한 끝에 마침내 학교 혁신을 꿈꾸며 다행복학교로서 출발할 수 있었던 것이다. 이에 본 장에서는 공모제(내부형) 교장으로서 바라본 가람중학교의 팀리더십에 대해 기술해보고자 한다.

2.1. 관리자 리더십

앞 장에서 언급했듯 가람중학교는 몇 년간의 어려운 과정을 거쳐 마침내 다행복학교로 지정되고 혁신의 궤도에 올랐다. 그리고 가람중학교 교사들은 학교의 철학과 방향이 계속 유지, 발전할 수 있도록 중지를 모아 공모제(내부형) 교장을 선택했다. 나 또한 교장이라는 관리직에 연연하지는 않았지만 다행복학교의 리더교사 업무를 수행하면서 학교를 제대로 혁신하기 위해서는 더 많은 권한이 필요하다는 인식에 이르렀다.

이런 두 개의 필요가 마주쳐서 2019년 9월 1일, 가람중학교에 공모제(내부형) 교장으로 부임하게 된 것이다. 가람중학교에 부임하면서 스스로에게 교장으로서의 역할 수행에 있어 결심한 것이 세 가지 있다.

첫째, 앞서 가람중학교가 다행복학교 2년 차 중간평가에서 '세상에 없는 학교', '지금 하고 있는 것이 이미 아름다운 학교'라는 평가를 받았음을 기술하였다. 나는 교장으로 부임하면서 이런 평가가 가능하도록 애쓴 가람중학교 교사들의 노력을 마음에 새기고 그것에 누가 되지 않도록 교장의 역할을 충실히 해야겠다고 다짐했다.

둘째, 교장의 권력을 행사하기보다 교사들의 어려운 점과 빈틈을 메워주는 교장이 되려고 했다. 학교 현장에서 교사들은 수업과 생활교육, 업무로 늘 과중한 노동에 시달린다. 가능한 한 관리자로서의 직임에 충실하면서 교사들이 맡기에는 부담스러운 학부모 업무나 민원, 지역사회와의 연계(다행복교육지구)업무 등은 교장이 전담해야 한다고 생각했다.

셋째, 교장으로서 혼자 모든 것을 다하려고 하지 말고 교사들과 권한 위임을 통해 공동으로 학교를 운영해야 한다고 생각했다. 일반학교와 혁신학교의 가장 큰 차이점은 사람, 그리고 사람 사이의 관계이다. 나는 일반학교에서 일할 때 동료 교사들과 협력관계를 구축하여 일하지 못한 점이 가장 아쉬웠다. 내가 학생과 학교를 위해 할 수 있는 일들을 함께하자고 제안하는 일 자체가 동료 교사들에게 나의 짐을 지우는 부담일 것이라는 생각에서 벗어나지 못했다. 분명 교사라면 학생의 배움과 성장에 서로 협력하려는 뜻이 있을 텐데, 개인으로는 그 협력을 이끌어 내는 것이 불가능에 가까웠다. 하지만 혁신학교에서는 공동의 교육비전과 목표를 합의하고 그것을 달성하기 위한 공동의 노력을 시스템화하는 것이 가능할 것으로 보고, 교사들과 함께 운영하는 학교를 만들어 가고자 하였다.

그런데 이것이 현실적으로 가능하려면 관리자인 교장의 권한 위임, 그리고 그것을 넘어 교사들의 임파워먼트가 제대로 작동되어야 한다. 학교에서 교장의 영향력(권한)이 몇 퍼센트냐고 묻는 질문에 그동안 나는 70% 정도 된다고 답해왔다. 그런데 어느 교사가 교육방송에서 100%라고 단언하는 모습을 보았다. 그럴 정도로 단위학교에서 교사가 인식하는 교장의 영향력은 막강하다. 학교에서 교장의 허락 없이 이루어질 수 있는 게 과연 얼마나 되는가? 혁신학교의 관리자인 교장은 그 절대적인 권한을 나누어 가짐으로써 교사 개개인의 역량을 극대화하고, 그것이 교육활동에 긍정적인 영향을 미치도록 촉진할 수 있어야 한다.

2.2. 권한위임, 그리고 임파워먼트

권한위임은 단어의 표면적 의미 그대로 한 사람이 가진 권한을 다른 사람에게 이양하고 나누는 것이다. 학교에서는 주로 교장이 부장교사에게, 부장교사는 부원에게 권한을 위임하는 것을 의미한다. 혁신학교에서는 학년부장이 학년이라는 작은 학교의 교장이 되어 학년의 교육과정을 자율적으로 운영하는 주체가 될 수 있다. 그리고 학년부장은 교장이 학년부장에게 권한을 위임했듯이 학년이라는 작은 학교를 함께 운영하는 학급 담임들에게도 권한을 위임해서 모든 교사가 권한을 행사하게 하고 책임을 지게 해야 한다.

그러나 교장을 위시해서 작은 학교의 관리자 격인 학년부장들은 그 권한을 잘 나누지 못한다. 권한을 나누는 것이 담임교사들에게 업무를 지우는 것으로 잘못 생각하는 경우가 많기 때문이다. 권한위임은 단순히 물리적으로 업무를 나눠 갖는 것을 의미하는 것이 아니라 업무에 대한 권한, 즉 책무성과 자율성을 부과함으로써 교사 개개인이 각자가 맡은 업무에서 주체가 되어 능동적으로 행동할 수 있도록 하는 것이다.

이러한 권한위임은 '임파워먼트'로 확장된다. 임파워먼트는 단순한 '권한위임'에서 한걸음 더 나아가 업무를 위임받은 교사의 자아효능감을 높이고 내적 동기까지 불러일으키는 것을 의미한다. 일본의 교육학자인 하마다 히로후미(2018)는 여러 학교를 조직론적인 측면에서 살펴보고 학교 혁신의 새로운 힘으로 교사의 임파워먼트와 스쿨리더십을 제시한 바 있다. 임파워링 된 교사들은 각자의 업무를 주관하는 과정에서 성장과 변화를 실감하고 보람을 느끼면서 학교의 조직력이 높아지는데, 이것이 학교 혁신으로 연결된다는 것이다. 이때 개개인의 교사는 최전선의 의사결정자로서 기능하며, 학교 조직은 서로 유기적으로 연결되고 지지하는 형태가 된다.

가람중학교 교사들은 각자 맡은 업무의 전문가들이다. 권한위임과 임파워먼트를 통해 교사들은 학교에 주인의식을 느끼고 이것이 가람중학교를 이끌어간다. 이러한 철학과 기대는 단순히 관리자–부장교사–부원을 넘어 교사와 학생 사이에도 적용될 수 있다. 수업에서 그리고 학교의 여러 장면에서 교사는 학생들에게 권한을 위임하고 임파워링하여 학생 스스로 학습하고 학생자치를 이루는 모습을 기대할 수 있을 것이다.

2.3. 교사 리더십

팔로워십

다행복학교가 된 초기에 가람중학교를 이끌어나간 리더그룹은 선배들이었다. 교사들이 마음을 내기 어려운 수업공개도 정해진 횟수에 관계없이 필요하면 언제든지 솔선수범했다. 그래서 다른 교사들도 수업공개를 비껴갈 수 없는 상황이 만들어졌다. 생활교육에서도 선배 리더교사들은 솔선수범하였다. 평일은 물론 주말에도 필요하면 학생 지도와 부모 면담을 꺼리지 않았다. 또한 학예제를 비롯한 각종 학교행사에서는 밤샘도 불사할 정도의 열정과 에너지를 보여주었다.

그렇다면 과연 이런 선배 리더교사들만의 솔선수범과 열정만으로 가람중학교가 다행복학교로서 유지, 발전되어 온 것일까? 아니다. 솔선수범하는 선배교사들의 리더십도 역량을 발휘하였지만 그들을 지지하는 다수 교사들의 팔로워십도 중요한 역할을 하였다. 팔로워십은 일반적으로 리더를 따르는 능력 또는 구성원의 역량이나 역할 등으로 정의된다. 효과적인 조직은 리더십과 팔로워십이 조화를 이룰 때 그 가치가 발현된다. 가람중학교에는 리더와 동행하는 팔로워십을 가진 다수의 교사들이 존재한다. 다행복학교로 지정되고 그 토대를 만들어가던 초기, 가람중학교에는 "학생들을 위해 이거 한번 해볼까?"하고 누군가가 제안하면 "그래, 나는 뭘 할까?"라는 교사 상호간 긍정과 격려의 분위기가 넘쳐났다. 학생을 위해 학교의 변화를 열망하는 분위기는 서로를 열정으로 전염시켰고, 그 열정을 에너지 삼아 혁신학교의 시스템을 차근차근 구축해나간 것이다.

지금도 가람중학교에 강사로 오는 분들이 한결같이 감탄하는 부분이 강의나 연수에 대한 교사들의 반응이다. 강의에 대한 교사들의 호응과 공감(리액션)이 좋아 강의를 하면 신이 난다고 말이다. 비단 연수뿐만이 아니라 학교의 어떤 활동이든 공동체가 합의해 시작한 것이면 그것을 주도하는 교사를 믿고 협력하며, 능동적으로 참여하는 팔로워십이 가람중학교 조직 문화의 바탕을 이루고 있다.

믿고 기다려주는 리더십

인간은 누구나 그만의 고유한 재능을 한 가지씩은 가지고 태어난다고 한다. 그런데 그 재능이 싹틔우고 자라서 마침내 꽃 피우는 시기는 사람마다 다르다. 교사 또한 예외가 아니다. 교사도 교사로서의 재능을 꽃 피우는 시기가 각자 다를 터이다. 그렇다면 우리는 동료교사들에게 어떤 마음가짐을 가져야 할까? 동료교사들이 재능을 꽃 피울 수 있도록 서로 조력하고 믿고 기다리는 마음이 필요하지 않을까? 무작정 기다리라는 말은 아니다. 다만 동료교사가 꽃 피울 수 있는 여건과 관계를 만들어주어야 한다.

인간은 불완전하고 다면적인 존재이다. 누구를 보고 '저 사람은 이런 사람이야'라고 단정 지어서는 안된다. 그렇게 낙인찍는 순간 그 사람은 우리가 낙인찍은 모습으로 되어간다. 우리는 우리가 가르치는 학생들을 가능하면 끝까지 믿어보려고 한다. '믿음'이 사라지는 순간, 관계는 끊어지고 변화 가능성도 끊어진다. 이는 교사와 학생 간의 관계뿐만 아니라 교사와 교사, 교장과 교사 등 모든 관계에 해당한다. 가람중학교 교사들은 동료들의 가능성을 살피고, 그들이 평소와 다른 모습을 보이더라도 '무슨 사정이 있겠지'하고 믿고 지켜보면서 필요한 때 흔쾌히 손을 내밀기 위해 지금도 노력하고 있다. 가람중학교 근무 첫해와 마지막 해를 비교했을 때 눈에 띄게 성장한 많은 교사들이 그 기다림과 믿음의 증거이다.

경청하는 리더십

우리가 누군가를 믿지 못하는 순간, 실제적으로 혹은 암묵적으로 그 사람의 발언을 제지하려는 경향을 보인다. 우리는 상대방을 깊이 알려면 상대방의 말에 귀 기울일 줄 아는 사람이 되어야 한다. 의식해 보라. 내가 말을 많이 하면 할수록 누군가는 말을 할 기회를 잃는다는 것을. 경청은 내 말을 줄이는 것으로부터 출발한다. 왜 경청해야 하는가? 상대방의 생각과 마음을 읽기 위해서다. 서로의 생각과 마음을 읽는 것은 우리가 하나의 비전과 목표로 함께 할 수 있을지 확인하는 가장 기본적인 과정이다. 이 과정을 통해서 진정한 소통이 가능하다. 타인의 생각을 읽고 그것을 전체에 반영하는 조직. 그 조직이 민주적이고 효율적인 조직임은 두말할 것이 없다.

이전의 교무회의의 형태에서 벗어나 모든 구성원이 숙고하고 의논하는 자리인 교사 다모임에서도 발언이 일부에게 쏠리는 경우가 적지 않다. 정말 자율적으로 움직이는 조직을 원한다면 상대방에게 말할 수 있는 기회를 충분히 주라! 가람중학교 역시 우리는 과연 그런 조직인가를 끊임없이 묻고 성찰해 나가야 할 것이다.

동등한 리더십

가람중학교는 권한위임과 임파워먼트를 바탕으로 구성원 개개인이 동등한 리더십을 가지기를 기대한다. 동등한 학교 구성원으로 서기 위해 가람중학교는 교사와 교사 사이에 몇 가지 원칙을 기본으로 두고 있다.

먼저, '부장님'이라는 호칭을 지양한다는 것이다. 개인적인 친분이나 존중의 표현으로서 해당 호칭을 사용하는 경우도 있지만 공식적으로는 부장님이라는 호칭을 쓸 것을 요구받지 않는다. 교사들이 경직된 상하관계가 아닌 수평적인 관계가 될 때 서로의 의견을 가감없이 주고받을 수 있고 동료성 또한 더 높아진다. 이와 관련하여 2020년 말, 다모임에서 해당 호칭의 사용과 관련하여 여러 논의가 있었고 당시 부장교사들의 이해와 수용을 바탕으로 '부장님' 대신 '선생님'으로 호칭을 통일하는 것으로 정해졌다. 이는 나이와 관계없이 이듬해 누구나 부장교사가 될 수 있으며 직전 해까지 부장교사였던 교사도 언제든지 부원으로 돌아가는 가람중학교의 열린 업무분장 방식과도 관련된다.

다음으로는 선배교사가 후배교사에게 반말을 하지 않는다는 것이다. 모든 교사는 상호존대 하는 것을 원칙으로 한다. 교장과 교사 사이도 예외가 아니다. 교사들 사이의 관계는 학생들에게 그대로 보여진다. 학생들은 호칭이나 존대 유무로 교사 사이의 위계를 인식하게 되고 이는 수업이나 생활교육에도 무의식중에 영향을 미치게 된다. 교사부터 서로 존중하는 모습을 보일 때 학생들도 교사를 존중하는 태도를 갖게 될 것이다. 호칭이나 존대의 방식은 어찌 보면 사소할 수 있다. 그러나 서로에 대한 신뢰의 표현은 이러한 작은 것에서부터 출발한다는 것을 잊지 말아야 할 것이다.

물리적 시스템

앞서 기술한 가람중학교의 팀리더십은 특유의 물리적 시스템에 의해 더 큰 상승효과를 얻게 된다. 가람중학교에 전입해 온 교사는 파티션 없는 책상과 업무분장 방식에서 가장 먼저 일반학교와의 차이를

가람중학교 교무실

실감한다.

  가람중학교의 교무실은 하나이다. 12학급(특수학급 포함 14학급), 관리자를 제외하면 26명의 교원이 근무하는 비교적 작은 학교이기에 하나의 교무실에서 전 교사가 근무하는 것이 가능하다. 교무실은 학년팀과 업무팀으로 구분되며 교사 책상 사이를 구획하는 파티션은 없거나 아주 낮다. 이로 인해 교사들은 각자의 자리에서 서로의 얼굴을 볼 수 있으며 아주 작은 목소리로도 대화가 가능한데, 이는 특별히 시간을 잡고 회의를 하지 않아도 언제든지 앉은 자리에서 협의를 가능하게 하는 구조이다. 이러한 구조가 처음 시도될 때 잡음이 없었던 것은 아니다. 파티션의 유무는 자신의 사생활이 그대로 드러나는 것과 같은 기분을 느끼게 했으며, 교사들은 고개를 들면 맞은편에 앉은 교사의 얼굴이 그대로 보이는 것에도 어색해했다. 여러 차례의 논의 끝에 조금 더 자주, 그리고 밀접한 의견 교환이 필요한 학년팀은 파티

가람중학교 업무분장 장면

선을 완전히 없애는 것으로, 어느 정도 자신의 업무가 구분되는 업무 팀은 30cm 정도의 낮은 파티션을 설치하는 것으로 합의되었고 현재까지 유지해오고 있다.

일반적으로 학교의 업무분장은 인사자문위원회에서 결정되며 그 과정에서 관리자가 의견을 내기도 한다. 그러나 가람중학교의 업무분장에는 관리자와 인사자문위원회의 영향력이 극히 적으며, 오롯이 교사 개개인의 희망을 기반으로 한다. 매년 12월 말, 전 교사가 참여하는 다모임에서 이듬해의 교사 수급과 당해년도의 업무 경험을 바탕으로 업무 조정과 불필요한 업무의 덜어내기가 이루어지는데, 보통 3~4회 정도의 다모임을 거친다. 이렇게 확정된 업무를 바탕으로 교사는 희망 업무를 3지망까지 적게 되고, 인사이동 발표 직후 전입교사들에게도 업무분장표를 발송하여 3지망까지 적도록 안내한다. 그리고 기존교사와 전입교사가 한데 모여 공개적인 자리에서 업무분장을 하는데 이때 관리자는 자리하지 않는다.

　회의를 주관하는 교사는 먼저 가람중학교 전체의 업무와 업무별 희망 교사의 이름 및 지망 순위를 큰 종이에 인쇄하여 전면에 게시한다. 그리고 위에서부터 업무분장을 확정하는 식으로 회의가 진행되며, 같은 업무에 동일한 지망 순위로 경합하는 교사가 생기면 회의실 밖에서 당사자 간의 협의를 통하여 업무 담당자를 결정한 후 다시 회의에 참석한다. 경합자가 많거나 당사자들의 의견이 모이지 않으면 회의가 오랜 시간 이상 지속되기도 하는데, 일반적으로는 3시간을 넘기지 않는다. 이러한 형태의 업무분장은 교사들에게 자율권을 부여하고 언제든 어떤 업무든 맡을 수 있다는 가능성과 책무성을 동시에 가지게 하는 방식이라 할 수 있다.

　눈 쌓인 겨울 산을 등반할 때 필요한 기술 중 하나로 '러셀(russel)'이라는 것이 있다. 러셀(russel)은 눈길을 헤치고 앞으로 나아가는 것을 말하는데 '길'을 만드는 일에는 많은 체력이 소모된다. 어느 한 사람이 그것을 주도하면 선두에 선 사람은 이내 체력이 고갈되고 구성원들은 길을 잃고 말 것이다. 이 때문에 모든 구성원이 번갈아 가며 선두에 서고 선두에 섰던 사람은 체력을 안배하며 뒤따르기를 반복한다. 학교 역시 마찬가지다. 특정 개인이 아니라 전 교직원, 나아가서는 학생, 학부모가 모두 협력할 때 진정한 학교 혁신을 이루고 학생들에게 가장 필요한 교육활동을 펼쳐 나갈 수 있는 것이다. 함께 가면 멀리 갈 수 있다는 가장 단순한 말이 어쩌면 여러 난관에 처한 학교 문화에 대한 해답이 아닐까.

3. 생활 교육 문화

학교 교육의 핵심적인 두 축은 교과 교육과 생활 교육이다. 교과 교육이 주로 수업 장면에서 이루어진다면 생활 교육은 학생들이 학교에 머무는 모든 시간, 심지어 학교의 일과시간을 넘어서도 이어지는 경우가 많다. 뿐만 아니라 생활 교육의 결과는 교과 교육 및 학교생활 전반에 영향을 미친다는 점에서 결코 간과할 수 없는 영역이라 할 수 있다.

그러나 이러한 생활 교육은 학생의 삶에 가까이 다가가지 않고서는 깊은 효과를 기대하기 어렵다. 이때문에 획일적인 통제와 관리 중심의 '생활 지도'를 넘어서 '생활 교육'으로의 대전환이 필요한 것이다. 학생의 인권을 존중하는 생활 교육을 통해 교사와 학생의 신뢰가 자라나고 이는 학교 교육의 모든 영역에 긍정적으로 작용한다. 이러한 생각을 바탕으로 가람중학교는 다행복학교 초기부터 상벌점제가 기본이 되는 응보적 방식의 생활 지도가 아닌 회복적 생활교육을 지향하고 실천해오고 있다.

3.1. 회복적 생활교육으로의 전환

2016년, 가람중학교 생활 교육부가 상주했던 제2교무실에는 수업시간에 소란을 피워 통제 불능의 상태에 이른 학생들과 그에 대한 생활 지도를 요구하는 교사들의 주문이 하루도 빠지지 않고 이어졌다. 등교 시간을 지키지 않고 점심시간쯤에야 출석하는 무단 지각 학생들까지 더해져 교사들은 정상적인 교육활동에 대한 고민이나 협의를 하는 것은 엄두도 내지 못할 정도였다. 교사도 학생도 한계에 달한 상황에서 생활 교육은 당시 가장 시급한 현안이었으며, 이전과는 다른 새로운 접근 방법이 요구되었다.

이를 위해 가람중학교는 학생들의 새로운 생활 교육 방안을 협의하고 학생자치 활동을 시작했다. 2015년, 30건이 훌쩍 넘었던 학교폭력 발생 횟수를 최대한 줄이기 위해 학생들에 대한 생활 교육의 방향을 회복적 생활교육 방식으로 바꾸어 나가기로 한 것이다. 어려움을 겪고 있는 학생들의 생활상을 파악하고 교감, 생활 교육부, 학년부장, 담임교사, 상담교사, 복지사 등이 수시로 학생들이 처한 상황에 대해 이야기를 나누고 협의했다. 그 결과 단순히 문제 행동과 그에 대한 징계만을 생각했던 이전과 달리, 학생들의 일탈 행동에 대해 그들이 처한 상황을 먼저 이해해 보려는 교사 문화가 만들어졌다. 사안이 발생할 때마다 학생과 학부모, 교사가 꾸준히 대화를 이어가면서 2016년, 모든 학생들이 무사히 졸업하고 고등학교에 진학하는 모습을 볼 수 있었다.

또한 학생자치는 매달 주제가 있는 학급회와 이 주제를 다시 학생회에서 토의하여 의견을 수렴하는 방식으로 진행되었는데 이는 학생이 교육의 주체로 성장하는 토대를 만들었다. 학생들은 3월 학생회 워크숍에서 1박 2일 강당캠프, 학생자치매점, 등교맞이 행사 등 연간 계획을 수립하고 실행해 나갔다. 이렇듯 구성원들끼리 서로 협의하고 소통하는 문화를 통해 교사와 학생, 학부모가 상호 신뢰를 회복하면서 학교가 달라질 수 있다는 희망이 생겼고, 이 희망을 토대로 2016년에는 훨씬 다양하고 질 높은 학생자치 활동을 이어 나갈 수 있었다.

그리고 2017년, 가람중학교가 다행복학교로 출발하면서 생활 교육에서도 혁신교육의 방향에 맞추어 그 변화를 꾀하는 방식에 고민이 생겼다. 서서히 점진적인 변화를 추구할 것인가, 여러 가지 새로운 도전과 변화를 한꺼번에 시도하여 일시에 학생 생활 문화를 바꿔낼 것인가? 사이에서의 고민이었다. 그러나 점진적인 변화를 꾀하기에는 학생들이 처한 상황이 너무나 심각했다. 이에 생활 교육부가 중심이 되어 학교 폭력 예방과 선도, 학생자치 활동, 학예회, 학부모회를 업무로 맡아 생활 교육에서의 혁신을 동시에 계획하고 실행해 나가는 것으로 교사 다모임에서 협의가 되었다. 그리고 이는 교사들이 생활 교육의 긴 터널에서 벗어나 수업에서 학생들을 만나고 소통하면서 학교를 학교답게 만드는 첫걸음이 되었다.

생활 교육부는 먼저 학생자치 활동의 효율성을 높이기 위해서 학생회와 학생자치회를 구분하여 운영하고 자치위원을 따로 선발하였다. 이때 학생회장단은 당연직 자치위원으로 활동하였다. 학생들의 자발성을 도모하기 위해 학생회의 대의원이 되는 학급 회장, 부회장은 본인 입후보를 원칙으로 하고 입후보 지원서를 받아 선거에 출마하게 하는 규정을 새로 만들었다. 그해 12월, 다음 해인 2018년도를 이끌어갈 학생회장 선거에는 전년도와 다르게 새로운 인물들이 출마하였다. 학생들이 다양한 자치활동과 학생회 공약 실현을 통해 행복한 학교생활이 가능하다는 것을 알게 되면서 이에 뜻이 있는 새로운 인물들이 학생회장을 꿈꾸고 도전할 수 있게 된 것이다. 그렇게 선출된 학생들이 리더로 활동하며 크게 성장하였음은 물론이다.

2017년 생활 교육부 주요 업무

1. 회복적 생활교육을 통한 예방적 생활 교육 실시
2. 학생자치회 활동의 정례화 - 4월 학생회 및 학생자치회 워크숍 실시, 학생 생활 규정 개정을 위한 학생, 학부모, 교사 대토론회 연 2회 실시, 자치매점 2회 실시
3. 학부모 교육 실시(6월경 1학년 학부모 대상 연수 및 담임과의 시간, 2학기 학생 생활 교육 및 학교 교육과정 연수)
4. 1박 2일 강당 캠프(희망학생을 대상으로 팀원들끼리 저녁식사하기, 게임하기, 성찰캠프, 영화보기 등의 프로그램 운영)
5. 7월 방학 중 1박 2일 지리산 산행 및 캠프(학생회 학생과 학교생활에 어려움을 겪는 학생 대상)
6. 10월 부산 국제 영화제 야외 상영작 관람(희망 학생 및 선정 학생 대상)
7. 학예제 실시(1년간 학생들의 교육활동 함께 나누기)
8. 흡연문화 근절을 위한 노력

생활 교육부의 교육활동 중 가람중학교의 문화를 바꾸는 데 결정적인 역할을 한 교육활동은 회복적 생활교육이다. 이는 최근 생활교육의 새로운 패러다임[7]으로 주목받고 있는 것과 동일한 용어이나, 처음 가람중학교에서 시도한 '회복적 생활교육'은 학교 자체의 필요로부터 고유한 형태로 출발하였다. 2017년 학교 특색사업으로 실시되었던 회복적 생활교육은 학교 생활 개선이 필요한 학생과 수업에서 어려움을 겪는 학생을 구분하여 해당 학생을 학년부에서 추천받고, 생활 교육부에서 실행하는 방식으로 이루어졌다.

---

7 2020년부터 시작한 가람중학교의 '회복적 생활교육'이 이 패러다임과 같이한다.

이때 학교 생활 개선이 필요한 학생을 대상으로 한 교육은 4단계로, 수업에서의 어려움 해소를 위한 교육은 3단계로 나누어 진행하였는데 주로 학교 생활 개선이 필요한 학생들이 대부분이었다. 학교는 회복적 생활교육 실시 전에 몇 가지 원칙을 정했다. 명백한 교칙 위반 학생은 교칙에 따라 선도위원회나 학교폭력위원회를 열어 경계 세우기를 분명히 해나가고 다분히 문제를 안고 있어 앞으로 학교생활에서 어려움을 겪을 것으로 예상되는 학생들을 회복적 생활교육에서 만나기로 합의한 것이다. 그리고 이를 학생들에게도 공지하였다. 이러한 사례회의는 일단 학생, 학부모, 교사가 서로 대화하는 것에서 시작되는데, 그 개략적인 절차는 아래와 같다.

사례회의 절차

	절차	세부사항
1	학년이나 교과에서 힘든 학생의 사례회의 제안	-
2	생활 교육 부장이 학생과 만나 대화해 보자고 설득하기	부모님도 함께하자는 동의를 받고 가정통신문으로 모든 과정을 안내해야 함. 본인 동의가 가장 중요함.
3	사례회의 자료 준비	해당 학년의 모든 교과 교사에게 대상 학생의 좋은 점, 바라는 점을 받아 정리하기.
4	학부모 연락 후 미팅하기	학부모에게 모든 일정 맞추고 시작. 학부모 두 분 모두 모시기. 학생의 장점과 그럼에도 불구하고 개선해야 할 점을 학생 스스로 이야기하기.
5	학생 고충을 함께 해결하자고 학부모 설득하기	학교와 가정에서 도와주고 관심을 기울여야 할 부분을 서로 챙기기. 상담교사, 복지사나 담임교사도 필요에 따라 함께하기.

학교는 회복적 생활교육 대상자로 선정된 학생 본인의 개선 의지를 확인한 후 학부모와 학생에 대한 이야기를 가감 없이 나누고 학생의 회복을 위해 학교가 최선을 다할 것임을 약속한다. 대부분의 부모님들은 학생들에게 가장 직접적인 영향을 미치는 가정의 상황을 악화시키지 않으려는 노력을 함께 해 주었다. 덕분에 어떤 학생은 다음 날 바로 눈꼬리가 내려와 순해지는 모습을 보여주었고, 어떤 학생은 이혼한 아버지가 참석하여 그간의 거친 행동이 한순간 순화되는 모습을, 또 어떤 학생은 아주 천천히 나쁜 친구들과 어울리던 습관을 고쳐 결국 자신의 자리로 돌아오는 모습을 보여주기도 하였다.

수업에서의 어려움 해소를 위한 사례회의 2학년 ○○○학생 (참석교사-7명)

칭찬하고 싶은 행동	개선이 필요한 행동
재치 있고 센스가 있다	잘못에 대해 인정 안한다 - 혼나는 것이 싫어서, 반성문 쓰기 싫어서 → 개선이 가능하다
머리가 좋고, 음악에 조예도 있다	산만하다, 집중이 안된다 - 공부할 마음이 없다, 학습내용을 놓친 부분이 많아 따라가기 힘들다(무슨 내용인지 모르겠다), 영어는 초등 때부터 안함, 수학(중3 내용까지 공부) 국어는 어렵지만 성적은 그다지 나쁘지 않음
좋아하는 사람에게는 애교도 많다 - 많은 부분 용서	거짓말을 많이 한다 - 시간 뺏기는 것이 싫어서, 친구들과 학원 가야 하는 것 때문에
미술시간, 기술시간 등 예체능 시간에는 산만하지 않고 수업에 나름 집중한다	타인에게 피해를 준다 - (미안함을 모른다, 억울하다고 생각한다)
수업시간 질문에 답변을 잘한다(때로 OO이로 인해 수업이 잘될 때가 있다)	방해를 하고 쓸데없는 말, 또는 일종의 막말을 할 때가 있다 - 남들이 싸가지가 없고 버릇이 없다고 생각할 수도 있다
뒤끝이 없다	버릇없이 말할 때가 있다 - 행동이 거친 것도 문제지만 기분대로 행동할 때가 많다.

칭찬받고 관심받고 싶어한다
인정받고 싶어하는 욕구가 높다

사례회의 결과	
학교가 도와줄 수 있는 부분	가정에서 관심을 기울여야 할 부분
OO이의 재능을 최대한 발휘 할 수 있도록 도와주고 싶다(불안한 정서 치료, 수업집중해서 학습 결손이 생기지 않도록)	어머니가 아버지로부터 자신의 행동에 대한 방어막 역할을 많이 해주고 계시다는 얘기를 어머니로부터 들었고 그래서인지 가끔 아버지가 정색을 하고 꾸중을 하면 굉장히 무섭게 느낀다고 함.

학교 생활 개선을 위한 사례회의 3학년 OOO학생 (참석교사-10명)

칭찬하고 싶은 행동	개선이 필요한 행동
1학년 초 과학발표대회(영재교육)-나중에 자유탐구 발표대회로 이어짐 - 자기주도적으로 탐구자료를 준비했고 토론을 아주 잘함	영재교육에 대한 부담감과 부모님의 기대치가 높은 것에 대한 부담감이 있음. 영재수업에 부담감과 한계가 힘들게 하는 것 같음
호감을 주는 스타일 - 교실 정리를 잘하고 반 분위기를 이끌어 가는 학생	수업준비에서 책을 빌려오고 남의 책도 빌려서 잃어버리는 등 수업준비에서부터 마무리까지 수업에 대해 소홀함
사회 - 이해력도 뛰어나고 상황정리가 빠름	사회문제에 대하여 부정적인 시각이 다소 엿보임 인간애가 약간 부족한 가치관과 시각이 엿보임 - 일탈행동의 욕구와 관련성이 있어 보임
국어 - 사회현상이나 문제에 관심이 많음	지적 욕심과 다소의 허영심을 갖고 있음 - 그렇지 못한 친구들을 대할 때 만만하게 보고 얕잡아보는 경향이 있는 것은 아닌지?
체조만들기 시간 - 머리 회전이 빠르고 아이디어가 풍부하고 대중을 휘어잡는 매력이 있음	마음으로 타인을 배려하고 챙겨주려는 마음가짐 즉 인성 부문에 좀더 관심을 갖고 행동을 수정해 주었으면 함
음악 - 수업 참여를 잘하고 노래도 불러주고 말을 너무 잘함	욕을 잘함 - 잘못의 지적에 대해 핑계, 변명이 앞서고 오버액션 하는 경향이 있음

기술 - 모둠활동을 잘하며 리더 욕심을 갖고 학습에 참여함	성에 대한 관심이 많다. 같은 반 친구와 함께 시너지효과를 발휘할 때가 있다. - 여학생들로부터 항의를 많이 받음
미술 - 이론수업(질문을 많이 하고 이해될 때까지)	타 학교 학생들(불량기가 있는), 상급생 등 교우관계 범위가 필요 이상으로 많음
영어 - 영어는 반에서 잘하는 정도이고 임기응변이 뛰어나고 순발력도 뛰어남	
담임 - 처음에는 굉장히 의욕적으로 활동하는 모습이 보기 좋았고 믿음직스러웠음, 학급회 시간에 학급회가 잘 진행될 수 있도록 도와줌	

사례회의 결과	
학교에서 도와줄 수 있는 부분	가정에서 관심을 기울여야 할 부분
지나치게 높은 기대치와 잣대를 갖고 보는 관점을 바꿀 필요가 있다	학생이 영재라는 생각을 조금 내려놓고 학생과 진심으로 소통하는 가정환경, 특히 어머니가 학생이 마음을 나눌 수 있는 환경을 만드는 것이 중요함
학생이 영재라는 부담감과 사고방식에서 벗어 날 수 있도록 도움이 필요함	행동수정이 이루어진다면 얼마든지 자신의 재능을 발휘할 수 있는 능력이 있는 학생이라는 믿음과 신뢰가 필요함

다만, 생활교육에 있어 분명한 경계 세우기를 위해 학생 선도 규정에 의한 선도위원회 개최는 지속해 나갔다. 이로 인해 선도 담당 교사는 선도위원회에서 징계를 받은 학생들의 학교 봉사활동을 시키는데 거의 모든 주말의 반납해야 하는 웃지 못할 상황도 발생했다. 당연히 학부모의 거센 반발에 부딪히는 경우도 있었다. 그때마다 학부모가 원하는 시간대에 언제든지 학부모와 대화하고 소통하면서 학생 생활 규정과 징계 절차에 대해 이해를 구하고, 학생들의 생활교육에 꼭 필요한 조처임을 설득하고 함께 노력해 줄 것을 당부했다. 이후 가람중

학교에 입학하는 학생들의 상황은 달라진 것이 없었지만, 실제 학폭 건수는 눈에 띄게 줄어들었다.

회복적 생활교육의 구체적 단계

단계	대상	실행과정
예방 단계	수업 및 학교 부적응 학생	• wee클래스 운영 활성화로 치유 및 상담 프로그램 운영 • 푸른 꿈 교실 운영(지리산 캠프 및 산행)
상황 발생에 따른 대응 단계	수업규칙 위반 학생	• 1단계 - 학급별로 수업태도 자가 점검 (학급에서 노력) • 2단계 - 수업태도 개선이 안 되는 학급 및 학생 사례회의 (학년 사례회의에서 구체적인 원인 찾기 및 집중지도) • 3단계 - 사례회의로 개선이 안 되는 반 및 학생(수업공개 및 수업 촬영) 성찰 • 4단계 - 학생의 경우는 수업에 들어가는 전 교사, 학생과의 대화 이후 이 자료를 토대로 학부모와 대화를 통해 가정과 학교의 소통 및 협조 체제 구축
	생활규칙 위반 학생	• 1단계 - 담임지도, 지속적인 위반 학생에 대해 학부모 통지와 학생상담 • 2단계 - 학년부 지도, 전 교과교사와 함께 학생에 대한 사례 회의 (학생 동반 회의 실시) • 3단계 - 학부모, 생활교육부장, 상담교사, 학년부장, 담임이 참여하는 사례 회의 • 4단계 - 사례회의를 토대로 선도, 심리상담, 병원치료 등 다양한 프로그램 제공
추수 지도	선도협의회 및 학교폭력 대책위원회 처벌 학생	• 생활교육부, 담임, 학생, 학부모 간 지속적인 소통과 협의를 통하여 학생의 생활태도의 개선을 꾀하고 좋은 생활습관을 이어갈 수 있도록 독려

학생자치나 회복적 생활교육뿐만 아니라 코로나19 이전 매년 이루어졌던 지리산 산행과 부산국제영화제 관람은 학생들에게 문화생활을 경험하게 해 주고 싶은 마음에서 시작된 것이다. 지리산 산행은 학교생활에 어려움을 겪는 학생과 학생회 학생 중에서 신청을 받아 첫

지리산 산행

째 날 뱀사골 물놀이와 둘째 날 뱀사골에서 화개재까지의 산행(왕복 8
시간)으로 이루어졌다. 지리산 산행을 통해 학생들은 단순히 재미뿐
만 아니라 선후배 간의 이해의 폭을 넓히고 자신에 대해 알아가는 시
간도 가질 수 있게 되었다. 이에 3년 차에는 신청자가 많아 선정에 곤
란을 겪는 일이 발생하기도 했다.

　학기 초 이루어지는 '담임교사와 함께하는 하굣길' 역시 마찬가지
이다. 가까운 동네에 사는 학생들이 4~5명씩 조를 나눠 며칠에 걸쳐
담임교사와 함께 하교하게 되는데, 이때 담임교사는 학생의 하굣길
을 함께 하며 학생들을 더 깊이 이해하게 되고, 학생들은 선생님과 학
교에서는 미처 나누지 못한 이야기를 하며 정서적으로 좀 더 가까워
질 수 있다. 이때 나눈 이야기들과 정서적 유대감이 이후 학교의 생활

교육에 긍정적인 영향을 미쳤음은 말할 것도 없다.

생활 교육과 관련된 이러한 활동들은 교사 다모임에서 협의하고 함께 힘을 모아 이루어 낼 수 있었던 것으로 결코 가람중학교에서만 가능한 특수한 경우라고는 생각하지 않는다. 다만 '본래 학교의 모습이 이래야 되는 것이다'라는 신념으로 다행복학교 초기 가람중학교 교사들이 교사로서의 역할을 최대한 성실하게 수행하기 위한 노력을 아끼지 않았을 뿐이다. 어떤 일이 일어난 이후에 대응하기보다는 사전에 예방 차원에서 해보자고 시작한 여러 일들이 모여 가람중학교의 생활교육 문화가 된 것이다.

3.2. 규정의 개정

가람중학교에는 상점이나 벌점이 없다. 또한 용의복장 규정도 다른 학교에 비해 훨씬 느슨한 편이다. 이러한 규정들은 2017년부터 2019년까지, 3년여에 걸친 대토론회를 통하여 점진적으로 개정되어 왔다.

상벌점제가 여전히 유효하던 2017년 이전, 가람중학교의 상벌점 제도 중 벌점 부과의 대부분은 아침 등교 시간에 발생했다. 그 주된 내용은 지각과 복장 상태에 대한 것이었다. 한창 에너지가 넘치고 외모에 관심이 많은 학생들에게 획일적인 용모 기준을 적용하는 것이 옳은 것인가? 지각에 대한 벌점 부과는 또 얼마나 잔인한가? 아침에 각자 사정이 있을 수 있는데 그런 점은 전혀 고려되지 않으며 고려하는 순간 형평성에 어긋난다는 문제가 생겨버린다. 학교 규정에 따라

일주일에 한 번씩 몇 시간에 걸쳐 벌점 집계를 하다 보면 교사들은 이게 도대체 뭐 하는 건가 하는 자괴감이 들기도 한다. 오히려 상벌점 제도는 경험에 비춰보았을 때 학생에게 교육적인 효과가 없을 뿐만 아니라 교사에게도 아무런 보람이 없으며 오히려 학생과 교사의 관계에 악영향만 미치는 경우가 많았다.

학생들은 자신들에 대한 관심으로 시작되는 대화, 수업이 끝난 뒤에 이어지는 가벼운 상담, 또 작은 약속과 그에 대한 보상으로 제공되는 간식만으로도 고민을 털어놓고 자기 희망을 말하면서 차츰 마음을 열게 된다. 교사와 학생 사이에 '신뢰'가 싹트는 것이다. 학생과 교사가 서로를 신뢰하지 않으면 근본적인 생활 교육은 일어나지 않는다. 그리고 신뢰는 학생들이 교육을 통해 배움과 성장의 기쁨을 누리고 교사를 믿고 따를 수 있도록 학교생활에서 불합리하고 폭력적인 요소들을 걷어내는 것에서 시작된다. 그러기 위해서는 가장 먼저 학생 생활 규정을 합의해서 개정해야 할 필요가 있었다.

이를 위해 가람중학교는 학생회의 주도로 먼저 학교 구성원들(학생, 학부모, 교사)을 대상으로 설문조사를 하고 대토론회, 가정통신문 발송 등을 통해 규정 개정과 관련된 모든 과정을 공유하는 절차를 거쳤다. 학교 규정은 학교 교육의 3주체가 함께 합의해서 개정해야 그 권위를 부여받고 정당성을 인정받을 수 있다.

	2017년	2018년		2019년
주제	용의복장 및 수업 상황	선,후배 관계	학습 역량	용의복장
주요 내용	1. 교복 상의 입지 않고 겨울 외투 입기 2. 여학생 화장 어디까지 허용할 것인가, 또는 전면 금지 할 것인가? 3. 남녀 액세서리는 어디까지 허용할 것인가? 또는 전면 금지 할 것인가? 4. 수업에서 느끼는 문제점, 또는 어려운 점	1. 선배는 후배에게 무서운 존재인가? 2. 선후배 간 극 존칭어 사용에 대한 입장과 존칭어 사용 기준은 어떻게 정립할 것인가?	1. 학습역량 향상을 위해 나는 무엇을 할 수 있는가?	1. 두발 자유화는 어디까지 허용할 것인가? 2. 화장 및 액세서리는 어디까지 허용할 것인가?
패널	학생패널 5명, 교사패널 4명	학년별 학생 패널 3명씩		

대토론회 주요 내용

학생회는 자신들과 맞닿아 있는 학생 생활 규정을 개정하는 전과정에 진지하게 임하였다. 2017년부터 2019년까지 이어진 학생 생활 규정 개정의 핵심적인 내용은 상벌점제 폐지 및 용의복장에 관한 것이었다. 이 과정을 통해 단순한 규정 개정을 넘어 교사, 학생, 학부모 간의 생활협약까지도 이끌어낼 수 있었다.

규정 개정에 대한 우려는 명확한 경계 세우기와 학교생활에 대한 선도 규정을 강화하여 보완하기로 하였다. 스스로 바꾼 규정을 지키는 것은 학생들의 몫이다. 교사들은 설문조사 및 대토론회 등을 거쳐 개정된 규정을 지켜나가며 학생들이 학교에 대한 주인의식 및 공동체 의식을 가지고 책무성을 기를 수 있기를 바랐다. 실제로 상벌점제 폐지 후에도 지각이 늘거나 유의미한 생활 문제가 특별히 야기되지 않

교육 3주체 대토론회

가람중학교 생활협약

앉다. 또한 용의복장 규정이 느슨해지니 이전에 몰래 화장이나 액세서리를 하던 학생들의 수가 오히려 줄어드는 것을 발견할 수 있었다.

상벌점제 없이 어떻게 생활 교육을 하느냐고 다른 학교 교사들이 물어오는 경우가 종종 있다. 그러나 이제는 너무나 익숙한 가람중학교의 생활 교육 문화로 자리 잡아 오히려 교사가 학생에게 응보적으로 상점이나 벌점을 줄 수 있는가가 이상하게 느껴질 정도가 되었다. 몇 년여에 걸친 대화와 합의를 통해 가람중학교는 기존의 규정들에 담겨있던 부당한 통제나 일방적 지시, 타율과 획일성을 거둬낸 자리에 대화와 소통, 존중과 배려, 자율과 다양성을 심은 것이다.

3.3. 회복적 생활교육(RD)[8] 연수와 경계 세우기

2020년, 갑작스레 덮친 감염병은 가람중학교도 거세게 뒤흔들어 놓았다. 사상 초유의 개학 연기로 학생들은 4월이 되어서야 겨우 학교에 나올 수 있었다. 그것도 밀집도를 고려해 1/3만 등교가 가능한, 매우 제한적인 형태였다. 교사들은 학생들과의 직접적인 만남 기회를 늘리기 위해 쌍방향 온라인 수업을 시도했지만 학생들이 실제로 어떻게 수업하는지, 수업시간 외의 시간에는 어떻게 생활하는지를 온라인 상으로 파악하기는 매우 어려웠다.

기획 회의에서 학년부장들은 서로 자기 학년을 더 많이 등교시키기 위해 애를 썼지만, 학사 일정에 따라 어떤 학년은 한 달에 한 번도

---

8 Restorative Discipline의 약자로서, 가해자의 처벌만으로는 정의를 이루는 데 한계가 있고 가해자와 공동체가 피해자의 피해가 회복되도록 돕는 과정을 통해 더 안전하고 평화로운 공동체로 회복될 수 있다는 '회복적 정의'를 바탕으로 한 생활교육을 말한다. 여기서는 한국평화교육훈련원(KOPI)의 회복적 생활교육에 기초한 학급운영(공동체 형성, 존중의 약속, 문제해결) 연수를 뜻한다.

대면하기 어려운 때도 있었다. 당연히 교사와 학생들 간의 라포 형성이 어려워졌고, 생활 교육은 그만큼 더 힘들어졌다. 그렇게 혼란 속에 한 해를 보내고 학년말에 진행한 교육과정 평가회에서 많은 교사들이 생활 교육의 어려움을 토로한 것은 어쩌면 당연한 결과였다. 달라진 환경과 학생들에게 적합한 심도있는 생활 교육의 필요성을 한마음으로 느끼고 있었다.

2020년 당시, 가람중학교에는 '회복적 생활교육 연구회' 활동을 하는 교사가 여럿 있었다. 이들은 연구회 활동을 통해 회복적 생활교육 1단계(RD1) 연수를 수강하고 회복적 생활교육이라는 패러다임으로의 전환에 대해 깊이 공감하고 있던 터였다. 가람중학교의 새로운 교육 활동은 교무실 구석 자리에 마련된 휴게공간에서 커피를 마시며 시작되는 경우가 많다. 학교 전체 단위의 회복적 생활교육 연수도 어느 날 교사들이 모여 생활 교육의 힘듦을 푸념하던 중 '가람중학교 전 교사가 회복적 생활교육 연수를 다 같이 들으면 좋겠다. 시너지가 있을 것 같지 않아?'하고 툭 던진 한 교사의 말에서 시작되었다. 교사 몇몇이 아니라 학교 전체가 공유할 필요성을 느낀 것이다.

이에 2021년 2월 새학년 준비 워크숍은 회복적 생활교육 1단계(RD1) 연수로 문을 열었고, 가람중학교 전 교사들은 5일의 워크숍 기간 중 이틀에 걸쳐 15시간 동안 생활 교육에 대해 생각하고 토론하였다. 목표는 따로 없었다. 교사들은 그저 지금 학교가 왜 이렇게 힘든지, 학생들을 어떻게 만나야 맞는 건지 누군가에게 조언을 듣고 힘을 얻고 싶을 뿐이었다. RD1 연수의 핵심은 생활 교육의 패러다임 전환이다. 응보적 처벌에서 피해의 회복과 공동체의 회복으로 생활 교육의 패러다임을 전환하자는 것이다. 가람중학교는 다행복학교로 지정된 이후 줄곧 회복적 생활교육을 지향해 왔다. 그리고 2021년 초에 실시된 RD1 연수는 각각의 교사가 나름의 방식으로 적용해 가고 있던 회복적 생활교육에서 전체 교사가 하나의 방향성을 가지게 하는 계기가 되었다.

RD1 연수 후 한 학기를 거치며 회복적 생활교육을 좀 더 깊이 공부할 필요성이 느껴졌다. 그 방향성은 알고 있으나 실제 학교 환경에서 어떻게 적용해야 하는지가 막연했기 때문이다. 이러한 요구로 2021년 7월, 방학식 후 이틀에 걸쳐 회복적 생활교육 2단계(RD2) 연수가 실시되었다. 방학식 당일과 그다음 날, 방학이 하루 줄어드는 것과 다름없는 가혹한 일정임에도 참석률은 매우 높았다. 개인적인 사정으로 참석하지 못한 교사 1명과 이틀의 연수 중 하루만 이수한 1명을 제외하면 전 교사가 참석한 것이다. RD2 과정은 좀 더 갈등 상황에 초점을 맞춰진 실천적인 내용이었다. 한 학기 동안 학생과 학생 간의 갈등, 교사와 학생 간의 갈등 등 다양한 갈등 상황을 겪었던 교사들에게 RD2 연수는 성찰과 회복의 시간이기도 했다.

학교 전체가 공통의 목표와 방향성을 가지니 변화는 빠르게 나타났다. 2021년 3월 개학 첫날은 담임교사와 학생들이 함께하는 신뢰써클로 시작되었고, 한 학기 동안 몇몇 담임교사들은 학급회를 활용하여 학급의 규율을 세우고, 신뢰써클을 통해 중간 점검을 했다. 학기말을 신뢰써클로 마무리하는 학년도 있었다. 담임교사와 학생들이

2021년 담임주간 운영 계획(안)

일시		주요 프로그램	내용		
3.2 (화)	1교시	새 학년 첫 만남	• 신반 편성 안내 • 입학식 및 시업식		
	2~4교시	공동체 세우기	• 반별 첫 만남 신뢰써클		
	5교시	학교생활 안내	• "나를 소개합니다" 작성		
	6교시	나를 소개합니다	• 학급살이 안내 • 학급자치회 안내 • 임시학급회장 및 주번, 청소구역, 좌석정하기 • 기본생활습관 안내(학습태도 포함) • 학사일정 안내 • 출결 규정 안내		
3.3 (수)	3~4교시	교육활동 안내 및 윤리적 생활공동체 만들기 (1)	1학년	2학년	3학년
			슬기로운 학교생활	<예방교육 및 안내> *감염병, 미세먼지대응 *생명존중, 위클래스 *학폭, 인권 *가정폭력, 아동학대 *평가 안내	학급 생활협약 수업협약 만들기
	5교시		자유학기 프로그램 선택/동아리 수요조사	동아리 수요조사/스포츠클럽 조직 나의 버킷리스트 작성	동아리 수요조사/나의 버킷리스트 작성
3.4 (목)	1~2교시	교육활동 안내 및 윤리적 생활공동체 만들기 (2)	1학년	2학년	3학년
			학급 생활협약 수업협약 만들기	학급 생활협약 수업협약 만들기	<예방교육 및 안내> *감염병, 미세먼지대응 *생명존중, 위클래스 *학폭, 인권 *가정폭력, 아동학대 *진학 안내

			1학년	2학년	3학년
3.5 (금)	5~6교시	교육활동 안내 및 윤리적 생활공동체 만들기 (3)	<예방교육 및 안내> *감염병, 미세먼지대응 *생명존중, 위클래스 *학폭, 인권 *가정폭력, 아동학대	개인 상담	개인 상담
3.8~	방과후	선생님과 함께하는 하굣길 및 상담	학년별 협의		

학급이 지향하는 목표, 공통의 규칙, 생활 교육의 방향을 공유하고 점검하며 한 방향으로 나아가게 된 것이다.

학생 간의 갈등 상황이 생기거나 개별 문제 행동에 대한 써클을 진행하기도 했다. 3학년 ○○○ 학생의 예를 들어보자. ○○○은 2학년 때, 수업 시간에 다른 친구를 치고 돌아다니는 등 수업 방해가 심했다. 개별 교과 선생님들이 매번 지도하였지만 그때뿐이었다. 왕복 6차선 도로를 무단횡단하는 자신의 모습, 고등학생과 함께 남의 오토바이를 무단으로 타고 자신이 비틀비틀 위험하게 운전하는 장면을 영상으로 찍어 친구들에게 보여주며 으스대기도 했다. ○○○의 무모한 행동들은 결국 생활교육부로 신고되었다. 생활교육부에서는 ○○○의 부모님께 내교를 요청하여 몇 차례 상담을 진행하였다.

하지만, 학생의 행동 변화를 끌어내기 위해서는 뭔가 다른 동기가 필요했다. ○○○은 친구들로부터의 인정 욕구가 강한 친구였다. 자신의 모습을 촬영하여 친구들에게 보여주는 것도 일종의 영웅 심리인 듯 했다. 그래서 ○○○에게 친하면서도 믿음을 가지고 있는 친구가 누구인지를 물었다. 그리고 학년부장에게 그중 어떤 친구들이 ○○○에게 진심 어린 충고를 해 줄 수 있을지를 물어 3명의 학생을 섭외하였다. 세 명의 친구들과 방과 후에 써클을 진행하며 ○○○의 장점은 무엇인지, 친구들이 ○○○의 행동을 어떻게 생각하는지, 고쳐야 할 행동은 무엇인지를 물어보았다. 평소 신뢰하는 친구들로부터 솔직하고도 진심 어린 얘기를 들은 ○○○은 '친구들이 그렇게 생각하는지 몰랐다. 앞으로 자신의 행동을 고쳐야겠다고 생각하고, 친구들에게 정말 고맙다'라고 하였다.

○○○은 그 후 1년이 거의 다 되어 가는 지금까지 문제 행동 없이 학교생활을 잘하고 있다. ○○○은 회복적 생활교육의 성과를 가장 극적으로 보여준 고마운 학생이다. 회복적 생활교육은 시간과 품이 많이 든다. 한 학생에 대해 본인뿐 아니라 여러 사람에게서 충분히 들어야 하고, 여러 번 만나야 한다. 그래서 하나의 사안이 빨리 끝나지 않는다. 하지만 교육적인 효과는 더 길고 확실하다. 가람중학교 교사들은 회복적 생활교육 연수와 그 방향성에 대해 공유할 수 있는 학교 문화를 통해 더딘 변화에 조급해 하지 않고 학생들의 이야기에 조금 더 귀 기울일 수 있게 된 것이다. 회복적 생활교육이 모든 학생의 문제에 대한 해답이라고는 말할 수 없다. 1년 이상의 시간과 에너지를 쏟아도 계속 문제 행동을 보이며 변화가 거의 없는 학생들도 있다. 교사는 기다려 줄 수 있지만 학생들은 교칙을 어기는 학생들에 대해 선생님들이 엄하게 벌주기를 바라

고, 적절한 대응이 이루어지지 않다고 느끼면 불만을 품거나 그 학생의 문제 행동을 따라 하기도 한다. 이에 모두가 동의할 수 있는 '경계'가 필요한 것이다.

2022년 2월 새학년 준비 워크숍의 화두 역시 '경계 세우기'였다. 기본적이고 상식적인 규범을 반복적으로 어기는 몇몇 학생들에게 기회를 충분히 주되 공동체에 지속해서 피해를 주는 행위에 대해서는 경계를 분명히 하자는 것으로 의견이 모였다. 이러한 합의는 2021년 RD1, 2 연수 후 1년 동안 진행되었던 회복적 생활교육에 대한 교사들의 성찰이 있었기에 가능한 것이었다. 다음은 새학년 준비 워크숍 첫날 교사들이 토론한 내용을 정리한 것이다.

이 내용들은 3월 담임 주간을 통해 학생들과 공유하였고, 가정통신문을 발송하여 학부모에게도 전달하였다. 학기 초 학부모 총회 자리에서도 이 같은 내용을 안내하였다. 회복적 생활교육을 통해 배려와 존중의 학교 문화를 만듦과 동시에 공동체의 질서를 어지럽히고, 다수 학생의 학습권을 침해하는 행위에 대해서는 단호하게 대처해 나가자고 교사, 학생, 학부모 3주체가 공감하고 동의한 것이다. 회복적 생활교육은 학교 교육 주체 중 어느 하나의 노력만으로는 실천되기 어렵다. 모두가 공감하며 한 방향을 향해 나아갈 때 시너지를 갖게 되는 것이다.

그럼에도 불구하고 가람중학교의 생활 교육은 여러 가지 숙제도 안고 있다.

가람중학교 생활 교육 중점 사항 및 지도 방향

행동 유형	지도 방향	비고
1. 교사 지도 불이행 - 계속되는 지도에도 실내 모자 착용 - 교사의 말을 못 들은 척 무시하고 자신의 행동을 계속함. - 수행평가 들어가지 않을 시 수업 시간 딴 공부(상위권 학생) - 정당한 지도에 욕설 및 폭력적 행동으로 반응함. - 교사의 간을 보고 이겨보려고 함. - 마스크 미착용(공동체 안전 저해 행동) 2. 공공기물 파손 - 수업 교구 파손 - 보건실 물건 파손 후 발뺌 3. 부적절한 언어사용 - 욕설을 교묘하게 사용함 - 성적인 언어사용 - 패륜적 행동 4. 시간 약속 불이행 - 등교 시간 지각 - 보건실 화장실 핑계로 교실에 늦게 입실 - 반복적인 지각 및 휴대전화기 늦게 제출 5. 수업 불참 혹은 방해 - 수면, 모둠활동 미참여 - 수업, 자기 자리 이탈 - 쓸데없는 질문, 말대꾸, 장난, 방해 - 자기 자리 이탈 - 교묘하게 분위기를 수업 분위기를 적대적으로 끌어가는 행동	1. 무기력 - 하루 2~3시간을 지속해서 자면 무기력으로 판단 - 원인 파악(담임, 학년부장 상담, 위클래스 상담, 복지선생님 등) 후 문제 원인 제거를 위한 노력 ➡ 상담, 부모 호출, 가정방문, 전문가 연계 등 - 단계별 대응 예> 1단계 : 3차까지 담임 지도 2단계 : 4차 학년부장, 담임 가정방문, 맞춤형 수업 혹은 방과 후 대체 프로그램 제공(학생, 학부모 사전 동의 필수) 3단계 : 생활 교육부(선도위 회부 가능) ※ 학생 학부모 대상 사전안내 필수(학년 초) - 지도 방향 전교생 공유 2. 수업 방해 - 명확한 경계 수립 및 학생과의 공유 - 전 교사의 일관된 지도 - 수업 공청회(학생 대 토론회) - 분리대응반(교감, 생활 교육부, 진로교사, 상담교사) 예> 1단계 : 욕, 성드립 등의 수업 방해 발생 2단계: 교감, 생활 교육부가 성찰실에서 학생 관리(필요시 복지실, 보건실, 상담실), 학부모와 사안 공유, 필요시 선도 처분 3단계: 회복적 조정 위원회(회복프로그램 합의 결정, 긍정 행동 강화 보상) - 긍정적 행동 지원, 긍정적 행동 강화 보상 3. 부적절한 언어 사용 - 언어폭력에 대한 기준 잡는 교육(생활 교육부) - 노골적 욕설로 판단되면 부모 호출 및 선도 처분 - 교사 연수(비폭력 대화, 청소년 전문의)	교사: 수업 혁신

결론

1. 학생, 학부모 지도 방향에 대한 공유(가정통신문) : 생활 교육부
2. 명확한 단계별 지도 : 담임 -> 학년, 학부모 -> 학생부 선도 처분
3. 교사의 일관된 지도(교과, 담임->학년부, 생활 교육부와 공유), 교사의 전문성 향상을 위한 노력
4. 수업 협약, 수업 공청회 or 학생대토론회(필요시)

첫째는 교사의 갈등 조정 역량의 성장이다. 교사가 학생들의 관계 문제에 직면했을 때, 실제적인 갈등의 조정자로서의 역할을 하기 위해서는 회복적 생활교육 심화 연수 등을 이수하며 계속적으로 갈등 조정 역량을 키워나가야 할 것이다. 학생들이 갈등을 단순히 부정적인 것으로 인식하기보다 인간관계에서 필연적으로 발생할 수밖에 없는 갈등을 마주하고, 그것을 해결해 나가는 방법을 배울 기회로 받아들인다면 어떨까? 이를 위해 갈등을 평화적으로 풀어가는 과정을 교과와 수업안에서 풀어내고, 학교 문화로 정착시키기 위한 고민이 교사의 몫으로 남아있다. 지금도 학년 교육과정과 개별 교사들의 여러 시도가 있다. 이를 체계적인 교육과정으로 녹여내기 위한 고민이 필요한 시점이다.

둘째는 학부모들을 갈등 조정자로 길러내는 것이다. 학교생활에 어려움을 겪는 대부분의 학생이 다양한 가정 문제를 가지고 있기 때문이다. 2021년 가람중학교에서는 학부모 아카데미를 열어 학부모를 대상으로 한 회복적 생활교육 연수 프로그램을 진행하였는데, 참여 학부모의 대다수는 학부모 동아리 구성원들이었다. 그러나 이 연수 프로그램은 학부모의 요구와는 다소 괴리가 있었다. 학부모는 학교에서 다른 학부모들과 정보를 교류하거나 문화, 취미 활동 등을 원하는 경우가 많다. 그래서 2022년에는 학부모를 대상으로 한 회복적 생활교육 연수가 열리지 못했다. 최종적이며 이상적인 목표는 학부모들이 역량을 키워 마을 강사로 활동하며 마을의 주민 사이에서 야기되는 갈등에서 조정자 역할을 하는 것, 학교와 마을이 선순환의 고

2022년 가람중학교 생활 교육 중점 방향 안내

가람중학교 학부모님! 안녕하십니까?

우리 학교는 2017년 다행복학교로 출발하며 징벌 위주의 생활 교육에서 벗어나 학생들 서로가 존중과 배려를 배우고 익혀 모두 함께 평화롭고 안전한 학교 공동체로 만들기 위해 '회복적 생활교육'을 실시해 왔습니다. 하지만 일부 학생들의 수업 방해 행동, 공공기물 파손, 마스크 미착용, 급식 예절 등의 교칙 위반 등으로 다수의 학생들이 피해를 입거나 학교 공동체의 질서를 어지럽히는 일이 있었습니다.

새 학년을 준비하는 워크숍 동안 우리 학교 선생님들은 이러한 상황을 공유하고, 소수의 일탈 행위로부터 대다수 학생들의 학습권을 보호하고 안전한 학교공동체를 만들기 위해 생활 교육의 중점 방향을 협의하고 확정하였습니다.

'기본적이고 상식적인 공동체 규범은 꼭 지켜야 한다'는 원칙에 따라 단호하게 경계를 세우기로 합의하였고, 3월 초 담임 주간에 학생들과도 공유하며 학생들 또한 일탈 행위에 대한 단호한 지도에 대한 요구를 하였습니다. 부모님께서도 아래의 내용을 읽어보시고, 제안하시고 싶은 의견이 있으면 언제든지 학교에 건의해 주시면 감사하겠습니다.

1. 2021년에 발생한 일탈 행위의 유형

· 부적절한 언어사용 - 교묘한 성 드립(성 드립), 욕설, 질문을 가장한 수업 방해 발언 등
· 수업 시간 약속 불이행 - 화장실, 보건실 입실을 핑계로 수시로 수업 입실을 늦게 하는 경우
· 수업 방해 - 수업에 참여하지 않고 다른 학생과 잡담하거나 장난을 치는 행위, 무단으로 자기 자리를 이탈하여 다른 학생을 건드리는 행위 등
· 수업 협약 및 학급 협약 등에 대한 잦은 위반
· 공공기물 파손 - 화장실 비품으로 장난치는 행위, 학급 사물함 파손, 교실 명패 파손 등

2. 2022년 생활 교육 방향 안내

○ 수업 방해 또는 교권 침해 행위
→ 1단계: 욕, 성드립 등의 수업 방해 발생
→ 2단계: 성찰실로 즉시 분리(교사 임장 지도) 및 가정 통보 후 보호자 상담
→ 3단계: 필요 시 선도 처분(단, 노골적인 욕설로 판단되는 경우 선도 처분함)

○ 수업 미참여(지속적으로 수업 시간에 자거나, 모둠 활동에 참여하지 않는 경우)
→ 1단계: 담임선생님 상담 및 교육
→ 2단계: 학년부장 교사 면담 및 가정방문(혹은 학부모 면담), 방과 후 대체 수업 실시, 회복적 조정 위원회 개최
→ 3단계: 필요 시 선도 처분

○ 공공기물 파손 행위
→ 1단계: 담임교사 상담 및 변상
→ 2단계: 2회부터 학부모 면담
→ 3단계: 필요 시 선도 처분

※ 위에 명시되지 않았더라도 명백한 교칙 위반 사항에 대해서는 위에 언급된 생활 교육 방향에 준하여 지도하겠습니다.

가 람 중 학 교

리로 엮이는 것이지만, 지금은 잠시 멈춤의 상태에 있다.

마지막으로는 갈등 조정자로서의 학생 역량 강화이다. 올해는 그 시작으로 자치회 학생들을 대상으로 RD1 연수를 진행하였다. 자치회가 갈등 조정자의 역할을 하고, 교우 관계 문제를 학생들끼리 스스로 해결해 내는 것이 학교 내 생활 교육의 최종적인 목표이기 때문이다. 학생들 사이에서 갈등 조정이 잘 이루어지면 그만큼 교사의 품도 줄어들 것이고 학생과의 관계에서 겪게 되는 감정 소모도 적어져 교육 활동에 더욱 집중하게 될 것이다.

모두 참 시간이 오래 걸리는 일이다. 그럼에도 불구하고 학생들이 왜 그렇게 행동할 수밖에 없는지에 대한 학교의 고민이 실천으로 이어졌고, 그것이 현재의 가람중학교 생활 교육의 모습이 되었다. 교육 트렌드나 연수를 기계적으로 따르기만 했다면 지금의 문화는 정착되기 어려웠을 것이다. 이러한 고민들이 모여 한 단계 도약한 새로운 생활 교육 문화의 형성으로 이어지기를 기대해 본다.

인터뷰

학교에는 교육과정을 직접 운영하는 교사들뿐만 아니라 각자의 자리에서 애쓰고 있는 다양한 구성원들이 존재한다. 또한 가람중학교의 '현재'는 가람중학교를 떠난 여러 선생님들과 함께 쌓아온 것이기도 하다. 이에 그들의 경험과 이야기를 들어보았다.[9]

왕수진: 가람중학교 교무실무원 (2017~현재)

이혜림 학교에서 일과 업무뿐만 아니라 모든 교육활동에 힘이 되어 주시는 왕수진 선생님 반갑습니다. 올해 전입해 온 선생님들이 왕수진 선생님이 정말 많은 일을 하고 있는 것이 가람중학교에서 가장 인상 깊은 점이라고 말씀하시는 것을 들은 적이 있어요. 그만큼 수고가 많으신데요, 선생님을 열심히 일하게 하는 동력이 무엇인가요?

---

9 여러 상황으로 인해 한자리에 모이지 못하고 개별적으로 인터뷰한 것을 대담 형식으로 재구성하였음을 밝혀둔다.

왕수진　네, 많은 혁신학교가 있지만 가람중학교에는 특히 혁신교육을 잘 이해하고 뜻이 맞는 분들이 많이 계셔서 그런지 서로 소통하고 의견을 잘 맞추어 일을 한다는 느낌이 많이 들었어요. 작은 목소리에도 귀 기울이면서요. 다른 학교에 비해 교무실무원의 업무량이 많은 것도 사실이지만 그런 선생님들과 함께 교육활동을 하고 있다는 생각에 저도 조금 더 열심히 하게 되는 것 같아요.

이혜림　그렇군요, 가람중학교에서의 근무 경험이 선생님께 더욱 의미 있게 느껴지는 부분이 있을까요?

왕수진　사실 저는 교무실무원으로서 경험해보지 못할 뻔한 시간표, 일과 업무들을 맡게 되면서, 학교에서 근무한 지 20년 만에 학교의 가장 중심이라 할 수 있는 교육과정 편성 기준 등을 처음으로 알게 되고 이해할 수 있었어요. 계속 학교에 근무해 왔지만 사실 깊게 알려고 하지 않았거든요. 아는 만큼 보인다고, 교육과정을 이해하고 나니 학교의 교육활동에 더욱 애정이 생겼습니다.

이혜림　예, 이야기를 들으니 선생님의 남다른 주인의식, 학교에 대한 애정이 느껴집니다. 곧 가람중학교를 떠난다고 알고 있는데요, 남기실 말씀은 없으신지요?

왕수진　학교에는 여러 입장의 사람들이 존재합니다. 정말 혁신교육에 뜻을 품고 있으면 가람중학교의 교육활동이 더욱 의미 있게 와 닿으리라고 생각해요. 그렇지 않으면 번거롭게 느껴질 뿐이죠. 서로 소통하며 구성원 모두가 그런 의미를 잘 알고 가람중학교의 교육과정을 함께 했으면 좋겠습니다.

김나현: 가람중학교 영양사 (2011~2019 / 2022~현재)

이혜림　모든 학교 구성원의 식사를 책임지고 있는 김나현 선생님 반갑습니다. 가람중학교에 오래 근무하시고 다른 학교에 근무하다가 다시 가람중학교로 돌아오셨는데요, 특별한 이유가 있는지 궁금합니다.

김나현　네, 제가 가람중학교로 다시 돌아온 데는 가람중학교가 '다행복학교'라는 것이 큰 영향을 미쳤어요. 다른 학교 영양사님들의 이야기를 들어보면 교무실과 급식실이 이렇게 밀접하게 교류하는 곳이 많지 않더라구요. 가람중학교는 점심시간, 급식실을 교육과정과 분리해서 보지 않고 학교 교육과정의 일부로 보는 것 같아요. 또 학교 일정 등에 변화가 생기면 가장 먼저 급식실에 전화해서 대처할 수 있게 해 주시죠. 선생님들이 급식에 이렇게 신경을 써 주시는구나 하는 마음이 느껴져서 저도 조금이라도 더 좋은 식단을 짜고, 꼭 필요한 영양교육을 빼놓지 않으려고 노력하고 있습니다.

이혜림　우리 학교 학생들이 급식이 맛있어서 학교에 온다는 이야기도 많이 하는 거 아시나요? 선생님이 식단을 짜거나 급식을 준비하는 데 있어서 특별히 신경 쓰시는 점이 있는지 궁금합니다.

김나현   네, 아이들에게 가장 직접적으로 피드백이 오는 것이 급식이죠. 사실 그래서 부담스러울 때도 있고, 책임감도 더 느끼고 있습니다. 아무래도 다행복학교에는 경험이 부족한 아이들이 많잖아요. 그래서 외국 음식으로 식단을 짤 때도 퓨전식보다는 최대한 현지식처럼 해 주고 싶은 마음이 있어요. 부수적인 식단도 그 나라에 맞게 통일해서 이런 것들이 함께 나오는 음식이다 하고 알려주고 싶습니다. 나중에 외식을 하게 되더라도 학교에서 먹어본 음식, 들어본 외국 요리라고 알 수 있게요. 또 요즘은 비닐하우스 등으로 식자재도 계절 상관없이 나오기는 하지만, 되도록 제철 재료를 이용하려고 해요. 나중에 생각했을 때 아이들이 이 계절에는 이 음식을 먹는 거지, 이 재료들은 이맘때쯤 나오는 거지 하고 할 수 있었으면 좋겠습니다.

이혜림   선생님의 급식에 대한, 나아가 먹거리에 대한 철학이 느껴지는 것 같습니다. 혹시 가람중에서 특별히 기억에 남는 교육활동이 있으신가요?

김나현   사실 많은 것들이 기억이 나는데요. 중학교의 경우는 선생님들은 학생들과 따로 식사를 하잖아요. 그런데 반별로 돌아가면서 담임 선생님과 같이 급식 먹는 날을 정해서 반별로 밥 먹기를 한 적이 있어요. 작은 것 같아도 아이들은 밥을 먹으면서 선생님과 조금 더 편하게 대화하고 돈독해졌다고 하더라구요. 또 몇 년 전에는 보건, 체육과와 연계해서 건강 일기를 썼어요. 마음 맞는 선생님들이 힘을 합해서 채식, 영양, 다이어트 등을 유기적으로 교육할 수 있어서 기억에 남습니다. 무엇인가 해 보고 싶은 것이 생겼을 때 주저하지 않고 선생님들에게 요청하고 의논할 수 있는 학교 분위기여서 가능했겠지요.

김영희: 가람중학교 퇴직교사, 시간강사 (2016~2021, 2022~현재)

이혜림 김영희 선생님, 학교에서 다시 만나 반갑습니다. 가람중학교에서 퇴직하시고, 다시 1년 만에 한문과 시간강사로 가람중에 돌아오셨는데요. 가람중학교는 선생님께 어떤 곳이었나요? 감회가 새롭지 않으신가요?

김영희 물론입니다. 저는 가람중학교가 교사의 꿈을 펼칠 수 있는 학교라고 생각합니다. 그동안 학교에서 해보고 싶었던 일을 눈치 보지 않고 이야기할 수 있었고, 생각만 하고 있었던 일들을 실제로 추진해 볼 수 있었어요. 또 제안수업도 마찬가지죠. 교사들이 교과를 불문하고 수업 디자인에 적극적으로 의견을 내고 수업에 대해 함께 고민하는 모습은 다른 학교에서는 경험해 보지 못한 아주 신선하고 소중한 경험이었습니다. 시도 때도 없이 교사들이 교무실과 급식실에서 삼삼오오 머리 맞대고 수업과 교육과정으로 고민하고 의논하는 모습은 언제 보아도 가슴 뿌듯하고 미소짓게 하는 것 같아요.

이혜림 그렇군요. 선배 교사에게 이야기를 들으니 가람중학교의 문화가 더욱 새롭고 소중하게 느껴집니다. 또 기억에 남는 점은 없으신가요?

김영희   생활교육부장이 아침마다 학교 주변의 담배꽁초와 쓰레기 무단 투기가 없어질 때까지 마을 주민과 소통하였던 것이나 교사와 학부모가 김장을 하고 학생들이 마을 어르신 들을 방문하여 김치를 전달했던 일도 기억에 남아요. 학교는 지역사회와 떼려야 뗄 수 없는 관계잖아요. 간극을 좁히기 위해 노력했던 거죠.

이혜림   가람중학교에서 의미 있는 경험, 다른 경험을 많이 하신 것 같네요. 몇 가지 경험들을 말씀해 주셨지만 미처 하지 못한 이야기가 더 많은 것처럼 느껴져요. 그만큼 애정도 크신 것 같은데, 가람중학교에서의 근무 경험이 선생님의 학교 경험, 나아가서는 삶에도 영향을 미친 것이 있을까요?

김영희   저는 가람중학교에서 근무하면서 초임 발령 때의 마음가짐으로 돌아간 것 같아요. 교사들이 교육과정을 제대로 운영하면 학생들을 성장시킬 수 있다는 희망을 교직을 마무리할 즈음에 다시 갖게 되었어요. 30년 이상 교직생활을 하며 지쳐있었던 제가 가람중학교에서 잃었던 교사로서의 자존감을 회복하게 된 것이죠. 초임 때의 마음가짐을 가지고 교직 생활을 마무리할 수 있었다는 점은 큰 행운입니다.

이혜림   그러한 애정 때문에 선뜻 시간강사로 와 주신 것이겠지요. 가람중학교에 대한 애정이 크게 느껴져서 지금의 교육활동들이 더 의미 있게 와 닿는데요, 그럼에도 불구하고 가람중학교가 개선하고 보완해 나가야 할 점은 무엇으로 보시나요?

김영희 학생 중심의 다양하고 의미 있는 교육과정을 펼친다는 것은 분명 가람중학교의 장점입니다. 그러나 그러한 교육과정으로 인해 시간표 변동도 매우 잦은 편이죠. 이는 향후 일과 업무 담당자가 바뀔 경우를 대비하여 고민해 볼 문제라고 생각합니다.

학교 안에 함께 있지만 교사가 아닌 입장에서, 그리고 가람중학교 밖에서 바라본 가람중학교의 강점은 '소통'이었다. 그리고 그 소통의 중심에는 학생, 수업, 교육과정이 있음을 확인할 수 있었다. 선배 교사가 말한 교사로서의 '초심'은 곧 교육의 본질과 맥을 같이 하는 것이 아닐까? 서로 소통하며 교육의 본질을 잊지 않는 것. 그것이 가람중학교의 문화이며 궁극적인 목표이다.

2장

학생 성장

1. 교과 융합수업

미래 사회는 불확실사회, 4차 산업사회, 초연결사회 등으로 정의되고 있다. 이제 낱낱의 지식, 분절적인 가르침과 배움으로는 학생들이 미래가 요구하는 창의 융합형 인재로 성장하기 어려운 시대가 된 것이다. 그러므로 학교에서도 광범위하고 세세한 지식을 전달하기보다는 기본적이고 핵심적인 지식을 바탕으로 응용할 줄 아는 인재가 되도록, 서로 소통하고 협력하면서 문제를 해결할 수 있는 인재가 될 수 있도록 가르쳐야 한다. 이에 2015 개정 교육과정에서 나아간 2022 개정 교육과정에서도 미래 역량을 강화하는 교과 간의 융합적인 가르침과 배움을 지향하고 있는 것이다.

이러한 배경과 고민으로 가람중학교 교사들은 교과 간의 장벽을 넘어 공통의 학습 주제를 선정하고 연결하여 가르치는 교과 융합수업을 2016년에 처음으로 시도하게 되었다. 그리고 다행복학교로 출발한 2017년부터는 그것이 확장되어 보다 많은 교과에서 교과 융합수업을 시도하였고, 지금까지도 변화와 모색을 거듭하며 체계를 다지고 질적 성장을 추구해 오고 있다.

1.1. 2016, 첫 시도는 디딤돌이 되어

2016년은 여러 면에서 변화를 시도한 해였다. 그 변화는 생활 교육 면에서 가장 두드러졌으나 수업 면에서도 학생 배움 중심 수업에 대한 인식이 서서히 공유되기 시작하여 11월, 처음으로 교과 융합수업이 시도되었다.

당시 1학년 사회과의 인권 관련 내용은 교과서에서 아주 간략하게 다루고 있었다. 그러나 사회과 교사는 그것이 민주시민교육의 근간이 되는 내용이었기에 교과서 지식을 넘어 공동체의 삶과 연결해 가르칠 수 있는 방법을 고심하였다. 그리하여 교과서의 기본 내용을 바탕으로 차별, 혐오, 평등, 평화 등의 주제로 확장하고 쟁점에 대한 토의·토론학습, 논설문 쓰기를 수업에 녹여내었다. 다음으로 국어과에서는 확장된 주제와 관련된 책을 학생들에게 읽게 한 후, 쟁점이 되는 장면을 짧은 대본이나 만화로 표현하는 수업을 진행하였다. 수업 내용을 뮤지컬로 창작하여 공연해 본 경험이 있었던 사회과 교사는 내친김에 모둠별로 주제를 정해서 뮤지컬 수업과 공연으로 연결해 보자고 제안하였다. 사회·국어 수업의 대본 창작에 이어 음악과, 체육과에서도 뮤지컬 공연을 위한 교과 융합수업에 참여하여 그해 12월, 1학년 뮤지컬 발표회를 하게 되었다.

또 1학년의 '찾아오는 예술·문화 강연'을 앞두고 학생들이 이를 제대로 향유할 수 있기를 바라며 여러 교과에서 사전 교과 융합수업을 진행하였다. 학생들은 국어 수업에서 팝송을 다룬 짧은 글을 읽었으며, 영어 수업에서는 비틀스의 '노란 잠수함'을 우리말로 번역하며 노랫말의 의미를 알아보고 함께 불러보았다. 이를 이어 음악 수업에서 학생들은 '노란 잠수함'을 리코더로 연주해 보기도 했다. 진로 수업에서는 음악평론가라는 직업에 대해 탐색한 후 강연자였던 임진모 평론가에게 질문할 것을 포스트잇으로 미리 받았다. 학생들은 어느 때보다도 교과 융합수업 과정 내내 집중하고 열정적으로 참여하였다. 학교에 온 강연팀은 이렇게 준비해서 자신들을 맞이해 준 학교는 처음이었고, 학생들의 준비된 모습과 참여는 환대받는 기분을 느끼게 했다고 하였다. 교사들은 팀워크를 발휘하며 함께 이뤄낸 새로운 수업의 가능성을 확인하는 동시에 보람과 충만함을 느낄 수 있었다.

미래 교육의 흐름을 읽고 그에 맞는 새로운 수업을 고민하고 먼저 시도한 선배 교사들은 후배 교사가 교과 융합수업에 관심을 가지고 시도할 수 있도록 이끌었고, 학생들이 하나의 주제에 대해 다양한 관점에서 바라보고 더 심층적으로 배울 수 있도록 했다. 이렇게 시작한 교과 융합수업은 이후 가람중학교 문화예술 교육과정과 주제 중심 학년 교육과정의 디딤돌이 되었다.

1.2. 주제에 대한 심층적 배움으로, 교과 융합수업

다행복학교로 지정된 2017년부터는 교과 융합수업을 본격적으로 시도하였다. 이 단계에서 가람중학교는 학년 철학과 연계한 교과 융합수업, 현장체험학습과 연계한 교과 융합수업, 문화예술 교육과정과 연계한 교과 융합수업을 기본 체계로 마련하였다. 기본 체계를 마련한 후 교사들은 자신이 스스로 신이 나는 수업, 학생들이 배우는 데 몰입하는 경험을 갖는 수업, 꿈꾸기는 했지만 머뭇거렸던 수업, 지역과 연계하는 수업 등을 교과 융합수업으로 시도해 보고 싶어 했다. 초기 단계에서는 자신이 가르치는 교과 내에서 교육과정을 재구성하고 교과의 주제를 융합해 보는 형태로 서서히 시도했고, 다음 단계에서는 학년별 전문적 학습공동체에서 아이디어를 모으고 수업 디자인을 함께 하며 실제 수업으로 구체화하는 형태로 이어졌다.

지역 연계 교과 융합수업을 처음 시도한 사회과 교사는 설명식 수업이 아닌 학생들이 실제 자신들의 삶과 연결하며 배울 수 있는 수업을 궁리하였다. 또 지역에 대해 잘 알고 애정을 지닌 마을 어른들의 생생한 목소리와 경험으로부터 배우는 기회를 주고 싶어했다. 이에 낙동민속학회, 북학파(북구지역 탐구 학부모 모임) 등과 연계한 교과 융합수업을 진행했고, 이 수업을 통해 학생들은 마을, 마을 사람들, 자신들 삶의 모든 것이 배움으로 연결된다는 것을 조금은 알게 되었다.

또 '교복 입은 시민들 프로젝트'가 1학년 자유학기 주제선택 수업으로 펼쳐졌다. 학교 인근 마을들을 탐방하면서 지역의 역사와 문화를 이해하고, 지역의 장점을 발견하여 지역민으로서 관심과 자긍심을 갖도록 하는 것, 지역의 약점과 문제점을 찾아 지역민에게 알리고 함께 해결하는 공동체 활동 등으로 수업을 설계하였다. 지역 개선을 위한 정책 제안하기 수업 단계에서는 정책을 심의·결정하는 부산 북구청 담당자가 가람중학교 학생들을 구청 강당으로 초청하였다. 담당자는 학생들을 구민으로 정중히 대하며 정책과 관련된 실제적인 사항들을 자세히 설명해 주었다. '온 마을이 학생들을 키운다'라는 말이 실감 나는 순간이었다. 이 수업은 다시 2학기 '살고 싶은 우리 마을 만들기' 제안수업으로 연결되어 미술과와 마을 공간 융합수업을 하는 것으로 확장되었다.

다음으로 학년별 현장체험학습과 연계한 교과 융합수업도 새롭게 시도되었는데, 그 구체적인 내용은 뒤의 표에 자세히 나타나 있다.

　교과 융합수업 후 1학년 현장체험학습 중에는 학생들이 순천 지역의 농민들을 만나 쌀 시장 전면 개방에 대한 인터뷰를 하며 교과서가 주지 못하는 생생한 목소리로 농업의 중요성을 공부하기도 했다. 2학년은 현장체험학습을 시작하기 전 역사 수업에서 경복궁, 수원성 등과 관련된 것을 공부했다. 교사들은 교과 융합수업을 통해 '아는 만큼 보인다'는 말처럼 교실에서 배운 것을 실제 현장에서 호기심을 가지고 즐겁게 배울 수 있기를 바랐다. 체험학습 후에는 국어과에서 안내서 만들기, 역사과에서 보고서 쓰기, 영어과에서는 팸플릿 만들기가 진행되었는데 각 교과들은 긴밀히 협의하여 내용이 겹치지 않도록 과제를 제시하였다. 그리고 결과물을 한 권의 계단책 형태로 엮은 후 각자의 파트를 수행평가로 반영하였다. 초기의 이러한 시도는 비록 단순한 형태였지만 교사들에게 주제를 중심으로 교과가 융합해보는 경험을 주었고, 학생들은 비슷한 수행평가의 중복으로 인한 부담도 덜 수 있었다는 점에서 의미가 있었다.

　봉사활동에도 교과 융합수업이 연결되었다. 학교 인근 낙동강 흙공 던지기 봉사활동을 하기에 앞서 과학과에서 EM 효소의 구성 물질과 효능, 생태적 가치 등에 대해 가르쳤다. 학생들은 EM 효소를 넣은 흙공을 빚고 2주일 동안 발효를 시키며 그 과정을 관찰하였다. 또 학급자치활동으로 집에서 가져온 보자기를 재활용하여 '낙동강, 이 안에 너 있다', '낙동강은 우리의 꽃' 등과 같은 캠페인 깃발도 만들었다. 봉사활동 당일 학생들은 흙공을 강물로 힘껏 던지며 자신들이 수업 속에서 배우고 만들어낸 것으로 낙동강을 위해 의미 있는 실천을 할 수 있다는 것에 보람을 느꼈다.

2017년 현장체험학습 연계 교과 융합수업 계획

	융합교과	내용	방법	평가 연계	지도교사
	국어	순천만의 생태(사후)	설명하는 글쓰기		조○○
	사회	농업의 중요성과 쌀 시장 전면 개방	토의 및 논술		이○○
	수학	일차방정식 및 속력을 이용한 부산·순천만 간 거리구하기	토의 및 발표		황○○ 이○○
	과학	순천만 생태습지 및 갯벌의 특성과 역할	모둠별 조사학습 후 발표하기	실험 보고서 작성	오○○
1 학 년	체육	모내기 동작 분석 후 주근육 찾기	모둠별 발표		이○○
	음악	진도아리랑(남도민요)의 메기는 부분을 짓기	소그룹 노래부르기		오○○
	미술	순천만 생태공원 찾아가는 인포그라피 디자인(사전)	모둠별 협동학습	수행평가 자기평가	최○○
	영어	체험학습 장소, 활동내용 또는 여행루트 영어로 소개하기	배지 만들기	토의토론/ 쓰기·말하기	김○○
	진로	체험활동과정에서의 직업이름과 하는 일 탐색	모둠별 조사 및 발표		윤○○

융합교과	내용	방법	평가 연계	지도교사
2학년 국어	안내서 만들기	계단책 형태의 주제별 안내서 만들기	토의토론 교과통합 포트폴리오 발표하기	장○○
역사	현장체험보고서 쓰기	조사 및 보고서 작성		김○○ 허○○
과학	문화재 속에 담긴 과학원리 찾아보기	조사 및 자료 제작, 발표		남○○
기술	수원화성, 경복궁 건축 양식과 건축도구 알아보고 현대화된 도구와 비교	발표		김○○
음악	경복궁 타령 민요 배우기 및 가사 바꾸어 부르기	발표		오○○
영어	외국인에게 우리나라의 문화유산 경복궁을 영어로 소개하기	팸플릿 만들기		최○○
3학년 국어	갯벌의 보존과 개발에 대한 토론	논제에 대해 자신의 입장을 정하여 찬반 토론하기	토의토론	김○○
사회	세계화 속의 지역화 전략	모둠별 조사 학습 후 대안적 지역 브랜드 개발 및 발표	프로젝트 학습	허○○
수학	자연에서 이차함수 그래프 찾기	자연에서 포물선 모양을 2개 이상 찾아서 사진 찍기	수행평가	이○○
과학	갯벌, 해양, 농촌 생물 분류하기	생물 사진 촬영 후 모둠별 조사학습과 보고서 작성	실험관찰 보고서	이○○
체육	습지 개발에 대한 의견을 몸으로 표현하기	모둠별 주제에 맞게 이야기와 동작 만들기 후 발표	창작체조	정○○

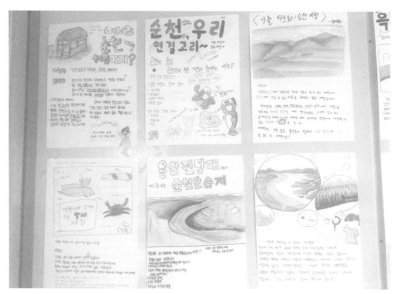

순천만 습지 공부, 여행 상품 개발

교과 융합수업 연계 낙동강 흙공 봉사활동

2학기 정기고사가 끝난 다음에는 학년별 문화예술 교육과정과 결합된 교과 융합수업이 시작되었는데 이 내용은 뒤에서 이어질 문화예술 교육과정 파트에서 자세히 기술할 것이다. 학생들은 긴 과정 속에서 창작의 어려움과 고통을 느끼고, 갈등과 협력을 경험하며 살아 있는 시간을 가졌다. 그 과정을 거쳐 무대에 오르고 난 후, 학생들은 작품을 완성한 것은 한두 명의 주인공이 아니라 모두 없어서는 안 되는 빛나는 존재임을 깨닫게 되었다.

"선생님, 이렇게 가슴이 터질 것 같은 느낌은 처음이에요. 한 번 더 하면 더 자신 있게 할 수 있을 것 같아요."
"이렇게 열심히 학교생활을 해 본 건 저한테 기적이에요."

오랜 시간 동안 긴 호흡으로 이루어지는 문화예술 교육과정 연계 교과 융합수업은 무기력한 수업 속에서 수없이 번민해 온 교사들에게 더할 나위 없는 감동과 계속해서 도전할 용기를 주었다. 교과 융합수업은 참여하는 각 교과에서 주제를 중심으로 순차적으로 진행하기도 했고 동시다발적으로 진행되기도 했다. 이렇게 진행되는 수업 속에서 학생들은 하나의 주제를 다각적으로 더 깊이 바라보게 되고 서로의 연결성을 알아차리기도 했다. 교사들도 교과 융합수업에 참여하면서 자신의 교과와 수업을 더 들여다보게 되었고, 다른 교과에서는 동일한 주제를 어떻게 담아내고 있는지도 이해하며 수업을 바라보는 눈이 한층 깊어지게 되었다.

2018년에도 교과 융합수업은 2017년에 마련된 기본 체계를 유지하며 지속되었다. 그러나 조금 더 정교하게, 더 많은 교과들이 참여해 보기로 하였다. 특히 2학년과 3학년의 현장체험학습을 학생 주도형으로 바꿔보기로 결정하면서, 사전에 실시하는 교과 융합수업의 의미와 중요성이 더욱 커졌다.

　2학년은 학급자치 시간에 교우관계를 고려해서 3~6명 정도로 모둠을 먼저 구성하고, 학생들이 기획하는 2일 차 서울자유투어(3일 차 전주한옥마을투어도 동일)를 진행하기로 했다. 소규모 모둠별로 각기 다른 장소에서 진행하는 자유투어는 설렘을 주는 동시에 걱정과 두려움도 함께 주었다. 이를 해결하기 위해서는 사전 수업이 반드시 필요했다. 국어과에서 자유투어 일정 짜기(사전)와 보고서 및 건의문 쓰기 수업(사후), 역사과에서 한양과 전주 알기 수업, 과학과에서는 한옥의 과학적 원리 찾기와 온돌의 원리 알기 수업 등을 진행하였다. 철저한 준비 과정을 거쳐 실시된 현장체험학습의 결과는 교사, 학생 모두에게 성취감을 주었다. 새로운 시도였고 더 보완해야 할 점도 분명 있었지만, 가장 중요하게 생각했던 '스스로 기획하고 진행하는 과정을 통해 서로 협력하며 함께 배우는 학생들'이 교사와 함께 성장하고 있었다.

　3학년은 사전조사를 통해 학생들의 희망을 반영한 진로체험처를 꼼꼼하게 조직하였다. 학생들은 자신들이 희망한 곳에서 오전과 오후로 나눠 두 개의 진로체험을 했다. 단순한 직업체험이 아닌 진로탐색의 의미가 제대로 살아나는 시간이 되기를, 고입을 앞두고 자신의 인생에서 처음으로 스스로 진로를 선택하고 결정해야 하는 3학년 학생들이 조금은 진지하게 참여하기를 바랐다. 모든 학생들이 그 의미를 동일한 가치로 받아들이는 것은 아니라 하더라도 학생들에게 의미 있는 경험을 주기 위해 교사들은 곳곳에서 마음을 다해 준비하고 현장에서 함께했다.

2018년 교과 융합수업 계획

	통합교과	내용	방법	지도교사
	국어	1. (1) 삶이 담긴 글쓰기	체험학습 후 글쓰기	김○○
	사회	3. 자연으로 떠나는 여행	토의 및 논술	허○○
	과학	3. 생물의 다양성	관찰 실험보고서	김○○
1학년	영어	7. Discover Korea	포토 앨범 제작하기	차○○
	미술	6. (2) 정보를 전달하는 디자인	실기	이○○
	기술	IV. 기술혁신과 적응, 픽토그램 만들기	픽토그램 도안 작성 및 제작 앨범틀 만들기 공간에 어울리는 목제품 만들기	김○○
	체육	1(1) 건강과 체력관리	건강 다이어리 작성 및 건강생활 UCC 제작	정○○
	국어	여행계획짜기, 기행문 또는 보고서 작성하기	모둠 및 개인별 활동	장○○
	과학	한옥의 과학적 원리 찾기, 온돌의 원리 찾기	보고서 작성	오○○
	가정	한옥의 주거문화 알기	리플릿 만들기	이○○
2학년	역사	한양, 전주의 역사 알기	조사보고 활동	김○○
	영어	외국인이 본 우리나라 식문화 탐구	모둠별 조사 발표	김○○

	통합교과	내용	방법	지도교사
	도덕	부끄러운 우리 모습, 자랑스러운 우리 모습	모둠별 토의토로	김○○
	미술	전통의 색, 오방색	문양 구성과 채색	이○○
	음악	경기민요, 남도민요 배우기	가창	김○○
	국어	인터뷰지 만들기 (4. 듣기 말하기 문화)	인터뷰지 만들기	조○○
	사회	정치인, 법조계 등 진로체험 처 찾아보기(10. 헌법과 국가기관)	교과서 중심 내용을 바탕으로 인터뷰하고 내용 정리하기	이○○
	도덕	자서전 쓰기(3. 나는 어떤 사람이 되고자 하는가?)	개별 수행과제	김○○
	영어	영어명함 만들기 (3. You can be a CEO)	학습지 활동 후 명함제작	최○○
3학년	수학	무리수를 이용한 명함지도 크기정하기(1. 제곱근과 실수)	무리수 지도 제작	강○○
	미술	명함디자인 (VI. 정보를 제공하는 디자인)	영상제작	이○○
	기술	미래 직업 QR코드 만들기(VI. 생명기술과 미래의 기술)	명함 만들기	김○○
	진로	직업인 탐구(2. 나의 특성 탐색)	심층 인터뷰 활동	윤○○
	음악	음악과 관련 된 직업 탐색(V. 생활 속의 음악 - 음악의 쓰임과 직업)	탐색 및 제작	김○○

기본 체계나 학년 초에 계획된 것 외에도 3학년에서는 인권을 주제로 하여 사회과에서 문제 발견하기와 토의토론 수업을, 미술과에서 캠페인 내용을 담은 공익광고 만들기와 전시 수업을, 국어과에서 인

권에 대한 자신의 관점을 담아 10대의 목소리로 주장하는 글쓰기 수업을 융합하여 진행하였다. 교과 융합수업이 거듭되면서 교사들은 이제 어떤 주제에서는 타 교과와 서로 융합해서 수업을 한다면 내용이 더욱 풍성해지겠다는 생각을 하게 되었고, 자신이 채우기에 부족한 부분은 다른 교사가 채우면 좋겠다는 생각을 자연스럽게 하게 되었다.

인권 공익광고 만들기(3학년 미술)

2019년에는 교과 융합수업의 기본 체계를 유지하였는데 자유학년제가 본격적으로 시행된 1학년에서는 더욱 활발하게 교과 융합수업이 펼쳐졌다. 먼저 세계시민교육을 주제로 한 교과 융합수업이 영어과 교사의 주도로 진행되었다. 생각 열기 단계로 해운대에 있는 환경 단체(에코에코협동조합)로부터 '비치 코밍' 강연을 듣고, 백사장에서 수거되어 가공된 유리 조각으로 협동 액자 만들기를 실시하였다. 학생들은 협동 액자의 작품명과 의미를 영작하고 학급 교실에 걸어두었다. 또 환경보호 실천을 위한 내용으로 영어 공익광고를 제작하기도 했다.

협동액자

본 수업 단계에서는 국어과에서 '지구가 백 명이 사는 마을이라면' 책을 읽고 관련 동영상을 시청했다. 이를 바탕으로 지구인이 관심을 가지고 해결해야 할 문제를 탐색하고 발견했는데 학생들은 '어린이 노동과 교육', '전쟁', '식량 부족과 기아', '원자력 발전', '전염병' 등을 주요한 문제로 추출하였다. 모둠별로 찾은 주제를 조사하고 학습하는 시간을 갖고 세계시민으로서 함께 해결할 방법에 대해서 토의한 후 서로 설명하는 시간을 가졌다. 그 활동에 이어 어려움을 겪고 있는 이웃 지구인에게 주는 희망의 메시지를 한국어로 먼저 쓰고 그것을 다시 영작하였다. 또 해운대 바닷가에서 수거한 폐파라솔을 업사이클링하여 만든 천가방에 한글과 영어 문구를 쓰고 미술시간에 그림을 그려 완성했다. 학생들이 완성한 가방은 해외 봉사단체를 통해 캄보디아 어린이들에게 기부하는 활동으로 이어졌다.

세계시민교육 수업으로 만든 기부 가방

이 수업으로 예상하지 못한 일이 생겼다. 캄보디아 학생들이 가방을 잘 사용하고 있다는 소식을 알려주던 봉사단체에서 그 학교에 수도 시설이 없어 어려움을 겪고 있는데 가람중학교가 도와줄 수 있는지를 조심스레 물어왔다. 선생님들은 동의했고 남은 결정을 학생들에게 넘겼다. 그리고 학생들은 자발적으로 모금에 참여하여 기부금을 모아 캄보디아 학교에 전달했다. 얼마 뒤 새로 생겨난 수도 시설을 이용하는 학생들의 밝은 얼굴이 담긴 사진을 보내오면서 의미를 더했다.

이렇게 함께한 수업은 값으로 매길 수 없는 가치를 만들었고, 가르치고 배우는 과정을 통해 교사와 학생 모두 세계시민으로 조금씩 성장할 수 있었다. 당장 눈앞의 눈부신 결과로 나타나지는 않더라도, 학생들이 살아가는 동안 이 수업에서 배웠던 공동체의 문제를 인식하고 공감하며 좋은 방안을 찾으려고 고민했던 경험, 연대 의식, 협력하는 삶의 자세 등은 어느 날 삶 속에서 문득 빛을 발하지 않을까?

2019년 2학기 체육과 제안수업은 1학기에 측정했던 PAPS를 기록하는 데 그치지 않고 학생들의 생활과 연결할 수 있도록 하기 위해 자신의 약점 부위를 강화할 수 있는 운동을 창안하고 실행해 보는 형태로 진행되었다. 이 수업을 참관한 교사들은 수업 나눔을 하는 동안 그 자리에서 교과 융합수업을 함께 설계했고 실천해 보기로 했다.

체육시간에는 학생들이 창안한 운동 방법을 좀 더 정확하게 수정하고 연습한 뒤 학교 곳곳에서 이를 영상으로 찍었으며, 국어시간에 운동의 명칭, 운동 방법, 주의점 등을 간단한 대본으로 쓰고 우리말로 내레이션을 덧붙였다. 이 내레이션을 영어시간에 영작해서 자막으로 첨부하거나 반대로 영어 내레이션을 먼저 하고 한글 자막을 달기도 했다. 마지막으로 정보시간에 저작권 및 개인정보 보호 등에 대해 배우고 유튜브에 영상을 게시하는 것으로 제안수업에서 확장된 교과 융합수업이 마무리되었다. 여러 경험들이 쌓이면서 일상 중에도 교과 융합수업이 꽃피게 된 것이다.

2019년 1학년 교과 융합수업 참여 교과 수업계획 및 성취기준

과목 (교사)	융합 수업 내용(간략히)	성취기준
1 영어 (차○○)	환경 공익 광고 제작	[9영04-02] 일상생활에 관한 자신의 의견이나 감정을 표현하는 문장을 쓸 수 있다.
	업사이클링 가방 제작 및 기부하기	[9영04-04] 개인 생활의 경험이나 계획에 대해 문장을 쓸 수 있다. [9영04-05] 자신이나 주변 사람, 일상생활에 관해 짧고 간단한 글을 쓸 수 있다.
2 국어 (장○○)	지구는 당신이 필요해요	[9국01-04] 토의에서 의견을 교환하여 합리적으로 문제를 해결한다.
	삶을 살리는 디자인	[9국02-08] 도서관이나 인터넷에서 관련 자료를 찾아 참고하면서 한 편의 글을 읽는다. [9국03-08] 영상이나 인터넷 등의 매체 특성을 고려하여 생각이나 느낌, 경험을 표현한다.
3 미술 (이○○)	스테인드글라스 표현하기	[9미01-04] 미술과 다양한 분야의 융합 방안을 모색할 수 있다.
	업사이클링 가방 꾸미기	[9미02-02] 주제에 적합한 표현 과정을 계획할 수 있다. [9미02-04] 주제의 특징과 표현 의도에 적합한 조형 요소와 원리를 탐색하여 효과적으로 표현할 수 있다.
4 사회 (허○○)	자원으로 연결된 우리들의 삶을 이해하고 나누기	[9사(지리)06-01] 자원 분포의 편재성과 자원 소비량의 지역적 차이를 파악하고, 이로 인해 발생하는 국가 간 경쟁과 갈등을 조사한다.
	협동하는 경제, 윤리적 소비를 위한 나의 실천 발표	[9사(지리)06-03] 지속가능한 자원의 개발 사례를 조사하고, 그것의 긍정적·부정적 효과를 평가한다.

5	기술 (김○○)	적정기술을 이용한 제품 구상하기	[9기가05-06] 생활 속 문제를 찾아 아이디어를 구상하고 확산적·수렴적 사고 기법을 활용하여 창의적으로 해결한다.
		적정기술을 이용한 시제품 제작하기	[9기가05-09] 적정기술과 지속가능 발전의 의미를 이해하고, 적정기술 체험 활동을 통하여 문제를 창의적으로 탐색하고 실현하고 평가한다.
6	과학B (이○○)	생물다양성을 유지하기 위한 방법 탐구발표	[9과03-03] 생물다양성 보전의 필요성을 이해하고, 생물다양성 유지를 위한 활동 사례를 조사하여 발표할 수 있다.

홈트레이닝 제작 교과 융합수업 시사회 안내장

이렇게 한두 명의 교사가 교과 융합수업을 시도해 보는 데서 나아가 더 많은 교사가, 더 많은 교과에서 참여하면서 수업의 폭과 깊이가 발전된 수업으로 이어졌다. 교과 융합수업을 통해 학생들은 배움에 능동적이고 주도적으로 참여할 기회가 생겼고, 배우는 과정에 몰입하며 배움 자체를 즐거워하기도 했다. 교과 융합수업 후 실시된 학생 설문에서 학생들은 교사가 기대하는 것 이상으로 배우고 성장하고 있음을 보여주었다. 또 학년말에는 일 년 동안의 교과 융합수업 결과물을 모아 발표회를 열고 한 학년을 마무리하는 시간을 가지면서 수업과 배움을 다시 되돌아보기도 하였다.

학년말 교과 융합수업 발표회

2019년 교과 융합수업 학생 후기

체육+국어+영어+정보 홈트레이닝 영상 제작 수업을 하며 내가 배우게 된 것

- 수업이 재밌다는 것을 알게 되었다.
- 대본 쓰는 활동에서 힘들었지만 계속 머리를 쓰게 돼서 좋았다.
- 동작들의 정확한 자세를 알게 되었다.
- 영어 어휘력이 느는 것 같아 기분이 좋았다.
- 교과들 간의 관련성이 있다는 것을 배웠다.
- 융합수업이 이런 식으로 될 줄 몰랐다.
- 우리가 이렇게 잘 할 수 있다는 것을 알게 됐다.
- 영상 안에 이렇게나 많은 과목들이 들어있는 게 신기했다.
- 새로운 단어에 대해 많이 배우게 되었다.
- 친구들과 함께하는 마음이 길러졌다.
- 생각보다 여러 분야에서 잘하는 친구들이 많았다. 평소 함께 하지 못했던 친구들과 친해져서 좋았다.
- 과제를 해결하는 인내심이 많아졌다.
- 체육을 열심히 하고, 이런 외국어가 나오는 영상을 대비하여 영어도 배워야겠다.
- 여러 과목을 함께 하니 몰입이 잘 되었다.
- 저작권이 중요함을 알았다.

내가 이번 교과 융합수업을 통해 실천할 수 있었던 마음울림 덕목과 그 이유
7가지 마음울림 덕목: ① 존중 ② 협력 ③ 나눔 ④ 배려 ⑤ 공감 ⑥ 열정 ⑦ 감사

- 협력: 부족한 부분을 서로 도와줌, 서로 친하지 않은 친구와도 친해질 수 있었다. 의견이 맞지 않아도 서로 의견을 존중하며 잘 실천할 수 있었다. 자연스럽게 협력함.
- 존중, 협력, 열정, 감사: '존중'하여 체육 역할 선택, '협력'하여 영상 완성, '열정'을 다 해 친구들과 영상 완성, '감사'하게 감상.
- 열정: 운동을 못 하는데 이번 교과 융합수업을 통해 운동해 대해 잘 알게 되었고 열정을 갖게 되었다.
- 협동: 한 명이라도 빠지면 촬영이 안 되기에서 협동심이 길러졌다.

더 나은 교과 융합수업을 위해 개선할 점을 제안해 보세요.

- 영상에도 자주 나오고 영어도 열심히 하겠다.
- 부끄러워하지 않겠다.
- 촬영할 수 있는 시간이 충분하면 좋겠다.
- 이렇게 재미있게 공부할 수 있는 프로그램이 있으면 좋겠다.
- 운동을 더 열심히 하겠다.
- 이대로라면 매년 발전하는 교과 융합수업이 될 것 같다.
- 다른 과목도 더 추가하여 교과 융합수업을 했으면 좋겠다.
- 올해만큼만 친구들이 집중하고 열심히 뭔가를 만든다면 좋을 것 같다.
- 불가능할지 모르겠지만 모든 수업을 융합하는 것은 어떨까요?

2020년에는 난데없는 코로나19 상황을 맞이하게 되었다. 온 나라가 멈춘 것만 같은 상황에서 학교의 역할을 다시 고민할 수 밖에 없었다. 그리고 4월, 긴 기다림 끝에 학생들이 등교하였고 2학년 교사들은 그동안 학생들을 기다리며 함께 준비했던 '재난 속에서 빛나는 협력과 연대의 힘'을 주제로 교과 융합수업을 실시하기로 했다. 마스크와 가림막으로 관계가 파편화되어가는 상황에서 모두에게 중요한 삶의 문제를 교과 융합수업에 녹여내어 현재를 성찰하고 미래를 다시 건강하게 계획해 보는 시간을 가질 수 있었다.

2020년 1학기 2학년 교과 융합수업 계획

단계	교과	관련 단원	학습 내용	성취기준	수업 방법	시기
도입	역사	Ⅰ-1-1. 역사의 의미와 역사 학습의 목적	감염병 세계 유행(팬데믹) 역사와 인류의 생존	[9역01-01] 역사의 의미를 알고, 역사를 학습하는 목적을 이해한다	매체 리터러시 수업	5월 초
	특수	장애인식개선	장애인 재난 대응	장애인을 위한 재난대응책이 필요한 이유를 알고, 해결 방안을 탐구한다.	ppt를 활용한 원격수업, 개별학습지	5월 초
	도덕	1-1-2. 도덕이 무엇이고 왜 필요한가?	규칙 만들기	[9도01-01] 사람다운 삶을 살아가기 위해 도덕이 필요한 이유를 설명하고, 왜 도덕적이어야 하는지 그 근거와 이유를 제시할 수 있다.	토의 토론수업	5월 1주

			[9미03-02] 미술의 시대적, 지역적, 사회적 배경을 설명할 수 있다.		
미술	감상	명화 속의 질병 이야기	[9미03-03] 미술 용어와 지식을 활용하여 작품의 내용과 의미를 배경과 관련지어 해석할 수 있다.	토론, 개별 활동지, 발표	4~5월
전개					
영어	Lesson 5 Living Healthily and Safely	재난 상황 속에서 공생을 위한 SNS 활용법	[9영02-10] 일상생활에 관한 일이나 사건의 원인과 결과에 대해 묻거나 답할 수 있다.	동영상 시청, 재난 및 협력과 관련된 어휘 및 표현 학습, 캠페인 영어 문구 만들기	5월
국어	4-(2) 발표와 매체	연대의 사례 나누기	[9국01-08] 핵심 정보가 잘 드러나도록 내용을 구성하여 발표한다.	연대의 사례를 찾아보고 연대의 의미 토의 후 발표하기	5월
체육	건강과 체력	가족간의 연대와 협력 체험하기 - 가족과 함께 집에 머무르면서 소실된 근력을 기르고, 서로에게 스포츠마사지 실천하기	[9체01-08] 운동처방의 개념, 절차, 방법, 원리 등을 설명하고, 자신에게 적합한 운동처방프로그램을 계획하고 적용한다.	수업시간 참고 영상 보고, 실제 실천 영상 팀즈에 올리기	5월
음악	III. 음악 감상을 통해 만나는 역사와 문화	국악으로 보는 옛 사람들이 질병을 대하는 모습	[9음02-02] 다양한 연주 형태의 음악을 듣고 음악의 특징을 구별하여 설명한다.	질병을 대하는 민속음악을 듣고 토의 토론 해보기	5월

				[9기가05-02]		
정리	가정	픽토그램 만들기	연대를 표현하는 픽토그램 만들기	가정과 사회의 변화에 따른 안전 사항에 대하여 조사하고 예방 및 대처 방안에 대하여 이해한다.	토론, 개별 학습지, 발표	5월
	수학	일차함수	사회적 연대와 협력을 통해 사회거리두기를 실천했을때 코로나19 발생 감소 추이를 일차함수로 나타내고 해석해보기	[9수03-06] 일차함수의 그래프의 성질을 이해하고, 이를 활용하여 문제를 해결할 수 있다.	조별로 신문 내용을 일차함수 그래프로 나타내고 해석하기	7월

2017년에 다행복학교를 시작하며 학년 교육과정과 교과 융합수업의 기본 체계를 마련한 이후 해마다 고민과 모색―실행과 성찰―변화와 성장을 거듭해온 가람중학교는 대면 교육활동이 제한된 코로나19 시기를 맞아 어느 해보다도 고민이 깊어졌다. 그러나 교사들은 그동안 의미를 담아 지속해온 학년 교육과정과 교과 융합수업을 포기하고 중단하기보다는 서로 격려하고 의지하며 실천 가능한 방법들을 서서히 찾아갔다. 이러한 노력으로 비록 현장체험학습은 실시하지 못했지만 봉사활동, 문화예술 교육과정, 교과 융합수업 등은 조금씩 변형하며 이어나갈 수 있었다.

지금도 가람중학교에서는 의미 있는 수업, 학생들의 삶과 맞닿은 수업, 공동체 역량을 기르는 수업, 학생들이 배움의 주체로 참여할 수 있는 수업을 만들기 위해 함께 공부하고 노력하는 중이다. 모든 교과가 교과 융합수업의 주제로 연결된다거나 모두 다 참여할 수 없다는 것도 잘 알고 있다. 그럼에도 교사 공동체가 학생들이 성장하는 데 의미 있는 주제를 함께 탐색하고, 그 가치를 동료들과 나누며 실천을 이어나가고 있다. 2017년부터 2020년까지 이어진 4년간의 다양한 교과 융합수업 경험, 그리고 그 가치에 대한 인식이 2021년 다행복자치학교로 발돋움하면서 새롭게 시도하게 된 '주제 중심 학년 교육과정'의 토대가 되었음은 물론이다.

2. 주제 중심 학년 교육과정

2.1. 경험한 만큼 달라지는 의미가 있다

중학교에 근무하는 교사에게 '학년 교육과정'이라는 말은 참 낯설다. 그나마 많은 교사에게 익숙한 '교육과정'이라는 단어는 주로 '교과 교육과정'으로 해석되어 내 교과안에서 무엇을 가르쳐야 하는지에 대해 국가가 정해 놓은 성취기준으로만 여겨지는 경우가 많다. 교육과정을 개발하고 실행하는 주체가 누구인가의 문제는 교육과정이 실제 운영되는 모습에도 큰 영향을 미친다. 국가 수준 교육과정은 높은 수준의 교육과정 개발이 가능하고, 교육과정의 연계성과 체계성을 강화할 수 있다는 장점이 있다. 하지만 변화의 속도가 느리고, 지역과 학교의 특성, 학생의 필요와 요구를 반영하지 못하는 획일화된 교육과정이라는 한계도 함께 지닌다.

이에 교육과정 결정의 분권화 및 자율화가 점차 확대되면서 기존의 국가 수준 교육과정을 단순히 실행하는 것으로 한정되었던 교사들의 역할과 권한도 교육과정의 최종 결정자, 실행자, 개발자로 확대되었다. 그러면서 교사는 교과서 진도를 나가는 수동적인 역할에서 벗어나 교육과정을 적극적으로 해석하고 교과 내용을 교사와 학생에 맞게 재구성하는 '교육과정 재구성'을 할 수 있게 되었다. 그러나 학교의 상황과 교사의 소신이나 의지에 따라 수업 내에서 실현되는 정도는 너무나 달랐다. 교사들의 경험의 정도에 따라 '교육과정'의 의미가 제각각이었으며 여전히 자신의 교과안에 머물러 있는 경우도 많았다.

그리고 2015 개정 교육과정이 도입되면서 다행복학교를 중심으로 '역량'과 '융합'이라는 키워드를 바탕으로 보다 적극적인 교육과정 재구성이 시도되기 시작했다. 다행복학교에서는 분절적인 교과 하나 하나가 아니라 여러 교과들이 서로 연결되어 '학년 주제 융합수업', 즉 학교 비전과 학년 철학이 반영된 '학년 교육과정'을 개발하는 것이 교육활동의 시작이자 핵심이 된다. 교육과정을 재구성하는 것이 교과나 교사 개인의 선택의 영역이 아니라 학생들을 중심에 두고 학년의 교사들이 함께해야 하는 필수 활동이 된 것이다. 이때 교사들은 학생에 대한 이해를 바탕으로 내 교과에서 중점을 두어야 할 것이 무엇인지에 대해 고민하게 된다. 이 과정에서 자신의 교과에 대한 이해가 깊어지고 동시에 교육과정을 좀 더 넓게 보게 된다. '교육과정'의 의미가 '내 교과'를 넘어서는 경험이 되는 것이다.

2.2. 어느 날 갑자기 이루어지는 것은 없다

2021년, 가람중학교는 4년간의 다행복학교 운영 경험을 바탕으로 교육부 연구학교를 시작하는 동시에 '다행복자치학교'가 되었다. 이에 따라 교육과정 운영의 자율성이 확대되었고 '학년 교육과정' 운영을 본격화했다. 그러나 이때의 '학년 교육과정'은 앞서 설명한 것과는 그 의미가 조금 다르다. 가람중학교에서 2021년부터 운영하고 있는 '학년 교육과정'은 교과 교육과정을 융합하는 것을 넘어서 창의적 체험활동(자율활동, 동아리활동, 봉사활동, 진로활동)과 생활 교육 등 학교에서 이루어지는 모든 교육활동들이 연결된 조금 더 거대한 의미인 것이다.

또한 학년 철학과 연결된 학년별 주제가 있으며, 이를 좀 더 깊게 다룰 선택 교과가 존재한다는 점에서도 일반적인 의미의 '학년 교육과정'과는 차이를 보인다. 그러므로 가람중학교의 학년 교육과정은 '주제 중심 학년 교육과정'이라 칭하는 것이 더 정확한 표현이라 할 수 있다.

2020년 7월, 다행복학교 1기 운영을 마무리하는 종합 평가를 앞두고 4년간의 다행복학교 운영을 돌아보는 과정에서 그간의 경험이 담긴 다양한 이야기들이 나왔다. 이때 생태, 성교육, 민주시민, 공간혁신, 독서교육, 기초 학력 등이 가람중학교 학생들에게 필요하다고 생각되는 주제로 제안되었다. 주제 중심 학년 교육과정을 처음부터 생각하고 있었던 것이 아니라 성찰의 과정에서 자연스럽게 도출된 것이다.

가람중학교 학년 철학 및 학년 주제

	학년 철학		학년 주제
1학년	나를 알고 사랑하기	➡	생태 환경
2학년	다름을 알고 협력하기	➡	성과 건강
3학년	따뜻한 감성으로 세상과 소통하고 실천하기	➡	민주시민

그러나 이 주제들은 교사들에게도 낯설고 막막한 주제였다. 이 주제들을 학교 교육과정에 잘 녹여내기 위해 2020년 2학기에는 각 주제별로 깊이 있게 학습하기 위한 교사 모임이 꾸려졌다. 교사들은 교

과부터 행사, 동아리 활동까지 학교에서 할 수 있는 모든 교육활동들을 주제를 중심에 두고 고민했다. 그 과정에서 주제들은 자연스럽게 가람중학교의 학년 철학과 연결되었으며 생태 환경, 성과 건강 그리고 민주시민교육이 각 학년의 주제로 정해졌고 공간혁신, 독서, 기초학력 등은 학교 전체의 주제로 함께 하기로 했다.

2021년, 다행복자치학교와 연구학교(연구주제-미래 핵심역량 함양을 위한 학습자 중심 미래형 교육과정 운영 방안 연구)를 함께 공모하게 된 것도 이러한 주제를 담아 가람중학교만의 교육과정을 좀 더 깊이 있게 운영해보고자 하는 바람이 있었기 때문이다.

주제 중심 학년 교육과정의 얼개

교육과정	학년	주제	운영	담당교과
주제 중심 선택교과	1	생태 환경	교과 융합수업으로 진행	과학과 + 교과 융합
	2	성과 건강	선택교과 17차시(2학기)	보건 교사 + 전문가
	3	민주시민	과제탐구 17차시(2학기)	도덕 교사
주제 중심 창의적 체험활동	전학년	생태/성교육/ 민주시민교육	-현장체험학습 -학년창체활동 -문화예술 교육과정	담임 교사 및 전 교과 교사
주제 연계 독서교육 과정	전학년	학년별 주제 중심 연계 독서	-학년별 한 학기 한 권 읽기 도서 3권 + 점프 도서 -수행평가 반영	국어과 + 사회·도덕 + 과학과 등
지역 이해 교육과정	1학년	지역공동체와 함께하는 마을 이해	-자유학년제 주제선택과 목으로 편성, 1회 선택	1학년 2학기 주제 선택 수업 담당 교사 + 마을 강사

가람중학교의 새로운 교육과정을 위한 여러 논의들이 진행될 수 있었던 것은 2017년부터 함께해왔던 다양한 시도와 경험들이 있었기 때문이다. 가람중학교에는 2017년부터 4년간의 다행복학교 운영을 통해 교사들의 자발적 참여와 민주적 협업 문화가 정착되어 있었으며, 교사들의 창의적 교육과정 운영에 대한 이해도 및 실천력도 높은 편이었다. 또한 주제 융합 수업과 연계한 학년별 문화예술 교육과정을 운영한 경험, 지역사회와 연계한 생태교육 및 이웃돕기 봉사활동 프로그램 운영, 학생들이 참여하는 생태, 진로, 자유여행 형태의 현장체험학습 운영 등 이미 '주제 중심 교육과정'을 위한 많은 토대가 쌓여 있는 상황이었다.

그렇기에 '주제 중심 학년 교육과정'은 어느 날 갑자기 이상적인 계획으로 새롭게 만들어진 것이 아니라 직접 실천하고 실패하고 도전해온 경험, 그리고 그 속에서의 배움과 성찰을 통해 차곡차곡 쌓아올려진 교육과정인 것이다. 2017년부터 계속해 왔던 것이 2021년에 좀 더 심화되고 구체화되었을 뿐이기에 '주제 중심 학년 교육과정'은 2021년 이전에 이미 시작된 교육과정이라 할 수 있다.

2.3. 보이지 않는 것을 보이게 연결하다

'학년 교육과정'을 만들어가는 과정은 구슬을 꿰는 과정과 비슷하다. 낱알의 구슬들이 가람중학교의 교육과정 운영 경험과 교사들의 교과 전문성 및 개인의 역량, 지역사회의 상황 등이라면 학년부장은 그 가운데서 구슬을 꿰는 실의 역할을 한다. 또한 다양한 교과와 창의적 체험 활동들을 연결하고 흐름을 잡는 것의 중심에도 학년부장이 있는데, 이러한 이유에서 다행복학교의 학년부장은 하나의 작은 학교를 운영하는 것으로 비유되기도 한다.

하지만 모든 구슬을 학년부장이 만들어내는 것은 아니며 혼자서는 만들어낼 수도 없다. 그래서 학년 교육과정을 개발하는 과정에는 민주적인 협의 문화와 교사들이 함께 수업을 연구하는 문화 등 보이지 않는 밑바탕이 필요하다. 그 속에서 다양한 구슬들이 생겨나고 알차게 꿰어지고 실천될 가능성도 높아지는 것이다. 학년 교육과정을 경험하는 과정에서는 학생의 성장만큼이나 교사의 성장도 눈에 띄게 드러나는데 이 경험을 통해 얻은 교사의 성장은 이후 더 나은 교육과정 개발로 이어지게 된다.

앞서 가람중학교의 '주제 중심 학년 교육과정'이 다른 다행복학교와 구별되는 부분이 학년 철학과 연결된 학년 주제가 있고, 이를 좀 더 깊게 다룰 선택 교과가 존재한다는 점이라고 하였다. 이것은 성공적인 학년 교육과정을 꾸리는 과정에서 매우 큰 역할을 한다.

먼저 학년 주제가 있다는 것은 '학년 교육과정'을 개발하고 운영하는 교사뿐만 아니라 이 과정에 참여하고 경험하는 학생에게도 학년 철학보다 훨씬 구체적이고 집중력 있는 메시지로 작용한다. 창의적인 교육활동을 구성할 때 학년 철학과 같이 그 범주가 넓은 것이 바탕이 되면 다양한 시도를 할 수 있다는 점에서는 긍정적이지만, 지나치게 광의의 개념이라 일관된 흐름을 유지하기 어렵다는 한계도 함께 존재한다. 하지만 학년 철학과 연결된 학년 주제는 하나의 구심점이 되어 다양한 교육활동 속에서도 일관된 흐름을 가질 수 있게 해 준다.

또한 '학년 교육과정'의 중심이 되는 선택 교과가 있다는 것도 교육과정 운영에 큰 힘이 된다. 이제까지의 '학년 교육과정'은 학년 철학을 바탕으로 학생들에게 필요한 경험을 학년 주제로 선정하고 교과들을 연결지어 '교육과정 재구성'을 한 다음 이를 단기간 또는 장기간에 걸쳐 각 교과 시간에 운영하는 형태였다. 이는 각각의 교과들이 연결되어 학생들에게 의미 있는 경험의 기회를 제공한다는 점에서 의미가 있지만, 융합 프로젝트 수업의 형태를 넘어서기는 어렵다. 이 때문에 학년의 주제와 가장 밀접한 선택 교과가 있으면 학년 교육과정이 좀 더 안정적이고 깊이 있게 운영될 수 있는 것이다.

이는 2021년 '주제 중심 학년 교육과정'의 운영 경험에서도 확인할 수 있다. 1학년은 선택 교과 없이 교과 융합 형태로 학년 교육과정을 운영하였고, 2학년은 2학기에 '성과 건강'(17차시), 3학년은 2학기에 도덕 교과 시수를 감축하여 '과제 탐구'(17차시)를 개설하고 교육청에서 발간한 '함께 살아가는 민주시민' 도서를 바탕으로 선택 교과를 운영하였다.

2021년 각 학년의 주제 및 선택 교과

학년	주제	운영	담당교과
1	생태 환경	교과 융합수업으로 진행	과학과 + 교과 융합
2	성과 건강	선택교과 17차시(2학기)	보건 교사 + 전문가
3	민주시민교육	과제탐구 17차시(2학기)	도덕 교사

교육과정 재구성을 통해 교과에서 시간을 내어 운영하는 것과 학년 교육과정의 내용을 지속적으로 꾸준히 나눌 수 있는 선택 교과 수업 시간이 확보되어 있다는 것은 운영에 있어서 양적, 질적으로 차이가 있었다. 이러한 경험을 반영하여 2022년에는 1학년에서도 한문 교과 시수를 감축하여 '환경'(17차시) 과목을 개설하게 되었다. 선택 교과를 가운데 두고 학년 주제와 좀 더 밀접한 교과들이 중심 교과(뼈대 교과)가 되어 다양한 교과들의 특성이 합쳐지고, 서로 지원하고 소통하며 꿰어진 것이 '주제 중심 학년 교육과정'인 것이다.

주제 중심 교과 융합수업 사례

다음은 2021년의 첫 실천을 바탕으로 좀 더 구체화된 2022년의 각 학년별 교육과정이다. 2월 새학년 준비 워크숍 기간에 학년 교과 교사 전체가 함께 모여 학년 철학과 학년 주제, 그리고 학년 교육과정이 운영되는 이유를 충분히 공유하고 난 뒤, 각 교과에서 다양한 아이디어를 내고 조율하면서 완성된 형태이다.

1학년 1학기 주제 중심 학년 교육과정

	3	4	5	6	7
학년일정	십오통활 맥도 벚꽃 소풍		현장체험학습 에코버스(미정)	봉사활동	독서한마당
학년교육 초점화 - 실천가능 한 삶과 연 결된 생태 교육	1학년 역량검사			(교장) 다크 투 어 - 쓰레기하치장 방문 (생곡쓰레기매 립지)	1. 읽은 책 소개 2. 느낀점
음악	교가를 통해 배 우는 우리지역 의 생태				
사회	1. 학년 철학 2. 생태중심교육 의 중요성 둘을 연결하여 교육활동	1. 윤리적 소비 -윤리적 소비를 위한 환경약속 1 가지 적고 실천 하기			
과학			1. 우리 학교 생 태도감 만들기		
국어				1. 한 학기 한 권 읽기 -'나'와 '생태'에 대한 가치관	
급식 및 가정	급식 1. 잔반제로 미 션 달성 시 랍스 터 급식 2. 플라스틱 용 기를 사용하지 않는 식단			가정 1. 급식 2. 바느질(깃발 재활용) 3. 수세미 만들 기	

진로	1. 나를 아는 활동	1. 나와 친구 -더불어 이해하기(다름의 이해)	1. 지속 가능한 지구 - 학교 내에서 실천할 수 있는 생태·환경 프로그램
생활 교육부	생명존중교육		
영어		나의 강점과 성장하고 싶은 나의 모습 발표하기	여행앨범 만들기
가정			

1학년 2학기 주제 중심 학년 교육과정

	8	9	10	11	12
학년일정		과학관 체험학습	봉사활동-흙공 던지기 및 숲체험	봉사활동	연극발표회 교육과정 평가회
기술			1. EM흙공 만들기		역량검사
영어			1.지속가능한 성장 목표 선언문 해석하기 2.지속가능한 (UN)성장 목표에 맞는 자기만의 목표 영어로 표현하기		
수학				1. 잔반 그래프 - 반별 또는 학년별(영양사교사 협조)	
진로		직업교육		고등학교 이해교육	
국어					문화예술교육 - 연극

2학년 1학기 주제 중심 학년 교육과정 - 뼈대교과: 도덕, 역사

	3	4	5	6	7
학년 일정	고민1. 독서 국어,도덕, 미술 문학, 비문학, 시 외우기, 시읽기 -올해 도서 추천 -독서습관 기르기 (학생기록누적, 5 분 책읽기-교과 희망)	고민2. 표현 공유 활동 - 실제 유니버설 디자인 - 실제 건의문 제 안서 - 2학기 학생들 한마당?	현장체험학습	고민3. 봉사활동 고민4. 기록공유 나만의 기록지 - 책읽기 습관 -5분 책 읽기(학년 활동)	독서한마당
학생 자치	외부강의 - 나락한알 보드 게임 인권 관련 기념일 과 연계 (자치회, 학년활 동) - 인권 관련 기념 일 월별 행사 기획	(교장) [자기이해심화과 정] 1. 주제: 자기'몸' 이해하기 2. 실행 - 자화상 (자기사진찍기) -포즈 사진 찍고 사진 설명 달기 - 전시회	교외체험장소 - 학년 주제 연결 (부산 투어) - 모둠프로젝트로 진행하여 탐색, 탐 방 - 참고: 부산의 재 발견 - 종교관련: 범어 사, 이슬람사원 등 연계	15통활 - '성'에 특화된 프 로그램 - 전문가 초청 학부모교육 - 양성평등교육 2학기 초+방학과제 연계 - 독서토론	1. 나의 멘토를 소개합니다. (교장) 2. 내가 생각하 는 인권 - 한 학기를 정 리하는 시간 - 낱장의 기억 을 말에는 하나 로 묶어주는 작 업 3. 교장 가. 주제: 아름 다운'성'과 '사 랑'을 위하여 나. 실행:1)주제 도서 함께 읽기 2) 초청강연(수 업시간:한 학기 한 권 읽기) 다. 시기: 1학 기 말~2학기 초 (방학시간 활 용)

국어 (연 간)	1.시외우기 -공동체, 다름에 대한 시	2. 미술-국어통합 '나를 주제로 시쓰 기' -독서활동-시집 (따뜻함, 감성표 현) 3. 한 학기 한 권 읽기 -1학기 소설, 문학 - 다문화 가정, 장 애인, 이주노동자, 입양가정 등	4. 현장체험학습 융합 - 부산 투어 여행 기획안 작성
과학			
특수		장애이해교육(4 월)	
도덕		도서'꽃들에게 희 망을'	
체육		1. 현장 체험 융합 - 걸은 거리만큼 칼로리 계산 - 만보기 착용	2. 미술+과학+체육 +특수 - 몸이 불편한 친구 들에게 도움 되는 디자인 3. 스포츠 인물 도 서 - 역경을 이긴 스포 츠인 - 독서 멘토 소개서
역사	내게로 온 만물의 역사 프로젝트	* 종교의 역사 탐 구 프로젝트 - 이슬람교 * 부산투어 - 학년 주제 연계	

수학	1. 연간 - 의사소통, 협력 - 또래교사 - 나만의 책 만들기		
음악	1. 세계민요를 통해 배우는 다양성 (4-5차시)	2. 노래 - 왼손잡이 - 소수자 차별	2. 노래'왼손잡이'와 소수자 차별	
미술	1. 다문화 이해 1. - 서로 다름을 인정, 이해	2. '나' 탐색 - 개성, 마음을 탐색하여 표현 연계	3. 모둠별 유니버설 디자인 - 모든 사람 평등, 배려, 혜택 - 공공미술	5. 보건 결합 - 페미니즘 미술 - 미술계는 남성거장 작품이 많음 - 미술 작업 통한 여성, 남성 신체 이해 (감상으로 수업)

2학년 2학기 주제 중심 학년 교육과정- 뼈대교과: 성과 건강

	8	9	10	11	12
학년 일정			봉사활동-흙공		연극 발표회 교육과정 평가회 역량 검사
과학				9. 재해재난과 안전 - 주제별 발표 - 미술(공공 디자인)	
수학		독서 - 수학과 관련 독서 -추리, 퀴즈(학기 전체)			
국어				1. 한 학기 한 권 읽기 -2학기 비문학 -성, 미혼모, 미혼부 수기 등	2. 문화예술교육 - 영상 대본 작성
도덕		1. 노가바를 통한 올바른 성윤리 노래 만들기 2. 성에 대한 이해 - 양성평등 - 여가부 폐지 찬반 토론 - 나의 반쪽 찾기 - 데이트 폭력 3. 양성평등 보드 게임			
역사		시민 혁명과 인권			

체육	교과융합 - 스포츠 인권 - 스포츠 인물(한국)		
미술	1. 감상파트 - 페미니즘vs남자 (거장작품) 2. 미술+보건 - 남과 여-'몸' - 사진(흑백)'몸'순간 포착(확대)	3. 다문화 이해2 -표현활동(가면만들기)	4. 다문화 이해 3 - 제작한 작품 활용한 영상물 (슬로모션 촬영)
성과 건강	1. 성인지 감수성 기르기 - 효과적인 의사소통방법 ,거절방법(성적자기결정권) - 외모의 다양성 이해 2. 혐오표현 - 학급별 남녀 분반해서 이야기 나누기	3. 남녀 분반 시간 - 진솔한 대화의 시간 - 여(보건교사), 남(강사 혹은 교사)	
			(교장) 중2'성'에 대한 이해 격차 줄이기 (성평등교육) - 사실 이해 - 왜곡된 성의식 바로 잡기 - 보드게임 활용 - 부모님 인터뷰 (여자, 남자로서 살기의 어려움)

3학년 1학기 주제 중심 학년 교육과정

	3	4	5	6	7
학년 일정	2~3월 예산확보 1. 민주시민 성장학교 예산신청 2. 평화(통일) 동아리 예산신청		현장체험학습	봉사활동	독서한마당
		○ 학년·담임·수업 학년교육주제 로드맵 알리기 -3월동안 지속적			○ 독서한마당 - 주제:'우리는 무슨 일을 하며 살아야 할까? 1. 주제강연(강사초청)➜ 강연준비 2. 비경쟁토론 3. 토론도서 선정
국어		○ 국어 '사람과 노동, 만남' -질문 생성하기 -면담하기		○ 국어 - '나의 권리' 주장하는 글쓰기	○ 국어 - 말하기 평가 - 진로와 결합(동영상 촬영)
진로			○ 진로 -노동의 가치, 직업윤리 1 나를 알자 '내가~"나를 소중히 여기자' 2 진로체험 ->직업체험처스스로찾기 3. 자기 진로에 책임있게 고민 시작		○ 진로 -발표
수학	○ 수학 -협력수업		○ 수학 - 수학과 직업		

사회		○ 사회(4~5월) Ⅱ. 인권과 헌법 [9사(일사)6-3] 헌법에 보장된 근로자의 권리를 이해하고, 노동권 침해사례와 구제 방법을 조사한다		○ 사회(6월) Ⅴ. 실업의 의미와 영향 [9사(일사)10-02] 물가상승과 산업이 국민생활(개인)에 미치는 영향을 이해하고 이를 해결하기 위한 방안을 제시한다.
기술			○ 기술 - 진로와 결합 - ppt제작	○ 기술 - 봉사활동 연계 - 인터뷰, 브이로그 제작하기
음악 미술 체육	○ 미술 프로젝트1 <나의 미래 설계하기> 1. '나'탐색마인드맵 2. '나'분석하기	○ 체육 '룰과 시민의식' -체육배구규칙, 시합 ○ 미술 프로젝트2 3. 직업종류 탐구 - 유의할 점 - 강점과 약점 - 기회와 위협	○ 음악 -음악과 진로 '문화예술 직업계의 인권 문제'	○ 미술 프로젝트3 4. 나의 미래모습 표현하기 5. 사진 매체 활용 표현 (예, 구포시장 일 모습, 노동의 다양한 모습 포착)

3학년 2학기 주제 중심 학년 교육과정

	8	9	10	11	12
학년 일정			봉사활동-흙공	성적 산출 프로 그램	뮤지컬 공연 교육과정 평가회
영어			○ 영어 - 직업을 정하는 가치		
국어			○ 국어 '연대와 협력' -관점 비교하기 -보고서 쓰기		○ 국어 '세상을 향해 소 리쳐(표현)' - 뮤지컬 공연
진로		○ 진로 1. 학교(고등)의 이해를 위한 학 교 방문, 선배와 의 만남			
사회			○ 역사 - 우리나라 민주 와 운동	○ 사회 (연대와 협력사례) X. 지역간 불평 등 [9사(지리)12- 03] 지역간 불평등 을 완화하기 위 한 국제사회의 노력을 조사하 고, 그 성과와 한 계를 평가한다	
음악 미술 체육	○ 미술 프로젝 트4 6. 내가 되고 싶 은 직업인이 되 었다고 생각하 고 인물화 표현	○ 체육 - 연대와 협력 - 꾸미기체조			○ 미술 프로젝트 5 7. 직업, 노동 관 련 뮤지컬

주제 중심 창의적 체험활동 운영 사례

일상의 수업 속에서 이루어지는 교과교육이 창의적 체험활동과 연결되었을 때는 학생들이 좀 더 다양하고 실천적인 경험을 할 수 있게 된다. 배움은 머리와 마음과 몸이 연결될 때 그 의미가 더 커진다. 전문가를 만나고 학교 밖의 공간에서 체험하고, 다양한 생각을 표현하고 공유함으로써 배움이 구체화되고 깊어지는 것이다.

먼저 1학년은 자유학년제와 연계하여 운영되면서 좀 더 다양한 창의적 체험활동을 할 수 있었다. 또한 생태·환경이라는 학년 주제는 가람중학교만이 아닌 모든 학교에서 관심을 가지는 주제라 다른 학년의 주제보다 훨씬 구체적이고 학생들의 삶 속에서 실천하거나 경험할 수 있는 것들이 다양했다. 외부 기관에서 여러 프로그램과 캠페인 등이 운영되고 있었으며, 생곡매립장, 부산자원순환협력센터, 학리기후변화교육센터, 부산기후체험관 등 지역의 관련 기관들도 많았다.

가람중학교는 전문가를 통한 생태 특강과 학교숲 해설을 시작으로 학생들이 직접 참여하고 실천할 수 있는 활동, 책을 통해 관련 주제를 만나고 자신의 생각을 표현하고 공유하는 활동, 학교 밖으로 나가 지역 자원을 이용하여 좀 더 넓게 배우고 경험하는 활동들을 순차적으로 진행하였다. 이 활동들은 낱낱으로 이루어지는 일회성의 행사가 아니라 각자 고유한 의미를 가지고 연계되고 확장됨으로써 창의적 체험활동을 통한 교육의 효과가 더 커질 수 있었다.

2021년 1학년 생태 중심 연계 교육활동

영역	주제	운영 내용
창의적 체험활동 (진로)	생태 특강 (4월)	인디고 서원을 통해 섭외한 전문가가 학생들이 읽는 책(알바트로스)와 연계하여 "지속가능발전을 위한 정의로운 선택"을 주제로 특강을 진행함
교과 (과학)	학교숲 해설 (5월)	낙동강환경유역청을 통해 지원받은 전문가가 학교를 방문하여 학교의 나무와 식물들을 함께 관찰하고 탐색함.
교과외 학년활동	학급 릴레이 만보 (4월~7월)	생활속에서 실천하는 활동으로 학급 내에서 만보를 채우면 그 다음 학생에게 만보기를 넘기는 릴레이 만보 걷기를 학년 활동으로 운영함.
창의적 체험활동 (봉사)	학교생태지도제작/ 분리수거 보고서 (5-6월)	학교의 식물들 중 자신의 식물을 정해 식물도감을 만들고, 타이포그래피 활동을 통해 식물의 특징을 표현함. 올바른 분리수거에 대해 모둠이 함께 공부한 다음 학교의 분리수거를 점검하고 피드백 함.
교과 (과학)	다양성 보존 프로젝트 (5-6월)	1학년 과학(Ⅲ.생물의 다양성)에서 단원을 재구성하여 "생물 종다양성 보전을 위해 지금 우리가 할 수 있는 일"이란 주제로 프로젝트 수업을 함.
교과연계	독서한마당 (7월)	1학기 성찰 활동으로 자유학기 프로그램, 학년 교육과정, 봉사활동 등에서 "나에게 남은 한가지"를 주제로 강당에서 활동 소감을 나눔.
교과 (기술)	흙공 만들기 (9월)	기술교과시간 EM효소를 이용해 흙공 만들기를 진행함.
현장체험학습	생물다양성과 습지생물 (10월)	지역 환경을 활용해 삼락 생태공원에서 좀 더 다양한 생태계를 전문가와 함께 학급별로 생태탐사활동을 함.
창의적 체험활동 (봉사)	낙동강 환경정화 (10월)	낙동강 주변의 생태공원을 방문하여 흙공 던지기를 통해 낙동강 환경 정화 활동을 함.
창의적 체험활동 (진로, 동아리)	연극제 (12월)	2학기에 운영해 온 문화예술 교육과정의 마침표로 총 8개팀의 연극발표회를 운영함.

2학년의 학년 주제는 '인권'이다. '인권'이라는 단어가 가지고 있
는 범위는 매우 넓고 깊다. 이에 가람중학교는 중학교 2학년 학생들
이 가지고 있는 사춘기의 특성을 반영하여 언어(차별과 혐오), 젠더(양
성평등), 성과 관련된 영역들을 중심으로 함께 책을 읽고 표현하는 활
동, 전문가 특강, 집단 상담 프로그램 등의 활동을 통해 직접 생각해
보고 경험하고 표현할 수 있도록 계획하였다. 또한 지역시설과 연계
하여 학생들의 작품을 외부에 전시하여 학생들의 활동이 그저 표현
하는 것에만 머무르지 않고 지역사회와 공유하고 다시 학생들에게도
그 의미를 경험할 수 있도록 연결하였다.

2021년 2학년 인권 감수성 중심 연계 교육활동

영역	주제	운영 내용
창의적 체험활동 (봉사)	차별 멈춰 프로젝트 (5-6월)	"왜요, 그말이 어때서요?"라는 책을 함께 읽고 차별의 언어를 알아보고 인권 감수성을 키우는 모둠활동을 한 다음, 캠페인을 위한 홍보물 제작 및 학년 공유활동을 함
교과연계	독서한마당 (7월)	양성평등, 인권, 평등을 주제로 한 책을 읽고 카드 뉴스, 책 엽서 등 희망하는 영역의 표현 활동을 하고 이를 전시회 형태로 이용해 공유함
현장체험학습	집단상담프로그램 (9월)	건강한 이성관계를 만들 수 있는 '성'의 주체되기를 주제로 남녀를 분반하여 전문 강사와 함께 십오통활 집단상담프로그램을 운영함
교과 (성과 건강)	성과 건강 (2학기)	'성과 건강' 교과서와 '질문과 생각' 성교육 워크북을 활용하여 사춘기 청소년들에게 필요한 성과 관련된 다양한 주제를 나눔.
교과연계	인권 특강 (12월) 학급당 2차시	장애 차별, 이주민 차별, 젠더 갈등을 주제로 2학년 5개반을 학급별, 주제별로 전문가를 섭외하여 특강을 진행함

교과연계	책읽기 (12월)	국어와와 연계하여 '차별', '인권' 등과 관련된 책을 읽음
창의적 체험활동 (진로, 동아리)	영상제 (12월)	2학기에 운영해 온 문화예술 교육과정의 마침표로 총 10개팀 의 영상발표회를 운영함

    3학년은 학교 인근의 구포만세거리를 마을강사와 함께 둘러보면서 구포장터의 만세 운동에 대해 학습하였다. 남포동과 보수동 책방골목, 중앙공원, 민주공원 일대를 모둠별로 해설사와 함께 투어하고 민주화운동과 관련된 지역 현장을 둘러보는 '민주시민스토리투어'를 통해 '민주시민'의 역할과 의미에 대해 알아보는 시간을 갖기도 했다. 이 과정에서 역사, 도덕, 사회, 국어, 기술 등 여러 교과들이 민주시민을 주제로 한 교과 융합수업을 진행하였다. 그리고 그 마무리 활동으로 일련의 과정을 종합적으로 담고 빚어낸 뮤지컬 작품을 민주공원 내 강당 무대에서 펼쳐 보이기도 하였다.

2021년 민주 시민/일과 노동 중심 연계 교육활동

영역	주제	운영 내용
교과연계	퍼실리테이션 교육 (4월)	"공감과 소통으로 디자인하는 더 나은 우리 학교"를 주제로 퍼실리테이션 교육을 통해 민주적 합의문화와 소통과 참여를 촉진하는 절차 및 문제를 해결하는 과정을 경험함
창의적 체험활동 (봉사)	마을 동행 프로젝트 (5-6월)	구포시장의 역사 및 만세거리를 마을 강사와 함께 공부하고, 상인인터뷰 및 홀로 어르신을 위한 기부물품 구매하여 전달 하는 활동과 함께 지역 경제 활성화를 위해 구포시장 홍보 동 영상을 제작함.

교과연계	독서한마당 (7월)	민주 시민, 일과 노동을 주제로 한 책을 읽고 카드뉴스, 책엽서 등 희망하는 영역의 표현활동을 하고 이를 전시회형태로 이용해 공유함.
현장체험학습	집단상담프로그램 (9월)	진로를 주제로 전문 강사와 함께 십오통활 집단상담프로그램을 운영함.
교과 (과제탐구)	함께 살아가는 민주시 민(2학기)	민주시민이 갖추어야 할 자질이 무엇인지 탐구하고 부마항쟁, 민주항쟁 등에 대해 알아봄.
현장체험학습	민주시민스토리투어 (11월)	남포동, 보수동 책방골목, 중앙공원, 민주공원 일대를 모둠별로 해설사와 함께 투어하고 민주화운동과 관련된 지역 현장을 방문하여 체험한 후 모둠별로 스토리투어에서 배운 점, 느낀 점을 발표하며 공유함.
창의적 체험활동 (진로, 동아리)	뮤지컬 발표회 (12월)	2학기에 운영해 온 문화예술 교육과정의 마침표로 총 6개 팀의 뮤지컬 발표회를 부산민주시민공원 중극장에서 운영함.

주제 연계 독서 교육과정 운영 사례

각 학년의 주제들을 학생의 삶 속에 녹여내는 데 있어, 교과 수업이나 주제 관련 현장 방문, 전문가와의 만남 등도 의미가 있지만 책을 통해 얻을 수 있는 바도 매우 크다. 그리고 주제 관련 독서는 단순히 관련된 책을 읽는 것으로 그치지 않고 책을 읽고 난 후 다양한 형태로 공유하는 활동이 이어질 때 학생들에게 더 깊이 와닿게 된다. 이러한 필요성에 의해 가람중학교는 2021년부터 교과 연계 독서 시간 및 집중 독서 주간을 운영하여 학년이 주제와 관련된 책을 함께 읽고, 이후 독서한마당을 실시하여 자신의 생각을 표현하고 공유하는 활동들을 진행해오고 있다.

기본적으로 1학년은 국어, 영어, 진로독서 시간과 연계하여 선정

도서를 읽었으며, 2학년과 3학년은 국어 교과 시간을 기본으로 하고 기말고사가 끝난 직후 약 1주일간을 독서 주간으로 운영하며 집중해서 책을 읽어나갔다. 2021년과 2022년의 각 학년별 선정 도서와 활동은 아래 표와 같다.

2021년 학년별 독서한마당 운영 계획

학년	독후활동		장소	준비물
1	학년 주제	생태		
	선정 도서	『두 번째 지구는 없다』 『크리스 조던』 『환경과 생태 좀 아는 십대』		
	범교과	독서 골든벨 1학년 성찰 및 공유활동 <나에게 남은 한가지>	강당	미니 화이트보드 빔, 노트북
2	학년 주제	몸을 말하다		
	선정 도서	『나의 첫 젠더 수업』 『나다운 게 아름다운 거야』		
	범교과	책 광고 만들기(핸드폰, 색상지 활용)	각반 교실	휴대폰, B4 색상지
		카드뉴스 이용한 감상문쓰기		색상지
		책 OST 만들기(노가바, 비트)		용지
		책 주요 장면 6~8컷 만화 만들기		B4용지, 색연필
		책 썸네일 또는 이모티콘으로 표현하기		휴대폰
		주제 사진으로 표현하기(2인 1조)		인화지
		책 각색 영화기획서 쓰기		기획서 용지
		십자퍼즐 만들기(2인 1팀)		A4용지
		책엽서 만들기(1인)		엽서용지
		캘리그라피 책구절 책갈피 만들기(1인)		캘리그라피 붓, 용지
		낭독회+ 배경음악(1시간 준비+ 1시간 발표)	음악실	녹화

학년	독후활동		장소	준비물
	학년 주제	민주 시민/노동		
	선정 도서	『저스트 어 모멘트』 『별 볼일 있는 녀석들』 『태일이 1~5』 『땀 흘리는 소설』 『땀 흘리는 시』 『연장전』 『세상에 대하여 우리가 더 잘 알아야 할 교양:46』 등		
3	범교과	책 광고 만들기(핸드폰, 색상지 활용)	각반 교실	휴대폰, B4 색상지
		카드뉴스 이용한 감상문쓰기		색상지
		책 OST 만들기(노가바, 비트)		용지
		책 주요 장면 6~8컷 만화 만들기		B4용지, 색연필
		책 썸네일 또는 이모티콘으로 표현하기		
		주제 사진으로 표현하기(2인 1조)		인화비
		책 각색 영화기획서 쓰기		기획서 용지
		십자퍼즐 만들기(2인 1팀)		A4
		책엽서 만들기(1인)		엽서용지
		캘리그라피 책구절 책갈피 만들기(1인)		캘리그라피 붓, 용지
		낭독회+ 배경음악(1시간 준비+ 1시간 발표)	음악실	녹화

2022년 학년별 독서한마당 운영 계획

학년	독후활동		장소	준비물
1	학년 주제	생태		
	선정 도서	『잘 버리면 살아나요』		
	범교과	독서 골든벨	강당	미니 화이트보드 빔, 노트북
		북 트레일러(새 책을 소개하는 동영상) 만들기	교실	휴대폰 및 서피스고
		압화 책갈피 만들기& 소감문 쓰기	교실	압화 책갈피, 소감문
2	학년 주제	몸을 말하다		
	선정 도서	『나의 첫 젠더 수업』『곱창 1인분도 배달되는 세상』『남녀차별은 왜 생겨났을까』 『선량한 차별주의자』『수상한 학교, 평등을 팝니다.』『왜요, 그 말이 어때서요?』 『소녀, 설치고 말하고 생각하라』『이 장면 나만 불편한가요?』『잠깐, 이게 다 인권 문제라고요?』『혐오와 인권』 등		
	독서한마당	책 소개자료 만들기(책 광고, 카드 뉴스, 책 내용 만화 그리기, 플로우맵 그리기, 표어 만들기, 포스터 만들기, 나만의 책표 지 만들기, 에필로그 쓰기 등) 책 대신 읽어드립니다.(모둠에서 책 소개하기)	각반 교실	A4, B4종이 및 채색도 구 등
	토론 한마당	학급 대표 1팀(4명 혼성)씩 출전하여 토너먼트 형태로 토론 진행	특별 실 및 강당	
	범교과	압화 책갈피 만들기& 소감문 쓰기	교실	압화 책갈피, 소감문

학년	독후활동		장소	준비물
3	학년 주제	민주 시민/일과 노동		
	선정 도서	『땀 흘리는 글』 『나는 무슨 일 하며 살아야 할까?』 『10대와 통하는 일하는 청소년 권리 이야기』 『열 가지 당부』 『우리가 몰랐던 노동 이야기』 『땀뭐든 더 배달합니다』 『카페, 공장』 외 2021년 3학년 선정 도서 10종		
	독서한마당	- 북 트레일러 만들기(3~4명 모둠)	각반 교실	A4, 휴대폰
		- 카드 뉴스 이용한 감상문쓰기		A4, 색연필(싸인펜)
		- 책 주요 장면 6~8컷 만화 만들기		B4, 색상지, 색연필 등
		- 주제 사진으로 표현하기(2인 또는 3인 1조)		인화지, 휴대폰
		- 책 각색 영화기획서 쓰기		A4, 휴대폰
		표어, 포스터 만들기		도화지, 색연필 등
		책 표지 만들기		A4, 색연필 등
		에필로그 쓰기(추천 사유, 중심내용)		A4, 휴대폰
		노래가사바꿔 부르기(촬영)		A4, 휴대폰
	토론 한마당	선정된 책 중 같은 도서를 읽은 2팀씩 토론	강당	
	범교과	압화 책갈피 만들기& 소감문 쓰기	교실	압화 책갈피, 소감문

2.4. 성장하는 것은 머무르지 않는다

2021년 '주제 중심 학년 교육과정'을 처음으로 시도하며 각 영역
별로 큰 틀이 만들어지고 구체적인 내용들이 채워졌다. 단순히 2021
년 한 해 동안 운영하기 위한 것이 아니라 가람중학교에서 계속 이어
질 '주제 중심 학년 교육과정'의 첫 단추이자 앞으로 꾸준히 해 나갈
의미 있는 교육활동이 될 수 있도록 안정적인 운영과 학년별 연계를

고민한 것이기에 2022년에도 그대로 유지하여 운영한다는 생각이 기본적으로 있었다.

하지만 모든 경험 뒤에는 성찰이 있고, 같은 활동도 경험을 통한 성찰이 반영되면 운영하는 내용이나 방식이 변화할 수밖에 없다. 또한 전년도의 1학년과 올해의 1학년이 다른 것처럼 학생들의 특성이 달라지고, 학년별 교사의 구성도 달라지며 외부 환경이나 요구도 달라진다. 이에 전년도에 만들어진 주제 중심 학년 교육과정의 큰 틀은 유지하되 실제적이고 구체적인 내용들은 교육과정이 운영되는 시기와 특성에 맞게 변화될 필요가 있다.

이때 학년 교육과정의 기획과 운영에 가장 중심이 되는 학년부장의 경험과 성찰이 크게 작용한다. 그런 학년부장을 2년 연속으로 하게 된다면 어떤 과정과 결과가 나타날까? 학생들과 함께 진급하여 2021년과 2022년을 같은 학생들을 대상으로 학년 교육과정을 운영하게 된 한 학년부장은 학생들의 특성과 해당 학년에게 부족한 경험이 무엇인지 누구보다 잘 이해하고 있었기에 인권 특강, 봉사활동, 독서한마당의 운영방식을 다시 고민하였다. 해당 학년의 학생들은 집중력이 낮아 전체 특강보다는 소규모로 참여하는 활동이 더 맞겠다는 판단하에 1학기에는 보드게임을 통해 서로 다름을 인정하고 존중하는 법을 알아보는 활동을 기획하였고, 학생들이 독서와 학교 내의 교육활동을 통해 충분히 생각해보고 경험하게 한 다음 2학기에 좀 더 깊이 있게 이야기를 나누는 청소년 노동 인권교육(4차시)을 기획하였다. 또한 전년도의 경험에서 봉사활동과 독서한마당의 표현 활동이 중복됨을 경험하였고, 캠페인 홍보물을 제작하는 것을 넘어 직접 행동하고 실천하며 배우기를 바랐기에 봉사활동의 운영내용을 완전히 바꾸기도 하였다. 2022년의 독서한마당이 2021년과 다르게 운영된 것도, 토론 한마당이 기획된 배경에도 모두 전년도의 경험을 통해 학생들의 특성에 대한 이해가 있었기에 자연스럽게 학년에 가장 알 맞는 형태로 운영할 수 있었다.

또 다른 학년부장은 2021년과 2022년에 3학년을 연속으로 담당하게 되었다. 이에 해당 학년의 '주제 중심 학년 교육과정'이 기획된 배경과 상세한 운영 절차를 이미 알고 있었다. 그 경험을 통해 학년 교육과정을 좀 더 의미 있고 효율적으로 운영할 수 있었다.

그 외에도 '주제 중심 학년 교육과정'의 안정적인 운영에 있어 선택교과가 가지는 장점을 알기에 융합수업으로만 운영했던 1학년의 과학 시수를 조정하고 '환경' 교과를 도입한 점, 전체가 함께하던 전문적 학습공동체 시간 중 일부를 학년별로 교육과정을 논의할 수 있는 시간으로 확보한 점, 2월의 새학년 준비 워크숍에서 각 학년의 전체 교과가 모여 의논할 수 있도록 학년 중심으로 시간을 배분하고 다행복교육부장이 학년 교육과정의 기록자이자 지원자로서 모든 학년을 참관하며 논의 과정과 결과를 기록한 점 등, 이 모든 것이 경험을 통한 성찰이 반영된 결과이다.

2021년, 주제 중심 학년 교육과정을 처음 시도하고 실천하는 과정에서 수많은 질문들이 존재했고 교사들의 머릿속에도 확신과 물음표가 계속해서 교차되었다. 학생들이 경험과 배움을 통해 변화하고 성장하는 것처럼 교육과정 또한 살아있는 생명체와 같다. 사람(교사)이 모여 사람(학생)을 중심에 두고 삶에 필요한 주제들을 다루기에 교육과정 역시 계속해서 변화하고 성장한다. 어렵게 만들어낸 교육과정을 그대로 답습하지 않고 계속된 성찰을 거치며 가람중학교의 주제 중심 학년 교육과정은 꾸준히 변화되어 왔다. 그리고 다음 해에도 올해의 경험을 바탕으로 또 변화할 것이다. 해를 거듭하며 질문이 해답으로 바뀌어가는 과정까지 고스란히 담아낸 것이 가람중학교의 교육과정이다.

지금까지 '주제 중심 학년 교육과정'의 의미와 그것을 기획하고 운영하는 과정에서 얻게 되는 교사의 경험 및 성장에 대해 이야기하였다. 이러한 교육과정을 고민하고 운영하는 이유는 무엇보다 학생들의 배움과 성장에 있다. 가람중학교 교사들은 각자 교과는 다르지만 수업을 비롯하여 창의적 체험활동, 문화예술 교육과정, 현장체험학습 등 학교의 모든 교육 활동을 학생들에게 필요한 '주제'를 중심으로 연결하고자 노력한다. 이를 통해 학생들이 융합적 사고력을 기르고 생각의 범주를 교과서 밖으로 확장하여 학교에서 배운 것이 단순히 앎(지식)으로만 머무르지 않고 자신의 삶, 그리고 미래와 연결될 수 있기를 희망한다.

유기적으로 연결되는 학년 교육과정 속에서 학생들은 마을 활동가를 만나고, 해당 주제의 전문가를 만나고, 지역을 만나고, 마침내 자신을 만난다. 교사는 그 곁에 머무르며 더디고 표나지 않는 학생들의 성장 과정을 함께 할 뿐이다. '주제 중심 학년 교육과정'을 운영하는 이유와 의미를 알고 매 순간 학생들을 중심에 두고 고민하는 교사들이 있는 한, 지금 당장 배움과 활동의 결과가 학생들로부터 보이지 않더라도 그 경험은 사라지지 않고 학생들의 삶 속에서 의미를 가지고 언젠가 발현할 것임을 믿는다.

3. 문화예술 교육과정

문화예술 교육과정은 2017년부터 이어져 온 가람중학교의 학년 교육과정을 이루는 큰 축 가운데 하나이다. 시험과 내신성적 산출이 마무리되는 학년말, 가람중학교 학생들은 어느 때보다도 분주하다. 자신들이 주체가 되어 공연 연습을 하고 영상을 찍는 등 각 학년별로 펼쳐지는 문화예술 교육과정에 온전히 스며들어 의미 있는 시간을 보내고 있기 때문이다.

일반적으로 학년말에는 밀도 있는 교육과정이 온전히 이루어지기 어렵다. 이는 비단 가람중학교에만 한정된 모습은 아닐 것이다. 특히 2학기, 내신 성적 산출 이후의 3학년 교실 상황은 더 심각하다. 아무것도 하지 않으려는 학생들을 설득해가며 교과 수업을 이어 나가도 마음은 불편하고 버겁기 마련이다. 그렇다고 영화를 보여줄 수도 없다. 3학년은 이 기간에 지역을 탐방하거나 공예 체험, 문화체험 등을 하기도 한다. 이러한 상황이 반복되면서 학년말의 시간들을 조금 더 의미 있게 보내고 싶다는 목소리가 교사들 사이에서 생겨나기 시작했다.

그리고 그 목소리에 불을 지핀 사건이 있었다. 학교 인근에 행복한 예술문화인 육성을 위한 '부산광역시 학생예술문화회관'이 개관하면서 가람중학교 학생들이 각종 전시와 공연 등을 가까이에서 접할 기회가 생긴 것이다. 가람중학교가 다행복학교로 출발하기 일 년 전인 2016년, 전교생이 학생예술문화회관에서 열린 연주회에 참석했다. 학교에서 공연 관람 예절 등을 사전 교육했으나 학생들의 관람 태도는 같은 날 함께 공연을 관람하러 온 다른 학교 학생들의 모습과 너무나 달랐다. 조용히 공연을 관람하는 다른 학교의 학생들과 달리 가람중학교 학생들은 너무 소란스러워 다른 관람객에게 방해가 되었고, 공연자에게도 불쾌감이 들게 했다. 학생들은 외부 활동을 나가니 교사의 말은 더욱 듣지 않았다. 교사들은 얼굴이 붉어졌다.

그때 가람중학교 학생들이 처한 환경적 특성이 눈에 들어왔다. 가람중학교는 교육복지우선지원사업 중점학교이다. 부산광역시 교육청 교육복지우선지원사업 기본계획(2022)에 따르면 저소득층 학생 수(법정 저소득층+기준중위소득 60% 이하)가 60명 이상이면서 전체 학생 수 대비 저소득층 학생 수 비율이 9% 이상인 학교는 교육복지우선지원사업 중점학교에 해당한다. 관람 예절이 한두 번의 사전교육으로 금방 체화될 리 없다. 연주회나 전시를 경험할 기회가 많지 않았던 가람중학교 학생들은 공연을 즐기는 방법을 몰랐던 것이다.

학생들에게 문화생활로 무엇을 하는지 물었을 때 대다수의 학생들은 집에서 게임을 한다고 했고, 어쩌다 영화를 본다고 대답한 것도 소수의 학생들이었다. 교사들은 학생들이 문화의 소비자가 아닌 향유자로 성장하기를 바랐고 나아가 스스로 문화를 창조하는 경험을 주고 싶었다. 이에 문화예술을 경험하는 배움의 과정이 필요하다는 생각에 이르렀고, 그다음 해인 2017년, 다행복학교의 출발과 함께 어설프지만 문화예술 교육과정을 일단 시작해보기로 한 것이다. 그리고 앞의 고민과 더해져 자연스럽게 2학기 내신 성적 산출 후의 기간을 문화예술 교육과정 운영 기간으로 설정하고, 학년 철학과 특성, 각 학년의 관련 교과와 단원을 고려하여 1학년은 연극, 2학년은 영상, 3학년은 뮤지컬로 학년별 분야를 확정하였다. 이렇듯 가람중학교의 문화예술 교육과정은 다른 학교의 사례를 벤치마킹한 것이 아니라 온전히 우리의 고민과 경험에서 출발한 것이다.

학년 교육과정은 교과 수업과 창의적 체험활동의 범위 안에서 융합과 재구성을 통해 실현된다. 그러므로 학교 내에서 문화예술 교육과정을 운영하기 위해서는 교과 재구성을 통한 교과 융합수업이 필수적이다. 첫해 문화예술 교육과정을 시도하면서 중점을 두었던 사항은 다음과 같다.

첫째, 전문가와의 협업을 통해 학생들이 제대로 된 문화예술 수업을 경험하게 하자.

둘째, 모든 학생들이 각자의 역할을 수행하도록 하자. 무대 위든 뒤든 자신의 선호나 역량에 따라 하나의 역할을 맡도록 하자.

셋째, 학생들끼리 협력하고 논의하는 과정에서 배우도록 하고, 그 속에서 소외되는 학생들이 없도록 하자.

넷째, 학년 철학과 연계하여 대주제를 정하고 교과 융합수업을 통해 학습하도록 하자,

다섯째, 문화예술 수업 후 반드시 발표할 무대와 시간을 마련하여 서로 공유하고 격려하도록 하자.

이와 같은 사항을 중심에 두고 이후로도 매해 수정을 거듭하고 수많은 논의와 실행 그리고 평가회를 거쳐 지금의 가람중학교 문화예

술 교육과정이 정착되었다.

2022년 가람중학교 학년별 교과융합 문화예술교육 계획

	1학년	2학년	3학년
학년 철학	나를 알고 사랑하기	다름을 알고 협력하기	따뜻한 감성으로 세상과 소통하고 실천하기
분야	연극	영상	뮤지컬
융합 교과	국어+영어+사회+기술+가정+음악+체육+미술	국어+보건+영어+가정+음악+과학+도덕+역사	국어+사회+역사+도덕+수학+과학+기술+체육+음악+미술+영어+진로와직업+과제탐구
융합 활동	학년 철학+교과융합주제 연계 학년발표회+학예제 연계	학년 철학+교과융합주제 연계 학년발표회 연계	학년 철학+교과융합주제 학년발표회 연계
시기	11월~12월	12월	11월~2023년 1월

3.1. 1학년 연극

1학년은 자유학년제를 실시하여 내신 성적 산출을 하지 않기에 2, 3학년보다는 운영의 유연성이 큰 편이다. 이에 문화예술 교육과정을 집중적으로 운영하는 기간을 2, 3학년 내신 성적 산출 이후와 동일하게 정해두지만 교과 내에서 일년내내 펼치는 것도 가능하다.

2022년 기준, 1학년 국어과 시수 중 한 시수를 연극 수업으로 고정하고 3월부터 전문가와 국어 교사가 협업하여 연극 수업을 진행하고 있다. 아직 중학교가 낯설고 서로가 서먹한 시기에 연극 수업을 통해 자연스럽게 서로 친해지며 알아가는 시간은 1학년 학생들의 학교 적응력을 높이고 공동체를 편안하게 느끼도록 한다. 그 과정에서 서로의 의견을 거리낌 없이 주고받으며 여러 친구들 앞에서 자신을 표현하는 것을 어렵지 않게 생각하게 된다.

연극 수업은 모든 학생들이 역할을 맡아 참여하기 위해서 한 반을 10~11명 정도의 두 모둠으로 나누어 운영하는 것이 좋다(가람중학교의 1학년 학급별 정원은 20~21명이다). 모둠은 담임교사가 학생들의 친구 관계, 성별, 리더십, 역할 수행 능력 등을 고려하여 편성한다. 편성된 모둠 안에서 학생들은 서로 토의를 통하여 역할을 정한다. 연출 혹은 감독, 작가, 배우, 조명, 음향, 무대 디자인 및 소품 등 교사가 개입하지 않아도 학생들은 개개인의 역량이나 성향을 고려하여 역할을 나눈다.

그리고 1학기 연극 수업이 마무리될 즈음, 1학년 전문적 학습공동체에서는 2학기 문화예술 교육과정을 위한 교과 융합수업 계획을 세운다. 먼저, 학년 철학 '나를 알고 이해하기'와 연관하여 대주제와 목적을 설정한다. 이때 대주제와 관련된 하위 주제를 몇 개 정해두면 학생들이 이어지는 활동에서 모둠 주제를 잡기에 수월하다.

2022년 1학년 연극 방향

구분	내용
학년 철학	나를 알고 이해하기
대주제	자아 찾기, 함께 성장하는 우리
목적	개인과 사회 속에서 발생하는 다양한 갈등을 겪고 경험하며, 이를 해결한 후 깨달음을 얻고 건강한 자아로 성장할 수 있도록 문화적 경험을 제공한다. 이러한 과정을 통해 관계로 맺어져 함께 살아가는 사회 속에서 자신뿐만 아니라 다른 사람과 함께 성장할 수 있는 계기를 마련한다.

전문적 학습공동체에서 교과 융합수업을 위하여 교과별 성취기준과 수업 주제, 시기 등을 논의한 후 관련 수업을 진행한다. 국어과와 사회과에서 모둠별 주제를 잡기 위한 토의토론을 실시하고, 연극 대본 쓰기를 국어과가 계속적으로 지도한다. 미술 교과에서는 연극을 위한 소품을 제작하고 무대 디자인 및 연극 포스터 작업을 진행한다. 음악 교과에서는 극의 흐름에 맞는 적절한 음악과 음향 효과를 찾아본다. 1학년 전문적 학습공동체는 대본 및 연습 등의 준비 과정, 학년 발표회 일정 등을 점검한다.

이 기간에는 원으로 둘러앉아 자신들의 의견을 이야기하는 학생들의 모습을 주로 만나게 된다. 모둠의 토의 과정은 활발하게 이루어질 때도 있지만 대체로 지지부진하다. 교사의 시선에서는 매우 답답하고 지루한 과정이지만 최대한 개입하지 않으려 노력한다. 교사가 적극적으로 개입하면 학생들의 것이 되지 않기 때문이다. 왜 이런 교육과정을 운영하는지, 무엇을 배우기를 바라는지를 학생들에게 이야기해 주고 학생들을 믿고 기다려주는 것이 필요하다.

2021년 가람중학교 1학년 문화예술교육(연극) 교과별 지도 계획

교과	지도 내용 및 성취기준	시기	지도교사
국어	연극 주제 토의토론, 연극 대본 쓰기 [9국03-07]생각이나 느낌, 경험을 드러내는 다양한 표현을 활용하여 글을 쓴다. [9국03-08] 매체 특성을 고려하여 생각이나 느낌, 경험을 표현한다.	9~12월	조OO

영어	대본의 기본 형태 파악하기 [9영02-09] 일상생활에 관한 일이나 사건의 순서, 전후 관계에 대해 묻거나 답할 수 있다.	9월~12월	최○○
수학	연극을 주제로 한 통계 포스터 만들기 및 입체도형으로 만드는 연극 소품 [9수05-01] 자료를 줄기와 잎 그림, 도수분포표, 히스토그램, 도수분포다각형으로 나타내고 해석할 수 있다. [9수04-07] 다면체의 성질을 이해한다.	11~12월	박○○
사회	연극 주제 탐구 및 선정 [9사(일사)01-01] 사회화의 의미와 과정을 이해하고, 사회화 과정에서 청소년기에 나타나는 특징을 설명한다.	12월	허○○
과학	과학과 관련된 직업 [9과07-01]과학과 관련된 직업의 종류와 하는 일을 조사하고, 그 직업에 필요한 역량에 대해 토의할 수 있다.	12월	강○○
기술	연극 소품 제작 [9기가04-03] 제조 기술의 특징과 발달 과정, 재료의 특성과 이용을 설명하고 제조 기술의 발달 전망을 예측한다. [9기가04-04] 제조 기술과 관련된 문제를 이해하고, 해결책을 창의적으로 탐색하고 실현하며 평가한다.	10~12월	김○○
미술	연극을 위한 소품 제작 및 무대 디자인 [9미02-04] 주제의 특징과 표현의도에 적합한 조형요소와 원리를 탐색하여 효과적으로 표현할 수 있다. [9미02-05] 표현 매체의 특징을 알고 다양한 표현효과를 탐색할 수 있다. [9미02-06] 주제와 의도에 적합한 표현매체를 선택하여 활용할 수 있다.	10~12월	김○○
음악	컴퓨터 프로그램을 활용한 음향효과 만들기 [9음03-02]음악과 관련된 산업에 대해 조사하여 발표한다.	11~12월	전○○
체육	스포츠 표현 [9체04-04] 스포츠 표현 활동에 참여하면서 스포츠에 존재하는 미적인 요소를 이해하고 감상한다.	12월	조○○

모둠별 주제가 정해지면 2학기를 시작하기 전에 대본을 완성하도록 한다. 공연 시간 10분 정도의 연극에서 주제를 잘 형상화하기 위해 학생들은 또 머리를 맞대야 한다. 모둠원들이 이야기의 큰 틀을 잡고 에피소드 등의 쓸거리를 제공하지만 1~2명의 작가가 대본 작업을 주도 해야 한다. 그래야 흐름에 맞게 이야기를 구성하고 논의에 나온 이야기들을 반영할 수 있다. 교사도 부지런히 학생들이 쓴 대본을 피드백하는 과정이 필요하다. 그 과정을 거듭한 끝에 한 편의 다듬어진 대본이 나온다. 물론 이 대본도 실제 연습을 하면서 여러 차례 수정되는 것은 당연하다.

2021년 1학년 연극 모둠별 제목 및 내용

모둠	제목	내용
1	저는 남자간호사 서준입니다.	남녀 역할 차별에 맞서 남자가 간호사에 도전하는 내용
2	환경을 바꾸는 타임머신	플라스틱 사용의 심각성을 깨닫고 타임머신을 타고 환경오염을 막으러 떠나는 내용
3	건후의 꿈	요리사라는 자신의 꿈을 깨닫고 갈등을 극복하면서 꿈을 향해 나아가는 내용
4	참새	동물과 인간의 공존을 꿈꾸는 내용
5	희선제약	산업 폐기물을 무단으로 방출하는 기업이 처벌받는 내용
6	한부모가정 수영이	한부모가정의 학생이 당당하고 자신감 있게 삶을 살아가는 내용
7	왕따 주완이의 역습	학교 폭력(왕따)의 심각성을 고발하는 내용
8	너의 날개를 펼쳐봐	춤을 추고 싶은 자신의 꿈을 깨닫고 갈등을 극복하면서 꿈을 향해 나아가는 내용

2학기가 시작되면 완성된 대본으로 실전 연극 수업에 들어간다. 2, 3학년 기말고사가 끝나고 학년 발표회를 2주 정도 앞둔 시점에는 연극 수업을 주 4회 진행한다. 감정을 담아 대사를 말하고, 표정과 동작은 어떻게 해야 하는지, 무대 위에서 동선을 또 어떠한지 등을 집중적으로 점검한다. 동시에 홍보를 위한 포스터도 제작하고 소품도 만든다. 학년 발표회가 다가오면 연습에 연습을 거듭한다. 교사는 이러한 과정을 함께 공유하며 격려한다.

학년 발표회는 각 반 2개의 모둠이 만든 작품을 학년이 함께 공유하는 자리이다. 학생들이 직접 그 자리를 꾸려나가도록 학년부는 지원하는 역할을 맡는다. 사회는 누가 볼 것인지, 중간중간 무대 정돈을 위한 시간을 어떻게 쓸 것인지 등을 학생들 스스로 할 수 있도록 한다. 학년부는 연습 및 공연 장소를 섭외하고, 조명과 음향 시설을 대여한다. 배역을 맡은 모든 학생들에게 돌아갈 수 있도록 개인 핀마이크를 준비한다. 학생들이 소품으로 준비하기 어려운 것들은 학교에서 구입하고 학생들을 격려하기 위한 상품과 간식 등을 챙긴다. 이렇게 준비가 되면 학년 발표회를 채우는 것은 오롯이 학생들의 몫이다. 학생들은 서로를 격려해가며 무대에 오르고 자신이 맡은 역할에 최선을 다한다. 그 시간을 온전히 누리면서 학생들은 함께 무엇인가를 이루어냈다는 성취감, 자신감을 얻게 된다.

1학년 연극 포스터

　한 편의 연극을 상연하기 위해 학생들은 모둠별 주제를 정하고 대본도 직접 써야 한다. 약속을 정해 함께 준비해야 하고 지겨울 정도로 연습을 해야 한다. 이 과정에서는 협력이 필수적이니 갈등도 자연히 따라온다. 서로 큰 소리가 오가고, 교사에게 하소연하고, 왜 하는 거냐며 딴지를 걸고, 모둠 안에서 입을 다물고 마음을 닫기도 한다. 그렇지만 포기하는 모둠은 단 한 모둠도 없었다. 다른 모둠을 보며 자신의 모둠을 돌아보고 서로의 모습을 통해 배우며 그 속에서 자기들끼리 갈등을 조율하며 문제를 해결해 나갔다. 학생들은 교과서에서만 배우지 않는다. 자신들의 삶에서, 경험에서 배운다. 그리고 이러한 경험들은 2, 3학년 문화예술 교육과정으로 이어져 차곡히 쌓인다.

1학년 연극 공연 장면

3.2. 2학년 영상

2학년은 2학기 기말고사가 끝난 직후 문화예술 교육과정을 시작한다. 일반적으로 2학년 기말고사가 12월 초에 치러져 다른 학년에 비해 상대적인 시간은 부족할 수 있으나, 분야가 연극이나 뮤지컬이 아닌 영상이라는 특성으로 시간 부족의 어려움을 약간은 덜 수 있다. 2학기 기말고사 후 바로 수업이 이루어지려면 그 전에 모둠 구성을 완료해야 한다. 영상 제작은 연극이나 뮤지컬처럼 많은 인원이 필요하지 않으므로, 한 반을 5~6명 정도의 4모둠으로 구성하고, 영상물의 분량은 5분 내외가 되도록 한다.

2학기가 시작되면 학년 전문적 학습공동체에서는 2학기 문화예술 교육과정을 위한 교과 융합수업 계획을 세운다. 대주제를 정하고 어떤 교과에서 어떤 성취기준을 가지고 융합할지를 논의한다. 2021년에는 '다름을 알고 협력하기'라는 2학년 철학을 바탕으로 '성, 인권, 차별'을 주제로 영상을 제작하였다. 교과별로 다양한 주제를 제시하면 각 반에서 모둠별로 자유롭게 협의한 후 모둠의 주제를 정하도록 하였다. 영상 제작과정을 통해 학년 철학처럼 서로의 다름을 이해하고 협력하는 가운데 함께 배우며 성장하는 2학년 공동체가 되기를 바랐기 때문이다.

2021년 가람중학교 2학년 문화예술교육(영상) 주제

학년 철학	문화예술교육 주제	하위 주제	비고
다름을 알고 협력하기	성, 인권, 차별	- 차이와 차별에 대한 이해 - 남녀의 차이 - 세대 간의 차이 - 친구와 나의 다름 - 가족 구성원의 생각 차이 - 다양한 가족 형태 - 종교와 문화의 다양성 - 생명의 다양성 - 언어 표현방식의 다름 - 아름다움에 대한 다양한 관점	하위주제 외 모둠 구성원이 논의해 학년 철학 및 문화예술교육 주제와 관련된 공연주제를 정할 수 있음.

2학기 기말고사와 수행평가가 마무리된 이후에는 2주 정도의 기간에 각 반별로 10시간의 영상 수업 시간을 확보하여 전문가와 함께 수업을 진행한다. 이 10시간 동안 학생들은 모둠의 주제를 정하고 영상 제작을 위한 시나리오를 작성한다. 촬영 기법이나 구도, 영상 편집 등에 대해 기본적인 내용을 배우고 나면 교내 곳곳-때로는 친구 집이

나 동네 곳곳-을 다니며 촬영을 시작한다. 캠코더로 찍기도 하고 휴대전화의 카메라를 이용하기도 한다. 촬영과 촬영본 확인을 여러 차례 거쳐야 비로소 한 장면이 완성된다.

2021년 2학년 영상 모둠별 제목

모둠	제목	모둠	제목
1	차이나	11	첫사랑
2	역지사지	12	너와 나
3	두 반장	13	기억
4	금쪽같은 니 새끼	14	두 줄
5	시점	15	최정문 사건
6	보물찾기	16	그날 - 복지센터에서 일어난 일
7	꼬치와 날두의 캐릭캐릭 체인지	17	나를 다르게 생각해 본 적 있니?
8	조별 과제 유형	18	행복한 가족
9	Made in 차별	19	눈길
10	마지막 기록	20	변화

2022년에는 2학년의 학년 철학에 맞추어 본격적인 영상 촬영 이전에 배리어프리 자막 제작자의 강의를 먼저 듣고, 자신들의 영상에도 적용하는 방법을 고민하는 과정을 추가하였다. 형식과 내용이 일치하는 가람중학교만의 영상 제작을 위한 고민이 계속 이어지고 있는 것이다.

촬영이 마무리되면 편집에 들어가기 전 각 반에서 시사회를 가진다. 음향이나 자막 없이 촬영된 영상을 보고 학생들은 피드백을 주고 받는다. 어느 부분에 재촬영이 필요하다고 교사나 전문가가 말하지 않아도 학생들은 서로 그 지점을 잘 찾아간다. 적절한 음향이나 자막을 삽입하고 대사의 전달력을 높이기 위해 다시 더빙하기도 한다. 그러면서 자신의 영상을 홍보하기 위한 포스터를 제작하고, 학년 발표회를 영상제로 만들기 위해 필요한 역할들을 챙기고 준비해 나간다.

2학년이 된 학생들은 1학년 때의 학년 발표회 경험이 있어 영상제를 위한 준비 과정을 직전 해보다 수월하게 느낀다. 사회자나 순서를 정하는 데 그치지 않고 메이킹 필름을 만들기도 하고, 반별 영상도 찍어 즐긴다. 학년부 교사들도 2학년 초부터 말까지 학생들의 교육활동 사진을 모아 영상을 제작하여 학생들이 자신의 한해를 자연스럽게 돌아보며 정리할 수 있도록 힘을 보탠다. 1학년 때 한 편의 연극을 올리는 과정을 통해 학생들은 모둠에서 갈등을 어떻게 해결해 나가야 하는지, 어떻게 협력해야 하는지를 배웠다. 2학년이 되어도 학생들은 여전히 부딪히고 갈등하는 상황을 맞닥뜨린다. 그렇지만 전년도의 경험을 통해 그 갈등을 스스로, 그리고 함께 풀어나가야 함을 학생들은 알고 있다.

2학년 영상 제작 과정

2학년 영상 발표회 현수막

2학년 영상 발표회 장면

3.3. 3학년 뮤지컬

3학년에서는 1, 2학년 때의 경험에 음악과 노래가 더해진 뮤지컬을 중심으로 문화예술 교육과정이 펼쳐진다. 3학년 내신 성적 산출 완료 후 곧바로 문화예술 교육과정을 운영할 수 있도록 학년별 전문적 학습공동체에서는 2학기 시작 직후 관련 논의를 시작해야 한다. 2월 새학년 준비 워크숍에서 교과 융합수업 계획을 세웠지만, 그것을 실행하기 위해서는 다시 한번 세밀한 점검이 필요하기 때문이다.

2021년, 3학년은 '따뜻한 감성으로 세상과 소통하고 실천하기'라는 학년 철학과 연계하여 '과거에 투영된 현대 민주시민의 모습'을 대주제로 삼았다. 3학년 주제 중심 학년 교육과정인 민주시민교육을 문화예술 교육과정에도 녹여내어 우리나라 민주화의 역사 과정을 성찰하고 현대사회에서 민주시민으로 살아가는 방법을 모색하도록 하기 위함이었다.

먼저 민주시민 교육과정으로 1학기에는 '일(직업)과 노동'이라는 주제에 맞는 도서를 선정해 국어 시간에 한 학기 한 권 읽기 활동을 진행하고 도덕 교과와 연계하였다. 그리고 이를 통합하는 활동으로 주제 중심 독서한마당을 운영하였다. 2학기에는 과제탐구 시간을 통해 민주시민 수업을 진행하였으며 사회, 역사, 미술, 음악 시간에는 이와 연계한 주제 수업을 실시하기도 했다. 또 부마민주항쟁기념재단의 특강을 듣고 민주공원 등으로 민주시민스토리투어를 다녀오기도 하였다.

2021년 가람중학교 3학년 문화예술교육(뮤지컬) 교과별 지도 계획

교과	지도 내용 및 성취기준	시기	지도교사
국어	주제 토의, 대본 쓰기, 몸으로 표현하기 [9국05-05] 작품이 창작된 사회·문화적 배경을 바탕으로 작품을 이해한다.	11월~12월	조OO
역사	4·19, 부마항쟁, 5·18민주화운동, 6월 민주항쟁, 촛불혁명 [9역12-03] 우리나라 민주주의 발전 과정을 이해한다.	11월 초	최OO
사회	더 나은 사회를 만들기 위한 연대와 협력 [9사(지리)12-03] 지역 간 불평등을 완화하기 위한 국제사회의 노력을 조사하고, 그 성과와 한계를 평가한다.	11월~12월	허OO
영어	뮤지컬 포스터 만들기 및 초대장 만들기 [9영04-06] 간단한 초대, 감사, 축하, 위로, 일기, 편지 등의 글을 쓸 수 있다.	11월~12월	김OO
과학	역사의 흐름 속에서 다양한 사건들이 가지는 의의와 영향을 다른 영역에도 적용하여 생각해보기 [9과23-04]우주 탐사의 의의와 인류에게 미치는 영향을 조사하여 발표할 수 있다. [9과24-01]과학기술과 인류 문명의 관계를 이해하고 과학의 유용성에 대해 설명할 수 있다	12월	강OO
도덕	주제선정 [09도04-01] 인간과 자연의 조화를 통한 삶의 중요성과 환경보호의 필요성을 다각적으로 이해함.	11월~12월	강OO
기술	LED응원카드 만들기 [9기가04-04] 제조 기술과 관련된 문제를 이해하고, 해결책을 창의적으로 탐색하고 실천하며 평가한다. [9기가04-18] 정보통신기술과 관련된 문제를 이해하고, 해결책을 창의적으로 탐색하고 실천하며 평가한다.	11월 말~12월	김OO

음악	뮤지컬 발성 익히기	11월~12월	전OO
	[9음01-04] 주제에 맞는 음악극을 만들어 표현한다.		
미술	팜플렛 & 홍보포스터 제작	10월~12월	김OO
	[9미01-02] 시각 문화 속에서 이미지의 다양한 전달방식을 이해하고 활용할 수 있다.		
체육	뮤지컬 동작 및 무대 동선 활용	11월~12월	이OO
	[9체04-10] 현대 표현의 동작과 원리를 이해하고 심미적으로 표현한다.		
진로	나에게 맞는 직업정보 탐색	10월	하OO
	[9진03-04] 관심 직업분야의 다양한 진로 경로를 탐색할 수 있다.		

그리고 앞서 이루어진 2학기의 민주시민 교육과정을 학년말 3학년의 뮤지컬에 담고자 하였다. 이를 위해 각 반을 12명 정도의 두 모둠으로 편성하고 한달 정도의 기간 동안 반별로 15시간의 뮤지컬 수업시간을 확보하였다. 뮤지컬 수업의 첫 시간에는 3학년이 모두 강당에 모여 모둠별로 탁자와 의자에 앉아 오리엔테이션 시간을 갖는다. (시간표를 조정하여 3시간을 이어서 진행하면 학생들의 협의 시간도 충분히 확보하고 공유하는 시간도 가질 수 있다. 2시간은 오리엔테이션 및 모둠별 협의를, 나머지 1시간은 나눈 이야기를 전체가 공유하는 제작발표회 시간이다.)

오리엔테이션 시간에는 전문가가 어떻게 뮤지컬 수업이 이루어지는지를 간략히 안내한다. 그리고 대주제를 확인하고 모둠 주제를 정하도록 한다. 연출이나 배우, 음향 등 각자의 역할을 정하고 대강의 작품 줄거리를 구성하며 작품의 제목까지 정한다. 모둠별로 탁자에

둥그렇게 앉아 자유롭게 토의한 후 모둠에서 나눈 이야기를 전지에 정리하여 제작발표회를 갖는다. 3학년은 1학년 연극, 2학년 영상 제작의 경험을 통해 어떻게 작품을 만들어 가는지를 이미 알고 있었고, 민주시민교육 수업을 통해 어떤 내용을 채울지에 대한 배움도 있었기 때문에 3시간의 제한된 시간에도 완성도 높은 제작발표회를 할 수 있었다.

2021년 3학년 뮤지컬 제목 및 주제

모둠	제목	주제
1	잊지 못할, 유월	6월 민주항쟁 - 주인공 회상
2	광주의 봄	5.18 민주화운동 - 광주로 간 기자와 조수
3	화-잊혀진 자들의 이야기	5.18 민주화운동 - 광주로 간 기자
4	북두칠성	부마항쟁 - 여공 동생과 진압군 오빠
5	그때 그 시절	4.19 혁명 - 할아버지가 과거로 돌아가 시위에 참가함
6	무제 - 무죄	6월 민주항쟁 - 박종철의 죽음, 내레이션

제작발표회 이후의 뮤지컬 수업은 대본을 풍성하게 다듬고 적절한 노래를 찾고 동작을 만들며 서로의 마음을 맞추어 가는 과정이다. 대본이 엎어지면 다시 대본을 다듬는 처음의 과정부터 시작한다. 서로 둘러앉아 입체 낭독을 해 보기도 하고, 동선을 맞춰보거나 찾은 노래를 함께 듣고 가사를 바꾸어 보기도 한다. 의상 하나, 조명 색깔 하나를 놓고 길게 이야기하기도 한다. 서로 감정이 틀어지기도 하고 힘을 내자고 응원하기도 한다. 코로나19로 역할에 빈자리가 생길 것을 염

려해 1인 2역을 정해두기도 했다. 전문가의 수업을 통해 교사는 학생들과 함께 배우기도 하고, 모둠의 논의와 연습을 보며 그동안 보지 못했던 학생들의 모습을 발견하기도 한다.

'과거에 투영된 현대 민주시민의 모습'의 대주제 아래 학생들이 선택한 하위 주제는 '부마항쟁, 5·18민주화운동, 6월 민주항쟁' 등이었다. 이러한 주제를 가진 작품을 의미 있는 장소에서 공유해 보고자 학교가 아닌 민주공원의 중극장을 대여하였다. 학교와 거리도 멀고, 코로나19라는 상황에서 부담감이 없지도 않았지만 학년부 교사들은 학교 강당보다는 오롯이 무대에 집중할 수 있는 공연장에서, 그것도 민주공원의 중극장에서 공연을 올려보기를 바랐고 섭외와 준비를 위해 다방면으로 애를 썼다. 사전 답사를 다녀오고 이동과 공연 시간을 고려해 일정을 계획했다. 전세 버스를 대절하고 점심식사를 위한 식당을 섭외하는 등 학교 강당에서 했더라면 고민하지 않아도 될 일을 해결하느라 공연 전부터 분주했다. (실제로 학교 강당보다는 공연을 위한 맞춤 장소여서 무대 뒤에서 준비할 수 있는 공간도 넉넉했고, 좌석 배치나 구조가 관객들이 무대에 집중할 수 있었기에 탁월한 선택이었다.)

공연 당일, 리허설을 학교 강당에서 했기에 학생들은 처음 가 본 중극장의 동선이 낯설었다. 뿐만 아니라 그동안 학교 강당에서 발표회를 했을 때에는 음향과 조명 부스가 가까워 한 사람이 음향과 조명을 담당해도 충분했지만, 막상 중극장에 오니 음향 부스와 조명 부스는 거리가 한참이어서 교사도 당황하고 학생들도 당황했다. 그러나 학생들은 교사들보다 훨씬 유연하게 대처했다. 배우를 뺄 수 없으니 각 모둠에서 음향 담당끼리 모여 다른 모둠의 조명을 챙겨보자며 서로의 대본을 들고 바닥에 주저앉아 이야기하며 이 문제를 해결하고 있었다. 진정으로 바라던 협력의 모습이 돌발적인 상황에서 학생들로부터 저절로 나온 것이다. 동선이 달라져 자율적으로 맞춰보는 모둠들, 소품의 위치와 무대를 점검하는 모둠들. 학생들은 상황에 경직되지 않고 유연하고 창의적으로 대처하였다.

3학년 뮤지컬 공연 포스터

발표회가 시작되면 학생들은 그 시간에 온전히 집중한다. 떠들거나 함부로 이야기하지 않는다. 오롯이 공연에 집중하고 끝나면 힘찬 박수를 보낸다. 3년간의 문화예술 교육과정을 경험하며 공연 관람 예절을 구구절절 말하지 않아도 어떻게 공연을 보아야 하는지를 알게 된 것이다. 뮤지컬 한 편을 무대에 올리기 위해서 무대 뒤에서 노력하는 사람들의 수고로움을 알게 되고, 노래 한 소절을 제대로 부르기 위해 배우가 얼마나 많은 노력을 하는지, 장면 하나를 완성하기 위해 얼마나 많은 갈등이 있는지를, 그리고 그 상황에서 필요한 것은 서로에 대한 존중과 배려라는 것을 학생들은 알게 된다. 2022년에는 일과 노동, 민주시민 등으로 주제를 조금 더 확장하였다. 또한 나아진 코로나19 상황에 맞추어 학부모님과 다른 학교의 교사들도 초대했다. 외부 손님들은 학생들의 작품이 하나하나 무대에 오를 때마다 작품의 완성도에 감탄하는 동시에 그것을 만들기 위해 학생들이 기울였을 노력을 생각하며 눈물을 흘리기도 하였다.

2022년 3학년 뮤지컬 제목 및 주제

모둠	제목	주제
1	401호	한 아파트에 범죄 전력이 있는 사람이 이사 오면서 벌어지는 사건 - 범죄를 저지른 사람은 공동체의 이웃이 될 수 없는가?
2	불꽃	한 소년의 죽음을 통해 바라보는 4.19 혁명 - 4.19 혁명의 과정과 의미를 되새기다
3	외쳐라	전태일 사건으로 보는 노동자의 인권 - 노동자의 기본권을 지키라
4	5월의 일기	5.18 당시 한 가족의 모습을 보여 줌 - 다시 기억해 보는 5.18 민주항쟁의 의미(다큐 형식)
5	뫼비우스의 띠	청소년 알바생에게 임금 지급을 미루는 갑질 사장 - 청소년의 노동권, 인권을 보장하라
6	Sunny Day	체육의 날 배구 경기에서 일어난 일과 학급 친구들의 행동 - 정정당당하게 승리하는 것이 가치 있다.

7	김완철	평범한 한 가족의 아들이 6.10 민주항쟁 참여하게 되며 벌어지는 일 - 역사에 대한 주인으로서의 참여와 각성
8	경비아저씨!	아파트 주민들의 경비아저씨에 대한 갑질 행동과 이를 바라보는 아이의 시선 - 평범한 사람들의 행동과 일상에 숨은 갑질에 대한 성찰
9	꺾여버린 꽃	파리***사건과 같은 노동자의 비극적인 죽음 - 노동자는 사람으로서 마땅히 존중받아야 한다.
10	Remember 1979	부마항쟁에 참여했던 청년이 할아버지가 되어 손자와 함께 촛불 시위를 보며 과거를 회상 - 민주주의는 우리가 찾고 지키는 것이다

3학년 뮤지컬 공연 장면

　가람중학교의 문화예술 교육과정은 낱낱이 이루어지는 행사도 아니며, 잘난 학생들이 끼를 뽐내는 대회도 아니다. 수업과 분절되어 이루어지는 학예제는 더더욱 아니다. 학교 비전과 학년 철학을 근간으로 수업을 통해 배운 것을 활용하여 스스로 새로운 결과물을 만들어내는 것이며, 모두가 그 자리에서 주인공이 되는 경험을 갖도록 하는 과정이다. 그 과정을 통해 학생들은 자신이 어떤 사람인지 조금씩 알아가고 친구들을 이해하고 배려해나간다. 함께 작품을 만들며 이질 집단에서 소통하는 능력을 기르고, 자율적으로 자신의 역할을 수행하는 역량을 길러나간다. 가람중학교 학생들이 전인적 인간으로 성장하기를 바라는 교육과정의 총체가 바로 문화예술 교육과정인 것이다.

4. 봉사활동

봉사활동은 창의적 체험활동의 네 영역 중 하나로서 코로나19 이전까지는 일정 시간 이상을 이수하도록 요구되어 왔다. 최소한의 봉사활동을 통해서라도 이웃과 지역사회를 위한 나눔과 배려의 활동을 실천하고, 더불어 사는 삶의 가치를 깨닫기를 기대하는 것이다. 이에 학교들은 교내에서 할 수 있는 다양한 봉사활동을 마련하고 있다. 그러나 봉사활동의 참된 의미가 희석되고 시간 채우기, 쉬운 봉사활동 찾기, 점수를 위한 목적이 전도된 봉사활동으로 변질되어 가는 데 대한 성찰의 목소리 또한 적지 않다.

4.1. 좌충우돌 봉사활동, 변화의 시작

2017년 부산다행복학교로 새롭게 출발한 가람중학교는 불필요한 업무를 덜어내고 의미 있는 활동에 더욱 집중하고자 하는 목표를 세웠다. 봉사활동도 마찬가지였다. 2017년 이전에는 가람중학교도 여느 학교들처럼 대청소와 같은 환경 정화 활동을 봉사활동으로 인정해왔다. 하지만 다행복학교의 틀을 세우면서 청소나 영상보기를 통해 '봉사'라는 활동의 가치, 봉사하는 마음을 학생들이 배울 수 있을까 하는 고민이 생겨났다. 학생들이 봉사의 진정한 의미를 알고 지역에 대한 이해를 통해 우리 마을에서 실천할 수 있는 봉사활동을 기획하고 싶었다.

이런 고민 속에서 처음 시도한 봉사활동이 'EM 발효 흙공으로 낙동강 정화하기'이다. 가람중학교는 조금만 걸어가면 낙동강 생태공원과 닿아있을 만큼 지역적으로 낙동강과 가깝다. 또한 수온이 높아지면 녹조현상이 심각해지는 낙동강의 수질오염 문제에 대해서도 모두가 잘 알고 있던 터였다. 봉사활동에 대한 고민 중 자연스레 낙동강 정화에 도움이 되는 캠페인 활동을 구상해보면 어떨까 하는 아이디어가 나왔고, 이 아이디어는 여러 교과에서 협력하여 'EM 발효 흙공으로 낙동강 정화하기' 활동으로 구체화되었다.

EM 발효 흙공으로 낙동강 정화하기(흙공 던지기)

지금은 졸업생들도 흙공 봉사활동을 기억할 만큼 가람중학교의 시그니처 봉사활동이 되었지만 처음에는 난관이 많았다. 처음 시도해

보는 활동이라 구청, 시청, 수자원공사 등 유관 기관의 도움을 기대하며 연락해 보았지만, 이 기관들도 학교와 연계하여 정화 활동을 해본 경험이 없었기에 난감해했다. 지금은 다행복교육지구를 통해 행정기관과 교육기관이 연계하여 활동을 만들고 엮어내는 것이 자연스럽지만 불과 5년 전만 해도 이런 활동은 생소한 것이었다.

흙공 던지기 후 학급별 레크리에이션

의미 있는 봉사활동을 하고자 하는 뜻이 모이고 그에 맞게 활동이 계획되었으니 유관기관의 도움을 받지 못하는 것이 아쉽기는 해도 동력은 충분했다. 우선 과학 교과 시간을 중심으로 사전활동을 진행했다. 학생들은 과학 교과의 '발효와 곰팡이'라는 단원을 통해 발효 과정의 이론을 배우고, 이후 황토와 EM 발효 효소를 배합해 야구공 만 한 크기의 흙공을 만들어 2주간 발효시켰다. 학급자치 시간에는 집에서 쓰지 않는 천이나 보자기를 가져와 환경 보호 문구를 적어넣고 깃발을 제작하는 시간을 가졌다. 그리고 봉사활동 당일인 2017년 6월 초, 가람중학교 전교생은 발효된 흙공 네댓개를 손에 들고 몸에는 환경 보호 문구를 적은 보자기를 두르고 모두 함께 낙동강변으로 이동하여 낙동강 정화 캠페인 활동을 실천하였다. 흙공을 던진 후에는 강변에서 학급별로 레크리에이션을 진행하며 작은 소풍의 느낌을 가지기도 하였다.

물론 처음 시도한 활동이라 예상하지 못했던 문제들도 발생했다. 여름이라 기온이 높다 보니 발효의 온도를 맞추는 것이 쉽지 않았다. 또한 6월의 초여름 날씨도 도보로 이동하는 학생들을 힘들게 했다. 학생들은 연말에 진행된 교육과정 평가회에서 다음과 같은 제안을 했다. '올해의 봉사활동이 작은 행동으로 지구 살리기에 조금이라도 도움이 된 것이 뿌듯하고 그 의미에 공감하지만 더운 날씨 때문에 활동이 힘드니 시기를 옮겼으면 좋겠다'라고 말이다. 그래서 2018년부터는 이 활동의 시기를 2학기, 10월 중순으로 변경하게 되었다. 첫해, 이러한 고민과 시행착오 끝에 실시한 흙공 던지기 봉사활동은 가람중학교의 전통처럼 해마다 실천하는 봉사활동으로 자리 잡게 되었다.

2017년 2학기에도 의미 있는 봉사활동을 실천하고자 하는 노력이 계속되었다. 1학기와 달라진 것은 학년별로 봉사활동이 운영되었다는 점이다. 하지만 봉사활동을 지역에 있는 기관과 연계하여 지역 내에서 실천하도록 하자는 방향성은 변하지 않았다. 학년의 봉사활동 담당 교사는 담임교사들과 협의하여 학년별 봉사활동을 기획하면서 가능하면 지역 내에서 실천할 수 있는 봉사활동을 찾아 진행하고자 노력하였다.

2017년 봉사활동 계획

2017년 1학기 지역연계 봉사활동 운영(6월 초 5~7교시)

활동 내용	EM 발효 흙공으로 낙동강 정화하기
	과학 교과시간을 통해 EM 발효효소와 효과에 대해 공부한 후, EM 발효효소를 이용하여 발효 흙공을 만들고 낙동강에 투척하여 환경정화 활동을 실천

2017년 2학기 지역연계 봉사활동 운영(1차: 10월 중순 5~7교시)

	1학년	2학년	3학년
활동 내용	시각장애인에 대한 교육 및 장애인식개선 체험활동	세계빈곤퇴치의 날 맞이 세계 시민 교육	지역강점을 활용한 지역이해 교육
	시각 장애복지관과 함께하는 장애인식개선 교육, 흰 지팡이의 날 소개 및 시각장애인을 돕는 점자 유인물 작성	세계마을을 경험하기 절대빈곤에 대해 알기 전쟁의 참혹함과 평화의 의미에 대해 생각해보기	구포지역 이해를 위한 강연 구포마을 지도 만들기, 마을 지도를 활용한 우리 마을 정화활동
협조	부산 시각장애복지관	월드비전	마을 강사

2018년에도 2017년에 진행했던 봉사활동의 목표와 방향대로 그 실천을 이어갔다. 다만 교육과정 평가회 때 제안되었던 것을 반영하여 흙공을 이용한 봉사활동은 2학기로, 학년별 봉사활동은 1학기로 그 시기를 변경하였고, 지역 내에서 실천하자는 봉사활동의 방향성

은 유지하되 학년별로 세부적인 내용은 조금씩 변경하였다. 특히 1학년의 봉사활동에 변화가 있었는데, 2018년에는 전년도와 달리 구청과 연계하여 진행하였다. 구청에서 지원받은 투명우산을 학생들이 안전 우산으로 디자인하여 꾸미고, 이렇게 완성된 우산을 지역 내 어린이집 등에 기부하는 활동으로 이어간 것이다. 지역에서 받은 것으로 봉사활동을 하고 이것을 다시 지역으로 돌려주었다는 점이 의미 있었다.

2018년의 봉사활동에 대한 평가에서는 3학년 활동에 대한 아쉬움이 이야기되었다. 우리 지역에 대한 이해라는 주제는 좋았으나 강연을 들은 후 마을 정화하기 활동으로 이어지는 전체 구성은 3학년 학생들이 하기에는 조금 정적이라는 것이다. 이를 반영하여 이후의 지역이해 교육은 1학년의 주제선택 수업과 3학년의 지역 홍보영상 제작 봉사활동으로 좀 더 구체화하였다.

2018년 봉사활동 계획

2018년 1학기 지역연계 봉사활동 운영(1차: 6월 초 5~7교시)

	1학년	2학년	3학년
활동 내용	모(母)처럼 좋은 우산	월드비전 세계시민교육 및 평화교육	지역강점을 활용한 지역이해 교육
	빗길 안전 우산을 제작하여 지역아동, 지역민, 제 3세계 국가에 전달	세계시민 교육과 시리아 전쟁 속 학생들의 삶을 통해 전쟁의 참혹함과 평화의 의미를 알기	구포지역 이해를 위한 강연 구포마을 지도 만들기, 마을지도를 활용한 우리마을 정화 활동
비고	사상구 자원봉사센터 지원	학급별 평화 퍼포먼스 (강당)	마을 강사

2018년 2학기 지역연계 봉사활동 운영(10월 중순 5~7교시)	
활동 내용	EM 발효 흙공으로 낙동강 정화하기 과학 교과시간을 통해 EM 발효효소와 효과에 대해 공부한 후, EM 발효효소를 이용하여 발효 흙공을 만들고 낙동강에 투척하여 환경정화 활동을 실천

　　새롭게 시도했던 2년간의 봉사활동 후 학년별로 따로 계획하고 진행하는 봉사활동에 대한 업무적 어려움이 이야기되었다. 이런 어려움을 해결해 보고자 각 학년에서 맡았던 봉사활동 업무를 한 명의 교사가 맡게 되고 이에 따라 2019년에는 모든 학년이 같은 봉사활동을 하게 되었다. 3개 학년이 동시에 진행한 봉사활동은 장애에 대한 올바른 이해와 활동이 엮어진 프로그램이었다. 그러나 외부단체 주관으로 이루어지다 보니 학교가 의도하고 예상했던 활동과 다른 부분이 있어 당황스러운 장면들이 있었다. 학생에게는 다소 과한 상품이 제공되었고 재미에 치중되어 진행되었던 것이다. 학생들의 평가에서도 퀴즈 상품 구입비를 이용해 기부하는 것이 더 의미 있지 않을까 하는 의견이 나왔다. 봉사활동의 변화를 시도한 3년 차에 이루어진 2019년의 봉사활동은 학생들에게도 교사들에게도 봉사의 참 의미와 교육활동으로서의 봉사활동에 대해 다시 생각해보는 계기가 되었다.

2019년 봉사활동 계획

2019년 1학기 지역연계 봉사활동 운영(5월 말 5~7교시)	
활동 내용	청소년 장애인 인식개선 퀴즈대회 '희망의 큰북을 울려라'
	골든벨 형식으로 장애인에 대한 올바른 인식과 이해할 수 있는 경험을 제공함
	우승자는 해외봉사 참여의 기회 제공 (장애인직업안정연구원 주관)

2019년 2학기 지역연계 봉사활동 운영(10월 초 5~7교시)	
활동 내용	EM 발효 흙공으로 낙동강 정화하기
	과학 교과시간을 통해 EM 발효효소와 효과에 대해 공부한 후,
	EM 발효효소를 이용하여 발효 흙공을 만들고 낙동강에 투척하여 환경정화 활동을 실천

봉사활동뿐만 아니라 다양한 교육활동을 통해 새로운 시도와 도전의 과정을 거치며 가람중학교가 놓치지 않으려 한 것은 실행 후 평가의 과정이다. 교육활동에 대한 평가는 격식을 갖춘 교육과정 평가회에서 뿐만 아니라 일상을 함께하는 순간순간에도 이루어진다. 수업하러 가는 복도에서, 마주 보고 앉은 교무실에서, 점심 식사하는 식당에서 봉사활동에 대한 이야기가 이어졌다. 좋았던 점, 재미있었던 일, 감동 받은 순간, 답답하고 안타까웠던 순간 등 다양한 이야기들 속에서 다음에는, 내년에는 이렇게 진행하면 좋겠다 하는 계획들이 나왔다. 올해 진행된 교육활동에 대한 아쉬움이 내년도 교육활동의 바탕이 되는 것이다.

4.2. 함께할 수 있는 봉사활동, 비대면 코로나 시기 봉사활동 도전기

2020년의 학교는 누구도 경험해보지 못했던 비대면의 학교였다.

학교로, 학급으로, 모둠으로 모여 함께 배우고 이야기 나누는, 이제껏 당연했던 학교의 활동들이 금지되고 제한되는 시기였다. 교과수업조차 비대면 온라인 수업으로 운영되는 상황에서 몇 시간 안 되는 창의적 체험활동이 의미 있게 진행되기는 더욱 어려웠다. 시간이 지나면서 비대면 학교생활에 조금씩 적응하고 여러 방법을 찾아갔지만 당연하게 해오던 활동들을 하지 못하는 답답함과 아쉬움도 계속 쌓여갔다.

특히나 가람중학교는 봉사활동을 학년에서 계획하고 운영하는 구조인데 비대면 상황에서 어찌해야 할지 막막했다. 교육청에서도 고입 내신성적에 포함되는 봉사활동 기준 시수를 20시간에서 5시간으로 줄이는 한시적 변경 지침을 내렸다. 대면 활동이 많은 봉사활동이 불가능할 것이라는 판단과 5시간 정도는 학교 내의 대청소 등으로 운영할 수 있을 것이라 예상한 것 같았다. 그러나 가람중학교는 다행복학교가 된 이후 대청소 등의 활동으로 봉사활동을 대체하는 것을 지양해 왔으며 그에 대한 생각은 여전히 유효했다.

서로 고민만 나누던 중 봉사활동 담당 교사가 북구청을 통해 '마스크 파우치'의 재료를 받아와 파우치를 완성하여 기부하는 프로그램이 있다는 것을 알려왔다. 담당 교사도 같은 고민을 하며 구청이나 자원봉사센터 등 여러 곳에 연락하여 학교와 연계 운영할 수 있는 활동들을 찾고 있던 터였다. 그러나 모든 학년이 동시에 하기에는 재료가 부족하니 2학년 때 바느질 수업을 해본 3학년이 적합하겠다는 의견이 나왔다. 자연스레 다른 학년도 학교 예산으로 재료를 준비해 만들어 기부하는 봉사활동을 해 보자는 쪽으로 이야기가 이어졌다. 기술 교사가 손소독제 만들기, 가정 교사는 재활용 양말목으로 소품 만들기 등의 아이디어를 제안했다. 학생들이 직접 만들어 학교 인근의 홀로어르신께 전달하면 의미 있는 봉사활동이 될 수 있을 듯했다.

그렇게 2020년 봉사활동의 큰 틀은 '만들어 기부하기'로 정해졌다. 학년이 함께 모여있는 교무실의 구조가 빛을 발하는 순간이었다. 수업을 다녀올 때마다 아이디어가 하나씩 늘어갔고, 점심시간에도 이야기가 계속되었다. 어느 순간 봉사활동 운영을 위한 협의 시간을 따로 만들지 않아도 '봉사활동'의 이름에 꼭 맞는 2020년 봉사활동 계획이 만들어졌다. 학년부는 3시간 동안의 봉사활동 수업을 위해 2~3일 전부터 비는 시간 틈틈이 준비물을 주문하고, 학급별·개인별로 준비물을 소분하고, 안내문을 작성하는 등 밑 작업을 했다. 봉사활동 업무 담당 교사가 있었지만 모두 함께 만들어 내고 엮어내는 활동에 교사들은 다들 신이 났다.

오랜만의 활동 수업에 학생들의 얼굴에도 생기가 돌았다. 손재주가 있는 학생들이 만들기를 힘들어하는 친구들에게 방법을 가르쳐주며 기부 물품을 완성했다. 온라인 수업, 그리고 교실 수업이지만 소통하기 힘들었던 교실에서 서로 이야기하고 나눌 수 있는 시간을 오랜만에 경험한 순간이었다. 각자가 만들어내는 활동이지만, 그 개별 활동을 모아 전체 활동으로 만들어낼 수 있는 형태였기에 코로나19 시기에도 가능했던 봉사활동이었다고 생각된다.

1학기의 성공적인 경험은 2학기로 이어졌다. 흙공을 이용한 봉사활동은 기준 인원을 넘는 외부 단체활동이라 여전히 불가능했으므로 1학기처럼 '만들어 기부하기 2탄'으로 봉사활동이 기획되었다. 시의성이 있는 것이면서 학생들의 손으로 만들 수 있는 물품을 고민한 끝에 2학기에는 마스크 스트랩을 비즈로 만들어 보기로 하고 준비했다. 비즈공예는 세밀한 작업이 필요한 과정이라 걱정스러운 부분도 있었지만 학급별로 배정된 교사가 학생들을 돕기로 하고 진행하였다. 계획하는 교육활동이 늘 성공하는 것은 아니다. 처음 우려했던 것처럼 '세밀함이 요구되는 비즈공예'에 학생들은 예상보다 더 힘들어했고, 각 학급에서 봉사활동을 지도했던 교사들은 교과수업보다 훨씬 많은 에너지를 써야 했다.

'완성도 높은 마스크 스트랩 만들기'를 봉사활동의 목표로 본다면 2020년 2학기 봉사활동은 실패라고 할 수도 있을 것이다. 그렇지만 기부 물품의 완성도가 봉사활동의 목표는 아니다. 역시나 먼저 만들기를 끝낸 학생은 어려워하는 친구들을 도왔고 주어진 시간 안에 완성하지 못한 학생들은 주말 동안 완성을 해오기도 했다. 어쩌면 이 과정들이 봉사활동을 더욱 의미 있게 만든 것이 아닐까? 또한 2학기 봉사활동은 1학기와 다르게 학생회에서 기부처를 직접 섭외하고 학생회의 손으로 전달했다. 교육활동의 마지막을 학생들이 직접 참여하고 마무리하며 봉사활동의 의미를 더한 것이다.

2020년 봉사활동 계획

	1학년 (온라인 수업)	2학년 (대면 수업)	3학년 (대면 수업)
활동 내용	손소독제 만들기	냄비받침 만들기	마스크 파우치 만들기
	손소독제 용기에 담고 사용법 작성하여 부착	양말목을 이용하여 냄비 받침 만들기	재단된 원단을 바느질하여 완성하고 응원 카드 작성하여 포장
	응원 카드 작성하여 함께 포장		
기부 방법	행정복지센터와 연계하여 기부		북구자원봉사센터와 연계하여 기부

2020년 1학기 지역연계 봉사활동 운영(6월 12일 5~7교시)

2020년 2학기 지역연계 봉사활동 운영(11월 초 5~6교시)

활동 내용	마스크 스트랩 만들기
	비즈를 이용하여 마스크 스트랩 만들고 안내 카드 동봉하여 포장
기부 방법	학생회에서 기부처 선정 후 해당 기관에 기부

4.3. 학년 주제 중심 봉사활동, 따로 또 함께

2021년은 가람중학교가 다행복자치학교로 새롭게 출발한 해이다. 이와 함께 한층 깊어진 주제 중심 학년 교육과정이 마련되었으며, 학년별 교육과정의 큰 틀과 중심을 학년 주제(1학년: 생태 환경, 2학년: 성과 건강, 3학년: 민주시민)에 두고 수업뿐만 아니라 학교의 여러 교육 활동도 그에 맞춰 고민해 보기로 하였다. 2월 새학년 준비 워크숍에서는 봉사활동도 '학년 주제와 연결되는 활동으로 만들어 보자'라는 정도의 큰 계획만 세워두었다.

그리고 학기 초 논의의 과정들을 통해 봉사활동의 기본 틀이 만들어졌다. 전년도와 달라진 점은 학년 중심으로 봉사활동이 고민되고 논의되었다는 것이다. 3개 학년의 봉사활동을 각 학년의 주제를 실천할 수 있는 내용으로 만들다 보니 고민과 실행의 주체가 학년부 전체에서 다시 각 학년으로 옮겨갔다. 3개 학년의 부장교사가 해당 학년 봉사활동의 큰 틀을 잡고 학년의 담임교사들이 세부적인 활동 내용들을 제안하며 학년별 봉사활동의 계획을 만들어 갔다.

학년 주제 중심으로 봉사활동을 고민하게 되니 2021년의 봉사활동은 자연스럽게 나의 삶과 더욱 연결되는 방향으로 계획되었다. 2020년의 만들어 기부하는 봉사활동이 막연하게 마을의 어르신들에게 도움을 드려보자 하는 것이었다면, 2021년에 실시된 학년 주제 중심 봉사활동은 나의 주변과 나의 생활을 깊게 들여다보고 그 속에서 실천할 수 있는 것들로 채워갔다. 여전히 코로나19 상황이었지만 비숙박형으로 체험학습도 가능해지는 등 2020년에 비해 교육활동의 제약이 덜했기에 학교 밖 마을과 연계된 봉사활동도 소규모 그룹으로 진행할 수 있었다.

1학년은 1학기에 진행됐던 '우리 학교 숲체험' 활동과 과학과의 교육내용을 연계하여 '우리 학교 식물 알기' 활동을 1차 활동으로 운영하였다. 단순히 식물들을 조사하는 것에 그치는 것이 아니라 개인이 조사한 식물의 특징을 타이포그래피로 표현해 보는 활동으로 구성하여 학교 내 식물과 생태를 깊이 있게 이해할 수 있도록 하였다. 2차 활동은 '쓰레기 분리배출'을 주제로 운영하였다. 종류에 맞게 쓰레기를 분리하여 배출하는 방법을 잘 모르는 경우가 많았던 1학년 학생들은 전 교실에서 쓰레기통을 들고나와, 하나하나 분리배출하며 몸으로 분리배출의 중요성을 경험했다. 제대로 쓰레기를 버리는 방법을 배우는 경험을 통해 학교에서, 집에서 그리고 자신의 생활에서 분리배출을 실천하는 것으로 이어졌다는 점에서 의미가 있다.

1학년 생태 프로젝트

2학년은 1차 활동에서 차별의 언어를 주제로 한 책을 함께 읽고, 국어과 교사의 도움을 받아 책의 내용을 확인하는 독서골든벨을 열었다. 선정한 도서가 쉬운 글로 되어 있기도 했고 골든벨 퀴즈대회와 연결되니 대부분의 학생들이 몰입하여 책을 읽는 모습을 볼 수 있었다. 2차 활동은 1차 활동에서 공부하며 느꼈던 생각이나 감정들을 다양한 형태로 표현하는 시간이었다. 차별 반대 홍보 물품(배지, 부채, 스티

커 등) 만들기와 캠페인 홍보물(포스터, 만화, 팸플릿 등) 만들기 활동이
이어졌다. 이 결과물들은 1학기 말에 있었던 독서한마당의 결과물과
함께 지역 내 전시공간(구포문화예술플랫폼)에 전시하여 이웃들과 공유
하였으며, 이후 교내에 전시하는 것으로 마무리되었다.

2학년 차별 멈춰! 프로젝트

3학년은 1차 활동에서 북부다행복교육지구에서 활동하는 마을교
육 강사를 섭외하여 구포시장의 역사와 의미에 대해 공부하는 시간
을 가졌다. 교실이 아니라 실제 구포시장으로 이동하여 현장에서 수
업이 이루어졌으며, 이때 홀로어르신을 위한 물품도 구입하여 행정
복지센터를 통해 기부하는 활동으로 이어졌다. 2차 활동에서는 모둠
별로 시놉시스를 구상하고 시나리오를 작성하여 구포시장 홍보 동영

상을 제작했다. 3학년 학생들은 직전 해인 2학년 12월, 문화예술 교육과정을 통해 영상 제작을 위한 수업에 참여하고 실제로 영상을 만들어 본 경험이 있었기 때문에 길지 않은 시간임에도 큰 어려움 없이 작품을 완성했다. 이때 만들어진 동영상이 구포역 전광판에 상영되고 이후 지역신문을 통해 봉사활동의 구체적인 내용이 알려지기도 하는 등 학생들은 봉사활동의 뿌듯함을 이어갈 수 있었다.

2021년 봉사활동 계획

2021년 1학기 지역연계 봉사활동 운영(1차: 5월 말 5~7교시, 2차: 6월 초 5~7교시)

	1학년	2학년	3학년
	생태 프로젝트	차별 멈춰! 프로젝트	마을 동행 프로젝트
활동 내용	① 우리 학교 식물에 대해 알고 소개하기 ② 우리 학교 분리배출 점검하고 실천하기	① 차별의 언어 알아보고 언어감수성 키우기 ② 언어감수성 up 캠페인 홍보물 제작 및 공유	① 마을이해 및 홀로 어른신 위한 기부물품 구입 ② 지역경제 활성화를 위한 홍보 동영상 제작
비고		마을 전시공간과 연계하여 결과물 전시	행정복지센터와 연계하여 기부

2021년 2학기 지역연계 봉사활동 운영(10월 중순 5~7교시)

	EM 발효 흙공으로 낙동강 정화하기
활동 내용	기술, 가정 교과시간을 통해 EM 발효효소와 효과에 대해 공부한 후, EM 발효효소를 이용하여 발효 흙공을 만들고 낙동강에 투척하여 환경정화 활동을 실천

2학기에는 2020년에 진행하지 못했던 'EM 발효 흙공으로 낙동강 정화하기' 봉사활동을 다시 이어가기로 했다. 이전까지는 과학과에서 사전 수업을 진행한 후 흙공을 만들고 발효시키는 과정을 이끌었

으나, 2021년에는 기술·가정과에서 사전 수업을 진행하고 흙공을 만들었다. 봉사활동 당일, 학생들은 발효된 흙공을 각자 종이가방에 담아 들고 낙동강 생태공원으로 걸어서 이동했다. 제법 먼 거리라 도보로 이동하는 것을 힘들어하기는 했지만, 오염된 환경을 변화시키기 위해 작은 한 걸음을 함께한다는 것이 가치 있다고 스스로 표현할 만큼 학생들은 그 의미를 잘 알고 있었다.

2022년의 봉사활동은 2021년의 경험을 바탕으로 학년의 상황에 맞게 추가·변형하여 운영하였다. 매년 같은 학년 주제를 중심으로 운영되는 봉사활동이지만 학년의 성향, 인원수, 분위기가 다르기 때문에 이전과 같은 방식으로 이루어질 수 없는 것이 당연하다. 특히나 2021년에는 주제 중심 봉사활동을 처음 시도하는 시기였기 때문에 의미 있지만 아쉽게 느껴졌던 부분들이 있었고, 2022년에는 그 부분들을 보완할 수 있도록 고민하고 기획하였다.

2022년도의 2학년은 독서 활동을 힘들어하는 학생들이 많아 책 읽기 활동을 축소하는 대신 캠페인 활동을 더욱 강화했으며, 3학년은 전년도보다 학생 수가 50명 정도 많아져 지역 내의 여러 장소로 범위를 넓혀 봉사활동을 진행하게 되었다. 지역의 다양한 장소를 찾아가 인터뷰를 하거나 기부 물품을 만들기도 하였으며, 일부 학생들은 전년도와 같이 구포시장 홍보 동영상을 찍고 이를 '북구 UCC공모전'에 출품하여 상을 휩쓰는 쾌거를 거두기도 했다. 앞으로도 매년 학년 주제를 큰 틀로 하여 봉사활동을 계획하되, 학년의 상황에 맞게 수정하여 운영할 것이라 생각된다.

2022년 봉사활동 계획

2022년 1학기 지역연계 봉사활동 운영(1차: 5월 27일 5~7교시, 2차: 5월 31일 5~7교시)

	1학년	2학년	3학년
	지구 살림 프로젝트	"존중과 배려가 있는 우리" 실천 캠페인 프로젝트	마을 동행 프로젝트
활동 내용	① 우리 학교 분리배출 점검하기 ② 실천 약속 및 아이디어 제안하기	우리 생활 속에서 존중과 배려 실천할 수 있는 방법 찾고 실천하기 (1), (2)	① 마을의 다양한 공간이해 및 홀로 어른신을 위한 기부물품 구입 ② 지역경제 활성화 및 마을 공간 소개를 위한 홍보 동영상 제작
비고	제안된 아이디어 홍보물 교내 게시	기획서를 발표 자료로 만들어 강당에서 공유	행정복지센터와 연계하여 기부

2022년 2학기 지역연계 봉사활동 운영(10월 초 5~7교시)

	EM 발효 흙공으로 낙동강 정화하기
활동 내용	기술, 가정 교과시간을 통해 EM 발효효소와 효과에 대해 공부한 후, EM 발효효소를 이용한 발효 흙공을 만들고 낙동강에 투척하여 환경정화 활동을 실천

　　가람중학교의 교육활동은 이전 활동에 대한 아쉬움, 반성을 통해 의미 있는 활동으로 바꿔내려는 고민에서 출발한다. 지난 6년간 계속 변화되어 온 봉사활동 역시 마찬가지다. 또한 학생들의 배움이 우리의 삶, 우리 지역 속에서 이루어질 수 있도록 고민한다. 내 삶의 가까이에서 배울 때 가람중학교가 처음 고민했던 봉사하는 마음을 갖고 봉사의 참된 의미를 느낄 수 있으리라고 생각하기 때문이다. 처음에는 좌충우돌 하며 시행착오도 겪었고 지금도 여전히 도전해서 성공하기도 실패하기도 하지만 그 과정을 통해 교사와 학생들은 또 배운

다. 짧은 몇 시간의 활동이지만 작은 활동 하나하나가 학생들의 마음
에 '봉사'라는 작은 씨앗으로 남겨졌으리라 믿는다.

5. 현장체험학습

가람중학교의 교육활동에는 매 순간 고민의 지점들이 자리하고 있다. 최근 교육의 흐름은 교실 수업 중심에서 학생들의 체험과 자기주도성을 중시하는 방향으로 변화하고 있다. 학교 교육의 전 과정을 통해 체험의 기회를 확대함으로써 미래역량 함양을 위한 창의적 교육과정을 실현해 갈 수 있도록 하고 있는 것이다. 그러나 실제 학교 현장에서의 모습은 그렇지 못하다.

현장체험학습도 예외가 아니다. 여전히 이전의 경험을 답습하고 교사 주도의 기획에만 머물러 있는 것은 아닐까? 현장체험학습을 수업의 연장선으로 만들어가려면 어떻게 해야 할까? 학생들이 바뀌고, 경험이 쌓이며, 보다 나은 배움으로의 기대가 더해져 이전과는 조금 다른 형태로 만들어가고 싶은데 어떻게 하면 좋을까? 등 꼬리에 꼬리를 무는 물음이 이어진다.

5.1. 변화 시도

현장체험학습은 학생들이 학교라는 제한된 공간에서 이루어지는 수업에서 벗어나 문화, 생태, 역사, 과학 등 생생한 학습 자료가 가득한 현장을 찾아가 직접적인 경험을 쌓을 수 있도록 하는 데 의의가 있다. 하지만 학교 현장에서의 현장체험학습은 그 목적과 의도에 맞게 진행되고 있지 못하다는 평가가 적지 않다. 학생들의 앎과 배움의 깊이를 더하는 것에 집중하기보다는 일회성 행사에 머물러 있으며, 학생이 아닌 교사 주도로 활동이 계획 및 운영되고 있는 경우를 빈번하게 볼 수 있다.

가람중학교도 2016년을 포함해 그 이전까지의 현장체험학습은 대부분의 학교들이 으레 진행하는 방식 그대로였다. 1학년과 3학년은 청소년수련시설을 활용한 활동들이, 2학년의 경우에는 서울·경기권을 중심으로 한 박물관, 미술관, 놀이공원, 문화유적지 등을 적절히 배치해서 견문을 넓힐 수 있도록 한 활동들 위주로 구성되었다.

2016년 현장체험학습 주요일정

시기	학년	구분	주요 일정(행선지)
2016년 5월	1,3	1일차	학교 → 수련원 입소(경주 산내 국민청소년수련원) → 중식 → 수련활동
		2일차	수련활동(경주 산내 국민청소년수련원)
		3일차	조식 → 퇴소식 → 수련원 출발 → 현대 울산조선소 견학 → 학교 도착
	2	1일차	학교 출발 → 중식(도시락, 덕평휴게소) → 국립중앙박물관 → 경복궁 → 숙소(양지파인 리조트)
		2일차	숙소 → 수원화성 → 호암미술관 → 에버랜드 자유 이용(중식, 석식 포함) → 숙소(양지파인 리조트)
		3일차	숙소 → 소수서원/선비촌 → 영주 부석사 관람(중식) → 학교 도착

의미 있는 체험처를 발굴하고 활용하는 것은 어려운 일이다. 그러나 비록 작을지라도 생각의 전환과 성장을 위한 고민들이 모여 변화를 가져오게 되는 것을 가람중학교의 현장체험학습을 기획하는 과정에서도 체험할 수 있었다. 한 사람의 아이디어에서 시작하지만 논의의 장이 열리면 금세 뼈대가 만들어지고 살이 붙는다. 이런 소통과 협

력적 문화는 가람중학교가 한 단계씩 성장해 가는 가장 큰 동력으로
자리하고 있다.

2017년 현장체험학습 주요일정

시기	학년	구분	주요 일정(행선지)
2017년 5월	1,3	1일차	학교 출발 → 순천 국가정원 관람 및 중식(도시락) → 순천만 습지 체험활동 → 숙소 도착(순천만에코유스호스텔, 순천청소년수련원, 숙소 배치 및 석식, 분임토의, 개인활동 및 취침)
		2일차	기상 및 조식 → 순천드라마세트장 → 순천생태마을 이동 및 중식 → 순천생태마을 체험(모심기, 미꾸라지 잡기) → 숙소 도착(순천청소년수련원, 석식, 개인활동 및 취침)
		3일차	기상 및 조식 → 거차뻘배 체험장 이동 및 체험(갯벌 체험) → 샤워 및 중식 → 학교 도착
	2	1일차	학교 출발 → 남산 한옥마을 → 명보아트홀(점프 공연 관람) → 경복궁 → 숙소 도착(양지파인 리조트)
		2일차	숙소 → 수원화성 → 호암미술관 → 에버랜드 자유 이용(중식, 석식 포함) → 숙소(양지파인 리조트)
		3일차	숙소 → 소수서원/선비촌 → 영주 부석사 관람(중식) → 학교 도착

2017년에는 생태체험활동을 주제로 학생들에게 적합한 체험처를
발굴하여 체험학습을 교육과정 속으로 들어오게 하는 변화가 시도되
었다. 1교 1촌 자매결연 교류 활동을 통해 자매결연 어촌계를 방문하
여 교류활동을 실시할 수 있게 되었고, 이를 바탕으로 1학년과 3학년
에서 순천의 생태와 문화를 중심으로 한 현장체험학습을 여러 교과와
융합해서 진행할 수 있었다. 미흡한 부분도 많았으나 과학과와 사회과
가 주축이 되어 사전활동, 분임토의 및 발표, 공유의 과정을 이끌고 몇

몇 교과들이 융합하여 현장체험학습과 관련된 수업을 진행하였다.

수학여행 예산을 지원받는 2학년의 경우는 전년도와 비교해 크게 변경되지 않았으나 문화예술 공연을 쉽게 접하기 어려운 지역의 특성을 고려해 학생들에게 양질의 공연 관람 경험을 제공할 수 있도록 계획하고 반영했다.

학교 안에서 체험학습은 해당 연도의 교육과정 운영에 따라 다양하게 진행된다. 2018년에는 학년별 주제와 학생들의 자기주도성의 요소를 현장체험학습에 반영하고자 하는 노력을 교육과정에 담으려 했다. 1학년 생태체험활동은 교과 융합을 강화하며 내실화하는 방향으로 진행하였고, 2학년은 학생들이 여행의 주체가 되어 기획하고 실행해 보는 경험을 할 수 있도록 여러 교과가 사전활동에 융합했다. 여행과 관련된 자료와 책자를 찾아서 읽고, 모둠원 간 의견 조율을 통해 계획을 세우고 실행해 보는 일련의 과정들은 쉽지 않았다. 하지만 이전 경험의 답습에 머물러 있지 않고 학생들이 수업에서 스스로 기획하며 실행해 보는 과정을 통해 성장하고 있다는 것을 느낄 수 있었다.

2018년 2학년 서울 자유투어 모둠별 일정(31개 모둠 중 일부 자료)

모둠	2학년 서울투어 모둠별 일정	주요 교통편
A	홍대입구역 → 경복궁(광화문, 흥례문, 근정전, 사정전 등) → 홍익대학교 캠퍼스 탐방 → 홍대거리(문화체험: 트릭학생 미술관) → 홍대입구 집합장소	1711, 7011 버스 지하철 2, 3호선
B	홍대입구역 → 여의도 KBS방송국(드라마세트장, 방송장비 견학) → 한강시민공원(푸드트럭) → 국회의사당 → 홍대거리(트릭학생 뮤지엄) → 홍대입구 집합장소	지하철 2, 5, 9호선

C	홍대입구역 → 동진시장(볼거리, 먹거리, 살거리 탐방) → 연세대학교 캠퍼스 탐방 (언더우드관, 학식체험) → 홍대벽화거리(벽화 속의 나 사진찍기) → 홍대입구 집합장소	지하철 2, 3호선(환승)
D	홍대입구역 → 홍대거리 → DDP(동대문디자인플라자, 플리마켓, 장미정원) → 명동(명동성당, 유네스코거리) → 홍대입구 집합장소	지하철 2호선
E	홍대입구역 → 동대문역사문화공원 → 동대문디자인플라자(DDP) → 풍물시장 → 동묘구제시장 → 홍대입구역 → 홍대거리(트릭학생 미술관, KT&G 상상마당) → 집합장소	지하철 3호선 173번 버스 도보
F	홍대입구역(점심) → 남대문시장 → 회현역 → 한국은행화폐박물관 → 우표박물관 → 홍대입구역 → 디비 스토리카페 → 집합장소	7011번 버스 지하철 2호선

　　진학을 앞둔 3학년의 현장체험학습은 진로탐색과 진로체험이라는 주제에 부산에서의 숙박과 체험 요소들을 반영하여 진행하였다. 진로 영역은 무엇보다도 체험학습이 중요한 부분이다. 실제 직업 현장에서의 체험활동은 학생들의 진로성숙도를 높이는 좋은 기회를 제공하기 때문이다. 이를 위해 사전에 실시한 학생 희망 조사를 통해 교사가 진로체험처를 알아보고 섭외하는 과정을 담당했다. 다양한 체험처로 학생들이 흩어짐에 따른 안전 문제뿐 아니라 처음 시도하는 모든 것들이 현장체험학습을 추진하는 교사에게는 과중한 업무 부담으로 다가왔던 것도 사실이다.

꽃마차마을에서 모내기 체험

순천만 갯벌체험

그러나 열린 논의구조와 협의 문화는 교육활동의 진행 과정에서 발생하는 문제를 협력적으로 풀어나가는 데 힘을 실어준다. 처음 시도해 보는 진로 중심의 3학년 체험학습에도 가능한 한 많은 교사가 인솔에 함께 참여하고, 체험처 섭외에 도움을 줄 수 있는 교사들이 TF팀 형태로 모여 부담을 덜어가며 진행하였다. 해당 부서가 맡은 고유의 업무가 있지만, 하나의 교육활동에 학교 전체가 참여해 지원하는 문화는 서로의 업무를 이해하거나 다음 해의 업무를 정하는 일에 큰 영향을 미친다. 이것은 다시 업무의 순환구조를 만들어가고 그 약속을 지속해 갈 수 있는 밑바탕이 되기도 한다.

2018년 3학년 진로·직업 체험학습 체험처 모둠별 조직

연번	체험 프로그램	프로그램 내용	인원	시기
1	유치원 교사 체험	유치원 교사 역할 체험해보기	5명	
2	주양초등학교 교사 체험	초등교사 체험해보기	2명	
3	창진초등학교 교사 체험	초등교사 체험해보기	2명	
4	바리스타 실무 체험(유료)	업무와 직업 이해, 에스프레소 추출 실습	13명	
5	방송 미디어 체험	나도 아나운서 + 행복뉴스, 웰컴투라디오	13명	오전
6	금융보험 체험	팀별 미션수행과 게임을 통한 금융 정보 습득	16명	
7	해운대 진로지원센터	다양한 진로 체험	17명	
8	네일아트 체험	네일 아티스트 직업 전망 및 체험	16명	
9	해운대 소방서	미래 소방관 체험	13명	

10	게임 콘텐츠 제작 체험	분야 및 장르별 상용게임 소개, 게임제작 실습	16명	
11	3D프린팅 제작 체험 교육	3D프린터의 이해와 체험	19명	
12	기획사 연습생 트레이너 체험	연기와 보컬, 신체 트레이닝 체험	18명	오후
13	방송 미디어 체험	나도 아나운서 + 행복뉴스, 웰컴투라디오	18명	
14	금융보험 체험	팀별 미션수행과 게임을 통한 금융 정보 습득	13명	
15	디자인 체험	창의적 디자인 체험 프로그램	13명	

2018년은 창의적 체험활동 영역에 편성되어 있던 현장체험학습을 교과 수업과 연계하여 조금 더 적극적으로 끌어들이기 시작한 해였다. 새학년을 준비하는 워크숍 기간을 통해 융합 수업계획을 수립해 교육계획서에 반영하고, 일회성 행사의 모습에서 촘촘한 그물망으로 각 교과에서 관련 내용을 연결 지을 수 있도록 하는 교육활동으로의 변화를 모색하고 시행한 내딛음의 시기였다. 새학년 준비 워크숍, 학생과 학부모 의견수렴, 사전협의회 및 평가회, 학년부 중심의 수시 소통 구조와 교사 및 학생 교육과정 평가회를 통한 피드백 등은 현장체험학습을 계획하고 실행하는 데 여러 단계로 생각을 모으고 수정 반영하는 것을 가능하게 했다.

2019년에는 학년별 특색에 맞는 현장체험학습을 시스템화하는 것에 초점이 맞춰졌다. 전 학년에서 교과 융합 및 운영의 정교화를 꾀했으며, 특히 1학년의 경우 경험에서 나온 피드백을 반영하고 과도한 일정은 덜어내어 진행했다.

2019년 현장체험학습 주요일정

시기	학년	구분	주요 일정(행선지)
2019년 5월	1	1일차	학교 출발 → 순천 국가정원 관람(11:30) 및 중식 → 순천만 습지 체험활동 → 숙소 도착(순천시 에코유스호스텔) → 석식 → 분임토의
		2일차	숙소 → 순천 꽃마차마을 체험 및 중식 → 순천드라마세트장 → 숙소 도착(순천시 에코유스호스텔) → 석식 → 장기자랑
		3일차	숙소 → 순천 거차뻘배마을 체험 → 중식 → 학교 도착
	2	사전활동	부산 자유투어 - 체험처: 부산근대역사관, 백산기념관, 용두산공원, 40계단, 40계단 기념관, 창의 공작소
		1일차	학교 출발 → 휴게소(중식) → 용인 에버랜드 자유 이용(중식, 석식 포함) → 숙소 도착(용인 라마다호텔)
		2일차	숙소 → 서울 자유투어 및 중식 → 서울 문화공연(홍대 앞 비보이뮤지컬) → 숙소(용인 라마다호텔)
		3일차	숙소 → 용인 한국민속촌 → 학교 도착
	3	1일차	개별 출발 → 숙소 도착(관광공사 아르피나) →입소식 → 스포츠 체험활동 → 레크리에이션 및 환영의 밤 행사 → 취침
		2일차	숙소 → 요트체험 및 영화의 거리 산책 → 숙소 집결(중식, 관광공사 아르피나) → 개별 귀가
		3일차	개별 출발 → 진로·직업 체험 → 중식(진로체험 모둠별) → 북구 진로박람회 진로체험활동(북구진로교육 지원센터) → 귀가

2학년은 서울 자유투어 중 발생할 수 있는 변수를 생각해 볼 수 있는 기회를 제공했다. 그 밑바탕에는 일정과 코스를 친구들과 같이 기획하고 실행해 보는 과정에서 오는 성취감을 통해 그 무엇으로도 비교할 수 없는 배움과 협력을 맛보게 될 것이라는 믿음이 깔려있었다. 학생이 주도하고, 그들의 삶과 연결되며, 역량을 신장시키는 방법으

로 운영하는 것이 체험학습의 본래 취지에 가장 부합한다고 본 것이다. 부산에서 근현대 역사 문화적 장소를 체험하며 모둠 내에서 각자의 역할을 점검할 수 있도록 하고, 미흡한 부분에 대해 대책을 세우도록 했다.

부산에서 일정을 진행한 3학년은 단체 숙박을 1일로 줄이고, 체험처 확보 및 학생들의 선택을 다양화하기 위해 진로·직업 체험활동 1회와 진로박람회 참여의 형태로 변화를 주었다. 진로·직업 체험활동의 경우 인솔교사 부족 문제는 교육지원청의 학교지원과와 다행복교육지구의 인력지원 등을 통해 도움을 받아 진행하였다.

2019년 3학년 진로·직업 체험학습 체험처 모둠별 조직

연번	체험 프로그램	프로그램 내용	인원	시기
1	바이오제약 및 의료기기 체험	직업 현황, 유전자 추출 및 ABO 혈액형 실험	10명	
2	게임 아카데미 체험	컴퓨터 게임프로그래밍, 게임 개발, 게임 제작	11명	
3	바리스타와 핸드드립 체험	바리스타와의 만남, 핸드 드립 체험	10명	
4	치과의사, 위생사, 코디네이터	관련 직종 소개, 치과 시설 견학, 업무 실습	10명	
5	미래소방관 체험교실	관련 진로 및 소방서 업무 안내, 직업체험활동	8명	
6	항공교통 관제사와의 만남	업무 소개, 출입조치 및 관제시설, 관제소체험	4명	
7	구청 체험학습의 날	사상구청 및 보건소 시설 견학, 업무 소개	7명	오전
8	유치원 교사의 하루	직업소개 및 질의응답, 수업 참관	9명	
9	초등학교 교사 체험	직업소개 및 질의응답, 수업 참관, 도우미활동	6명	
10	창의적인 디자인 체험	부산디자인센터 견학, 에코백 디자인 및 제작	14명	
11	청소년 경찰학교	경찰 장구 및 유치장 체험, 과학수사, 역할극	20명	
12	목공, 공방체험	공방 소개 및 작업과정 안내, 목공 작품 체험	15명	
13	네일아트 체험	기본 원리 알기, 네일 폴리쉬 및 젤네일 아트	5명	
14	2019 북구 진로박람회	36개 진로체험 및 학과체험 부스 2개 진로상담 부스	129명	오후

또한 2019년은 현장체험학습이 수업의 연장선에 있는 것이라면 학교 교육과정 중 창의적 체험활동 영역에 배치해서 운영하는 것이 맞는지에 대한 답을 찾고 적용해 본 시기이기도 하다. 연계 교과 융합 수업을 통해 사전 또는 사후에 실제 교과별로 관련 수업을 진행하고, 현장체험학습을 교과 시수로 잡아 진행했다. 학년의 전체 교과가 모여 각 교과의 내용을 나누고 틀을 만드는 작업은 새학년 준비 워크숍

을 통해 진행되었다.

2018년과 2019년 교육과정 편성표 비교

년	일자	구분	교육과정 편성
2018	1일차	창의적 체험활동	동아리활동 2시간, 봉사활동 1시간, 진로활동 3시간
	2일차		동아리활동 3시간, 봉사활동 1시간, 자율활동 2시간
	3일차		동아리활동 2시간, 봉사활동 1시간, 진로활동 3시간
2019	1일차	교과, 창의적 체험활동	교과 4시간, 봉사활동 2시간
	2일차		교과 6시간
	3일차		교과 6시간

5.2. 코로나 시기

2020년은 갑자기 들이닥친 코로나19의 상황으로 학교의 모든 교육활동이 위축되었으며, 특히 원격수업 등으로 교외활동 및 대면 체험활동은 거의 이루어지지 못했다. 학교 내 대면수업도 어려운 상황에서 외부에서 하는 현장체험학습은 더더욱 꿈꾸기 어려운 상황이었다. 그럼에도 체험이 가능한 여건만 되면 나갈 수 있도록 현장체험학습의 시기를 1학기에서 2학기로, 9월에서 10월과 11월로 변경해가며 계획을 수정, 보완하는 노력도 있었지만 잦아들지 않는 상황으로 인해 실시되지 못했다.

도슨트 사전 모임

　　그러나 어려운 상황에서도 활동들을 이어가기 위해 노력한 모습들은 도슨트를 활용한 과학체험관 체험, 지역문화체험 활동과 지역의 다양한 시설을 활용한 스포츠동아리의 운영, 봉사활동 등에서 분절적으로 이루어졌다. 학년별 현장체험학습은 진행되지 못했으나 체험과 배움을 이어가기 위한 노력이 멈춘 것은 아니었다.

2020년 현장체험학습 주요일정

년	학년	시기	주요 일정(행선지)
2020	1	11월	부산과학체험관(사전학습 및 도슨트 활동을 통해 또래에게 배우기)
	2	10월	지역문화체험 활동(마을역사 알기, 마을지도 에코백 제작)

도슨트 활동

5.3. 학년별 주제 연계 현장체험학습

지속된 코로나19 상황은 2021년에도 실시 계획을 1학기에서 다시 2학기로 연기하며 변경을 거듭하게 했다. 코로나19 이전의 학년별 주제에 따른 현장체험학습의 형태는 실시하기 어려웠으나 지침 및 가이드라인에 맞춰 학생들이 부산 내에서 좋은 공간과 활동들을 경험하게 하는 방안을 모색하는 시간이었다. 서울과 경기도, 특히 놀이공원을 필수 코스로 생각하는 일정에서 교외체험이 제한된 외부적 환경은 한편으로는 현장체험학습의 시각을 바꾸는 좋은 기회를 제공해 주었다. 수학여행 지원금의 활용도 다양한 양질의 체험을 제공하는 데 도움이 되었다.

이러한 변화들은 내 마을과 지역을 알고, 그것을 자신의 삶에서 의미 있는 곳으로 인식시키려는 가람중학교의 교육과정이 밑바탕에 깔려 있어 더 의미가 있다. 교육은 학생들의 삶과 연결 지어 이루어져야하기에 자유학년제의 마을이해 교육과정과 연계하고 지역의 좋은 공간, 지역 내 사람들과의 만남을 통해 현장체험학습을 확장해 나갈 수있었다. 1학년은 낙동강을 중심으로 한 생태체험, 넓은 자연 공간에서 이루어지는 공동체 놀이 등 자유학년제와 연계한 활동들로 학년의 체험학습을 운영했다. 3학년은 학년 주제인 민주시민교육과 연계한 현장체험학습을 추가해 운영하는 시도가 있었고, 이는 문화예술교육과정인 뮤지컬로 자연스럽게 연결짓기가 이루어졌다. 또 학년교육과정과 창의적 체험활동의 봉사활동, 진로활동, 동아리활동 등의 영역에서 지역의 시설과 함께하는 노력을 이어갔다.

2021년 현장체험학습 주요일정

년	학년	구분	주요 일정(행선지)
2021	1	9월	학교 출발 → 영도 놀이마루 도착 →선택 프로그램1 활동(공연예술, 음악예술, 미술예술, 시각예술, 창의융합예술 분야 중 15개 프로그램) → 중식(도시락) → 선택 프로그램2 활동 → 학교 도착 체험처: 영도 놀이마루
		10월	학교 출발(13:15) → ①생태 견학활동(삼락생태공원 동식물 관찰하기) → ②자연 놀이활동(자연물 및 전래놀이를 활용한 공동체 놀이활동) → ③자연 체험활동(틸란드시아 토분 만들기) → 학교 도착 ①②③ 활동을 모둠별 순환

2	1일차 (9월)	학교 출발 → 알로이시오 기지 도착 → 오리엔테이션 → 오전 체험활동 → 중식 → 오후 체험활동 → 학교 도 체험처: 알로이시오기지 1968	
	2일차 (9월)	십오통활 '성'을 주제로 한 집단상담 프로그램을 교내에서 진행	
	3일차 (10월)	A팀	학교 출발 → 부산 엑스더스카이 → 해운대 블루라인파크(미포역˜송정역) → 부산 엑스더스카이 관람 및 중식 → 부경대 대학본부 → 연극 관람(해바라기 소극장) → 학교 도착(17:00)
		B팀	학교 출발 → 부경대 대학본부 → 연극 관람(해바라기 소극장) → 부산 엑스더스카이 관람 및 중식 → 해운대 블루라인파크(미포역˜송정역) → 학교 도착
3	1일차 (9월)	학교 출발(7:40) → 알로이시오 기지 도착 → 오리엔테이션 → 오전 체험활동 → 중식 → 오후 체험활동 → 학교 도착 체험처: 알로이시오기지 1968	
	2일차 (9월)	십오통활 '꿈'을 주제로 한 집단상담 프로그램을 교내에서 진행	
	3일차 (11월)	학교 출발 → 해운대 블루라인파크(송정역˜달맞이터널역) → 부산 엑스더스카이 관람 및 중식 → 부경대 대학본부 → 연극 관람(해바라기 소극장) → 학교 도착	
	학년 교육과 정 연 계 현장 체험(11 월)	A팀	학교 출발 → 남포역 → 해설사와 함께 걷는 부마길 탐방→ 옛 부산양서 협동조합 자리 → 보수동 책방골목 및 부평시장(6월항쟁 자유투어 및 미션 수행) → 광복교회 주차장 → 중앙공원→ 민주공원 투어 및 자유관 람(중식) → 학교 도착
		B팀	학교 출발 → 광복교회 주차장 → 보수동 책방골목 및 부평시장(6월항 쟁 자유투어 및 미션 수행) → 옛 부산양서협동조합 자리 → 해설사와 함께 걷는 부마길 탐방 → 남포역 → 중앙공원→ 민주공원 투어 및 자유 관람(중식) → 학교 도착

2022년은 코로나19 이후에 발견한 가치들과 허락된 여건들을 조율하며 진행되었다. 생태와 우리 지역의 이해라는 주제를 지역과 잘 연결하여 구성하고, 학생들의 요구를 반영했다. 자유투어와 직업인

인터뷰를 통해 학생들에게 체험학습 계획의 주도성을 갖고 참여할 수 있도록 다시 구조화했다. 이러한 과정에는 학생 스스로 주도성을 갖고 실제 상황에서 문제를 인식하고 학습하는 과정을 통하여 역량을 기를 수 있도록 하자는 의도가 담겨있었다.

2022년 현장체험학습 일자별 주요일정

시기	학년	구분	주요 일정(행선지)
2022년 5월	1	1일차	안전교육(교실) → 교내활동 → 중식 → 자원순환센터 견학 → 폐가전회수센터 견학 → 생곡매립장 견학 → 학교 도착 → 귀가 - A, B팀으로 나누어 오전/ 오후 신나는 에코버스투어(자원순환협력센터와 생곡매립지)와 교내활동(영상시청 및 토피어리 만들기) 교차 진행
		2일차	학교 출발 → 영상 시청 → 꿀벌체험장 체험 및 중식 → 학교 도착 → 귀가 - A, B팀으로 나누어 오전/ 오후 꿀벌체험장(프로폴리스 연고, 꿀초, 허니 레몬청, 허니 고추장 만들기, 허니고추장 비빔밥 맛보기 체험, 허니 핫도그, 꿀벌 한 살이 관찰 및 신체 부위별 기능 탐구)과 영상 시청 활동(교내)을 교차 진행
		3일차	-1,2교시 진로탐색활동(오르락내리락 진로이야기게임, IF 진로 솔루션 찾기, 나만의 진로가치사전 만들기), 3,4교시 직업하루탐색(미래식량 곤충사육, 스마트팜 6차산업, 진화되는 로봇마스터)과 현장체험학습 평가회 , 5,6교시 자유학년제 예술선택 수업
	2	1일차	학교 출발 → 알로이시오 기지 도착 → 오리엔테이션 → 오전 체험활동 → 중식 → 오후 체험활동 → 마무리 활동 → 학교 도착 체험처: 알로이시오기지 1968
		2일차	학교 출발 → 대구 이월드 도착 → 오리엔테이션 → 오전 체험활동(모둠별 미션 포함) → 중식 → 오후 체험활동(모둠별 미션 포함) → 학교 도착
		3일차	학교 출발 → 블루라인파크 해변열차 체험(송정역˜미포역) → 부산 엑스더스카이 관람 → 해운대 모래축제 관람 → 빕스 센텀시티(중식) → 수영만 요트경기장 요트 체험 → 학교 도착 → 귀가

		학교 출발(인터뷰 준비, 안전 교육) → 직업인 인터뷰 → 학교 도착(인터뷰 내용 정리) → 중식 → 학급 교실(현장탐방 및 직업인 인터뷰 발표 준비) → 강당(발표 및 공유회) - 모둠별 진로탐색을 위한 직업인 인터뷰 체험처(구포 및 부산 일대)
3	1일차	직업인: 재무컨설턴트, 환경 관련 기업경영인, 대천마을학교 간사, 목사, 웹소설 작가, 초등교사, 약사, 연극 배우, 교장, 바리스타, 성형외과 컨설턴트, 안경사, 언어재활사, 음식점 운영자, 일러스트레이터, 피아노 학원 원장, 부동산 중개사, 지역서점협동조합 운영자, 야구팀 코치, 미용사, 영양사, 경찰, 학원 운영자 등 25명
	2일차	개별 출발 → 기장 롯데월드 자유 이용(중식) → 귀가 체험처: 기장 롯데월드 어드벤처
	3일차	학교 출발(발열체크 및 안저지도) → 모둠별 부산 자유투어 계획에 따른 여행지 → 학교 도착 → 귀가 모둠별 계획에 따른 체험처
		학년 교육과정 연계 현장체험 2021년 운영 후 피드백과 TF팀 협의 등을 반영해 실시 예정

그러나 현장체험학습에 있어 교과 융합수업을 통해 체험을 실제 교과의 수업으로 녹여내는 것이 과연 잘 되고 있는지에 대해서는 여전히 고민하게 되는 지점이기도 하다.

2022년 3학년 현장체험학습 연계 교과 융합 계획

	3학년
주제	진로체험을 통한 진로탐색, 우리 지역(부산)의 이해, 건강한 자아정체감 형성, 문화예술 체험
융합 교과	국어, 사회, 역사, 도덕(과제탐구), 수학, 과학, 기술, 체육, 음악, 미술, 영어, 진로와 직업
융합 활동	현장체험학습 연계 주제 중심 사전·사후 탐구수업
시기	5~11월

교과	관련 단원	학습 내용	성취기준	지도교사	수업방식/시기
국어	2. 우리가 만나는 세상 (1) 토론하기	토론하기 질문생성하기	[9국01-03]목적에 맞게 질문을 준비하여 면담한다. [9국01-04] 토의에서 의견을 교환하여 합리적으로 문제를 해결한다.	장○○	모둠학습 /4-5월
사회	1.2 인권침해와 그 구제 방법	인권침해 사례별 해결 방법	[9사(일사)06-02] 일상생활에서 인권이 침해되는 사례를 분석하고, 국가기관에 의한 구제 방법을 조사한다.	허○○	4월
기술	Ⅴ 정보 통신 기술과 소통 3. 미디어와 이동 통신 Ⅳ 수송 기술과 효율 3. 수송 기술과 안전	부산 여행 계획하기	[9기가04-17] 다양한 통신 매체의 종류와 특징을 이해하고 활용한다. [9기가04-11] 수송 수단의 안전한 이용 방법을 알고, 사고 원인과 예방 및 대처 방법을 조사하고 실천한다.	김○○	모둠학습 /3-4월
진로와 직업	직업인으로서의 직업 윤리	직업윤리에 대한 나의 생각	[9진02-05] 직업인이 공통적으로 갖추어야 할 직업윤리를 이해할 수 있다.	이○○	조별수업 /5월

나머지 교과 생략

　2016년부터 2022년까지 실시된 현장체험학습의 흐름을 보면 새로운 시도와 그 후 보완하고 다지는 과정이 반복됨을 알 수 있다. 그 과정을 시스템화하면 다음 해에는 올해보다는 훨씬 수월하게 학교 교육과정 내에 학년 교육과정을, 그리고 그에 걸맞은 현장체험학습을 계획하고 만들어가며 그 속에서 삶과 앎을 맞닿게 하는 교육을 펼쳐 갈 수 있으리라 기대했다. 그러나 실제로 경험하면서 구성원과 여건, 요구는 계속해서 변화하며 기획에 따라 진행되지 않는다는 것도 알 수 있었다. 그러함에도 실행 과정에서의 힘듦보다 과정을 통해 배우고 성장하는 학생들의 생동감 넘치는 모습, 교사로서의 만족감 등은 또다시 변화를 시도하고 반영하게 하는 동력으로 작용했다. 물론 가람중학교의 고민도 새로운 실천과 함께 이어질 것이다.

라운드 테이블 I

　학교의 3주체는 학생, 학부모, 교사이다. 그러나 바쁜 학교 환경으로 인하여 모두 모여 의미 있는 대화를 나눌 기회는 매우 적은 편이다. 간혹 있는 대화도 교사를 중심으로 하여 학부모-교사, 교사-학생의 형태가 대부분이며, 그 주제 역시 시급한 현안에 대한 것에 국한되는 경우가 많다. 그러나 서로 의견을 나누고 소통하는 것은 다행복학교 그리고 가람중학교의 교육활동을 점검하고 나아갈 방향을 모색하는 데 매우 중요한 과정이다. 이에 도서 출판을 준비하는 과정에서 3주체가 모여 심도 있는 대화를 나누는 장을 마련하였다.

장지숙: 가람중학교 교사 (2014~현재)

이현주: 가람중학교 교사 (2017~현재)

이혜림: 가람중학교 교사 (2020~현재)

김민선 학부모 (3학년 학부모)

신선영 학부모 (2019년, 2022년 졸업생 및 1학년 학부모)

박영현 학생 (2학년)

김수진 학생 (3학년)

노주현 학생 (3학년)

신현욱 졸업생 (2020년 졸업생)

신수빈 졸업생 (2019년 졸업생)

이혜림　반갑습니다. 가람중학교가 2017년에 다행복학교로 지정되고 정신없이 6년여가 흘렀습니다. 또 2021년 교육부 지정 다행복자치학교가 된 지도 2년 정도가 되었습니다. 그동안 함께 학교를 꾸려온 학부모님, 재학생 그리고 졸업생들이 모두 한자리에 모이니 더욱 의미가 깊은 것 같습니다. 가람중학교가 어느 지점에 와 있는지, 우리 학교의 교육과정이 어떤 의미가 있고 학생들과 학부모님들께는 어떤 영향을 끼쳤는지를 되짚어보기 위해 자리를 마련했습니다. 몇 가지 질문을 준비했는데 돌아가면서 자유롭게 이야기를 나누었으면 좋겠습니다.

　먼저 조금 막연할 수도 있지만, 가람중학교가 여러분에게 어떤 학교인지가 궁금합니다.

김민선 학부모   네, 저는 덮어놓고 내 아이를 보내도 되는 학교 그러니까 믿음이 가는 학교라고 생각합니다. 예를 들어 선생님들께서 처음에 규율을 잡기 위해 엄하게 한다고 해도 무조건 믿을 수 있습니다. 선생님들이 틀만 잡아주시면 이후에는 아이들을 충분히 존중해 주고 배려하면서 3년을 이끌어가실 것을 아니까 믿고 보낼 수 있고, 학교의 운영에 대해서도 항상 아이들을 중점으로 하는 것을 알고 있기 때문에 마음 편하게 보낼 수 있는 학교인 것 같아요.

이혜림   그렇군요. 학부모님이 믿어주시니 제가 감사합니다. 가람중학교는 다행복학교인데 일반 학교와 조금 다른 점을 느끼는지요? 혹은 다행복학교 이전과 이후의 차이에 대해서 말씀해 주셔도 좋습니다.

신선영 학부모   저는 출퇴근 시 학교를 지나가게 되는데 아이들의 등교 시간과 거의 맞물립니다. 2016년, 그러니까 다행복학교가 되기 이전에는 아이들이 등교할 때 늘 선도부 학생들과 선생님이 교문을 지키고 있었어요. 복장이라거나 명찰 등등 교문을 들어서면서부터 혼나고 이름을 적히고 의기소침해진 아이들의 뒷모습을 많이 볼 수 있었습니다. 그런데 그다음 해에 다행복학교가 됐잖아요. 그리고 또 학교 앞을 지나가는데 등교 시간에 오케스트라 소리가 들려서 깜짝 놀랐어요. 학생들이 교문에서 연주를 하고 있는 거예요. 아이들이 학교에 들어가는 모습이 이전보다 훨씬 편안하고 자연스럽게 보였습니다. 상벌점이 아니라 서로 신뢰하고 평화로운 분위기의 학교인 거죠.

또 가람중학교에는 경청하는 문화와 허용하는 문화가 바탕에 깔려있다고 생각합니다. 지금 군대에 가 있는 저희 큰 아이가 1학년 때는 가람중학교가 다행복학교가 아니었고 2학년에 올라갔을 때 다행복학교가 되었어요. 아이 말이, 1학년 때는 나 하나만 잘하자는 마음으로 다녔고, 좀 경직된 분위기였는데 2학년이 되더니 선생님 걱정을 하는 거예요. 선생님들이 아이들 말을 끝까지 들어준다구요. 옛날처럼 아이들이 잘못을 뉘우칠 때까지 윽박지르고 혼내는 게 아니라 계속 들어주니 아이들이 마음대로 한다고, 힘드시겠다고요.

그런데 선생님들이 자신들의 말을 끝까지 들어주니까 아이들도 선생님의 말을 들어주게 되고, 이것이 아이들에게도 본보기가 되어서 서서히 서로 허용을 해주는 문화가 잡혀가는 것을 볼 수 있었어요. 학교 규율을 바꾸기 위한 대토론회 때도 학부모 대표로 참석했었는데, 속으로 엄청 걱정을 했습니다. 아이들이 선을 넘으면 어떻게 하나, 무조건 다 풀자고 하면 어쩌나 하구요. 그런데 토론회를 거치면서 아이들이 자기들끼리 규칙을 정하고 경계를 세워나가는 모습을 보면서 아이들이 많이 컸구나하고 느꼈습니다. 학교를 다니면서 서로의 말을 들어주고 허용해 주는 게 최대치가 늘었다 그게 정말 특별한 것 같아요.

신현욱 졸업생 저는 가람중학교가 기회가 많은 학교라고 생각해요. 자치회나 자유투어, 영상 편집 등 모두 가람중에서 경험한 것들이거든요. 지금 고등학교에서도 자치회를 하면서 후배들을 선발하기도 하는데 그 과정에서 가람중학교 출신은 믿고 뽑을 수 있다라는 생각을 많이 하게 되었어요.

신수빈 졸업생　저는 1학년 때는 다행복학교가 아니다가 2학년 때 다행복학교가 되면서 약간 동요가 있기도 했어요. 교복이나 상벌점제가 있다가 갑자기 없어졌으니까. 그런데 다행복학교로서 2년을 경험하고 나서 졸업할 때는 바뀌어서 좋다는 생각이 좀 많았던 것 같아요. 확실히 학생의 의견을 듣고, 아이들이 말을 하면 이게 실현되는구나 받아들여 지는구나를 느꼈거든요. 또 제가 원래 말하는 걸 좋아했는데 다행복학교가 되면서 말을 할 수 있는 경험의 기회가 되게 많아졌어요. 고등학교에서도 계속 학생회를 했었고 대학교 다니면서도 지금 학생회를 하고 있거든요. 학생회는 여러 사람들 앞에서 뭔가 주저함이 좀 없어야 된다고 생각하는데 그게 중학교에서 정말 잘 길러진 것 같아요. 가람중학교를 다니며 다른 친구들의 의견을 듣고 그 의견에 내 의견을 덧붙이고 내 의견과 좀 다르더라도 내 의견을 피력하는 활동들을 통해서 생각도 좀 더 기를 수 있었던 것 같아요. 후배들도 학교에서 자기가 하고 싶은 게 있으면 확실하게 주장해서 추진했으면 좋겠어요. 그냥 포기하기에는 다행복학교가 주는 혜택이나 기회가 너무 많거든요.

이혜림　저도 모르던 가람중학교의 예전의 모습까지 기억하시고 구체적으로 비교하여 말씀해 주시니 감사합니다. 질문을 재학생들한테도 좀 이어보면 좋을 것 같은데요, 재학생들은 우리 학교가 다행복학교로서 다른 학교 친구들 얘기를 듣거나 할 때 조금 다르게 느껴졌던 점이 있는지 궁금하네요. 가장 기억에 남는 장면을 말해줘도 좋습니다.

김수진 학생　저는 1학년 때부터 자치회 활동을 해 와서 그런지, 다른 학교에 비해 자치회가 활발한 것이 특별하게 느껴집니다. 학생들이 주가 되어 행사를 기획하고 진행할 수 있는 기회가 많아 저희들끼리 자치라는 것을 실제로 느끼고 부딪혀 볼 수 있는 것 같아요. 또 우리 학교는 학년별로 주제가 정해져 있고 관련 활동을 많이 하는 편인데, 2학년 때 차별과 관련된 책을 읽고 독서 한마당을 하면서 차별이라는 주제에 대해서 조금이나마 더 깊게 생각을 해본 것이 의미 있었어요. 그리고 동아리 활동도요. 일반 동아리, 스포츠 동아리와 같이 정규 시간에 편성된 동아리도 많지만 자율 동아리가 정말 활발하게 운영되고 있는 것 같아요.

박영현 학생 저도 이것이 다행복학교라서 그런 건지는 잘 모르겠지만 수요일에 하는 자율동아리가 특별하게 느껴집니다. 제가 오케스트라 활동을 하는데 다양한 악기를 배울 수 있는 시간도 되고 좋은 것 같아요. 또 봉사활동도 좀 특별하다고 생각해요. 흙공 던지기를 한다는 말을 듣고 이게 뭐 하는 거지 했었는데, 1학년 때 생태 관련해서 활동을 하고 흙공을 던지며 실제로 낙동강 정화 작업을 하면서 환경에 대해서 좀 더 생각할 수 있었거든요.

노주현 학생 저는 선생님과 학생의 대화가 많다고 생각해요. 우리 학교는 선생님께서 수업 시간에 '이렇게 해보는 게 어떨까' 하면 애들이 '좋은 것 같아요' 라든지 아니면 '이것도 했으면 좋겠어요, 저것도 했으면 좋겠어요' 하면서 서로 같이 수업을 만들어 간다고 생각을 하구요. 수업 시간 외에도 학업뿐만 아니라 사적인 고민도 선생님들께 뭔가 편하게 말을 할 수 있다는 점에서 가람중학교가 좀 다른 것 같아요. 또 1학년 때 연극, 2학년 때 영화, 3

학년 때 뮤지컬을 하는 것도 의미 있는 것 같아요. 제가 좀 소심한 성격이고 앞에 나서서 하는 걸 잘못해서 1학년 때 걱정을 했거든요. 그런데 그때 국어 선생님께서 그러면 대본을 쓰면 되지 않겠느냐 아니면 음향을 맡으면 되지 않겠느냐 하고 제안해 주셔서 소외감을 느끼지 않고 참여할 수 있었어요.

이혜림 그렇군요. 아직 가람중학교에 재학 중인데도 각각의 의미를 느끼고 참여하고 있다니 멋집니다. 졸업생이나 학부모님들은 기억에 남는 활동 없으신가요?

신현욱 졸업생 저는 자치회 활동도 물론 기억에 남지만 코로나19 이전에 했었던 학급야영이 가장 기억에 남아요. 모두 밤에 남아서 귀신 놀이도 하고 그랬는데 동심으로 돌아가는 추억을 만들 수 있어서 좋았던 것 같아요.

신수빈 졸업생 사회 선생님이 모의 법정 형식 수업을 하셨던 것이 기억에 남아요. 사회 수업 때는 선거, 국민의 기본 권리라든지 인권이라든지 이런내용이 나오게 되는데 선생님이 실제 사례를 놓고 자신이 판사라면 이걸 어떻게 처리할 건지 판결문을 써보라고 하셨었어요. 그냥 설명을 하시는 것보다 실제 사례로 판결문 써보면서 생각이 많이 정리되었어요. 또 판결문 다 쓰고 나면 선생님이 그 밑에 점수랑 같이 밑에 피드백을 해 주시거든요. 그 피드백을 통해서 이런 방식으로도 생각할 수 있구나하고 느꼈던 것 같아요. 그리고 또 빠질 수 없는 게 뮤지컬입니다. 정말 우여곡절이 많았는데 그걸 하면서 자기주도성이 생긴 아이들이 많은 것 같아요. 무대에 서는 걸 좋아하는 애들은 그걸 정말 즐겼고, 싫어하는 아이들도 다른 친구들이 너는 할 수 있다. 진짜 잘한다 이런 식으로 사기를 북돋아 주니까 자신감이 생겨서 결국 함께 공연을 해 냈거든요.

신선영 저는 학부모가 함께 참여했던 '매점이 돌아왔다'가 기억에 남습니다. 사회과와 연계해서 주식, 배당금 등의 경제 활동을 학생들이 실제로 해 본 거죠. 활자로만 보는 교육이 아니라 실제 삶과 연결 지어, 그리고 학부모와 함께 기획을 했다는 것이 아주 색달랐어요. 교과를 재구성해서 아이들한테 실질적으로 다가갈 수 있도록 교육과정을 운영하는 것이 선생님들의 품은 많이 들지만 아이들에게 영향력은 정말 크거든요.

  뿐만 아니라 저희 첫째는 만화 애니메이션 학부를 다니고 있는데 중학교 때 자신이 하고 싶은 것이 무엇인지를 알게 되어서 진로를 이어가고 있고, 둘째 역시 가람중학교 오케스트라에서 호른이라는 악기를 접하고 트럼펫으로 바꾸어서 계속 음악을 해 나가고 있어요. 막내는 이제 가람중학교 1학년인데 초등학교 때부터 해 오던 연극 활동을 학교에서도 이어 나갈 수 있어서 자연스럽게 진로와 연결될 것 같습니다. 학교가 아이에게 꿈과 진로를 찾아 준 것이죠. 삶에서 가장 필요한 생태교육, 성교육, 민주시민교육 등을 학년별로 주제를 잡아 깊이 있게 배울 수 있다는 점도 빼놓을 수 없구요.

이혜림 많은 교육 활동들을 기억하시고 의미를 찾아주셔서 기쁩니다. 다양한 말씀을 해 주셨는데 하나로 모이는 것이…… 일회적인 행사나 이벤트 같은 것들이 아니고 교육과정 속에 녹아 있는 것들을 말씀해 주셔서 교사 입장에서는 특별히 더 의미 있게 다가옵니다. 그렇지만 혁신학교를 말할 때 흔히 학력이나 평가를 우려하는 목소리가 있습니다. 그래서 실제로 학생들과 학부모님들은 그러한 우려에 대해서 어떻게 생각을 하시는지, 염려는 없으신지가 궁금합니다.

신현욱 졸업생 솔직히 공부는 자기 하기 나름이라고 생각해요. 그런데 가람중학교는 자기 스스로 할 수 있는 기회를 많이 주고, 그것이 자기주도 학습의 능력을 키우는 데 큰 역할을 한다고 생각합니다. 스스로 공부하는 힘을 갖추어야 고등학교, 성인까지 계속해 나갈 수 있지 않을까요?

신수빈 졸업생 저는 고등학교에 올라가서 조금 당황하기는 했었어요. 가람중학교가 경쟁이 심화된 학교가 아니었는데 고등학교에 가서 여러 중학교 아이들과 섞여서 경쟁을 하고, 또 상대적으로 학력이 높은 지역에서 오는 친구들과 동일선상에 서게 되면서 객관적인 위치를 확인하고 충격 받는 친구들도 있었거든요. 확실하게 개념 학습을 하고 활동에도 참여하는 것이 두 마리 토끼를 잡을 수 있는 길이라고 생각합니다. 가람중학교는 아이들의 자존감을 많이 높여주는 학교잖아요. 그런데 막상 고등학교에 가면 성적 때문에 자존감이 떨어질 수 있으니까요.

김민선 학부모 사실 그런 염려는 혁신학교 밖의 사람들이 더 많이 하는 것 같아요. 내가 왜 공부를 해야 되는지, 무엇을 하고 싶은지를 아는 것이 제일 중요하다고 생각하거든요. 공부는 평생 하는 거잖아요. 아이가 학교 가는 것을 좋아하고 존중해 주는 선생님과 두루두루 잘 지내는 친구들 속에서 공부하는 분위기라면 언제든지 자기가 필요할 때 확 차고 올라갈 거라는 믿음을 갖고 있습니다. 또 선생님들이 아이들의 학습을 위해서 얼마나 애쓰는지를 알고 있기도 하구요.

이혜림   어머니 말씀이 가람중학교는 학생들의 동기를 자극하는 학교라는 말처럼 들리네요. 또 수빈 학생의 경험에서 우러나온 이야기도 귀담아듣게 됩니다. 신선영 학부모님은 어떻게 생각을 하실까요.

신선영 학부모   저는 가람중학교에서 배운 것들이 고등학교 때 빛을 발하는 것 같아요. 중학교 때 우리 아이들이 수업 시간에 했던 것들이 고등학교 가니까 빛을 발하더라고요. 대학생인 큰아이는 특별히 무엇을 잘하거나 하지 않았었는데 중학교 때 했던 것들 개념이 잘 잡혀 있어서 고등학교 때 특히 사회 성적이 잘 나왔어요. 스스로 수행평가 등을 어떻게 해야 되는지를 알고, 가람중학교가 단순히 오지선다형이 아니고 서술형 문제가 많이 나오는 학교이다 보니까 고등학교에서 하는 활동들이 낯설지 않았던 거죠. 고등학생인 둘째도 사실 트럼펫만 하고 그래서 학원 안 다니기 때문에 시험공부를 막 착실히 하고 이건 없어요. 그런데 사회 과목 서술형 1등을 한 거예요. 사회나 과학 같은 과목은 중학교 때 했던 것들이 고등학교에서도 반복이 되니까 중학교 때 깊이 있게 원리를 공부했던 것이 도움이 된 거죠.

신수빈 졸업생   저도 중학교 졸업하고 고등학교와 대학교에서 사람들이랑

의사소통하는 것들 그리고 고등학교나 대학교에서 참신하다고 느꼈던 것들이 사실 중학교에서 이미 겪었던 내용들이더라고요. 그래서 다른 아이들은 책을 읽고 서평을 쓴다든지 아니면 여러 아이디어를 제시할 때 막막하다 어떻게 하지라는 의견이 정말 많았는데, 저처럼 다행복학교를 경험한 친구들의 경우 이거 전에 했던 건데 이런 인식이 많아서 새로운 도전을 할 때 큰 두려움이 별로 없는 것 같아요. 이것이 학력을 이끄는 힘이 아닐까요?

이혜림 대학교에서의 경험, 그리고 가람중학교를 거쳐 간 자녀들의 경험까지 말씀해 주셔서 감사드립니다. 학부모로서는 가람중학교에 우리 아이를 보내면서, 또 학생들은 내가 가람중학교를 다니면서 이전보다 성장한 지점이나 달라진 부분이 있는지에 대해서 공통 질문을 드리고 싶어요. 이번에는 학생들부터 한번 들어볼까요.

김수진 가장 달라진 것은 약간 성격적인 부분이 초등학교 때 비해서 밝아진 것 같아요. 모둠 활동 등을 많이 하다 보니까 다양한 친구들과 함께할 기회를 갖게 되고, 그런 과정을 거치면서 조금 활발하게 이게 변할 수 있었던 것 같아요.

박영현 저는 여러 사람이 모였을 때 의견을 낼 수 있게 된 것 같아요. 가람중학교에 와서 선배들도 의견을 내보라고 독려하고 같이 협동하고 하니까 아무래도 저의 의견을 낼 수 있게 되었다고 생각을 해요.

노주현 저는 질문하는 힘이 키워진 것 같은데요. 수학 선생님 학습지 위에 '배움은 질문하는 것에서 출발한다'라는 말이 적혀 있는데 그게 딱 저한테 적용이 된 것 같아요. 질문을 한다는 것이 선생님들한테 질문을 하는 것도 있지만 친구들이랑 모둠 활동하면서도 '넌 어떻게 생각하냐, 왜 그렇게 생각하냐' 하면서 서로 자연스럽게 질문을 하게 되었어요. 질문을 하면서 친구 생각도 듣고 선생님 생각도 듣고 하는 게 성장한 것 같아요.

신선영 학부모 저는 아이들이 학교에서 배워 오는 것을 그대로 배웁니다. 서로 존중하고 경청하는 것, 성, 생태, 민주시민 교육 등 학부모도 함께 성장하는 거지요. 학교에서 내 아이를 존중해 주는데 나도 부모로서 아이들을 윽박지르지 않고 존중해야겠다고 생각하게 되었습니다. 경청하고 허용해 주는 그 최대치를 저한테도 키워준 것 같아요. 아이들이 다행복학교 안에서 성장해 가고 변해가는 것에 학부모도 속도를 맞출 필요가 있다고 생각합니다.

김민선 학부모 저도 학교에서 선생님들이 내 아이를 저렇게 대해주시는데 나는 우리 아이에게 어떻게 하고 있나를 돌아보는 일이 종종 있습니다. 내 아이가 학교에서 대접받고 오는데 집에서 내가 함부로 하면 안 되겠구나 하구요. 또 회복적 생활 교육이라는 것도 그전에는 몰랐거든요. 그런데 이전의 선한 상태로 돌아간다는 것이 기본 원리임을 알고 무척 감동 받았어요. 그러면서 이제 나도 좀 그런 태도를 가져야겠다, 그리고 다른 아이들을 바라볼 때도 좀 그런 시선을 가져야겠다 하고 생각하게 되었습니다.

이혜림　교육활동은 학교와 학부모가 한마음일 때 시너지가 더 커진다고 생각합니다. 학교의 교육 방향을 학부모님, 그리고 나아가 학생들까지 잘 알아주는 것 같아서 기분이 좋습니다. 이야기를 하다 보니 생각보다 시간이 많이 지났네요. 귀한 시간 내주셔서 정말 감사드리고 또 깊이 있는 이야기를 나눠주셔서 더 감사드립니다. 학교가 무엇을 중요하게 생각하는지, 어떤 교육과정을 가지고 있는지를 잘 알아주셔서 더욱 책임감을 느낍니다. 오늘 해 주신 이야기들이 더 의미 있게 교육활동으로 이어질 수 있도록 노력하겠습니다. 어머니, 그리고 학생들 감사합니다.

3장

교사 성장

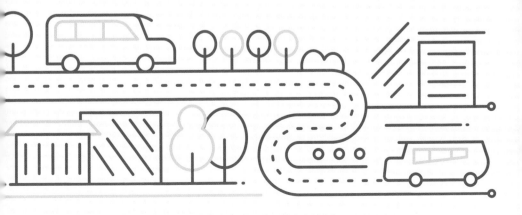

1. 배움을 지원하는 학교

가람중학교에는 공부하는 교사가 유난히 많다. 대부분의 교사가 무엇인가를 배우고 있는데, 대학원 등 공식적인 학위 과정뿐만 아니라 전문성을 키우기 위한 외부 연수 수강, 지향점이 맞는 동료들과의 연구회 활동 등 개인별로 '공부'의 방식은 다양하다. 그러나 무엇보다 가람중학교에서 눈에 띄는 것은 학교 내에서 비교적 쉽게 배움의 기회를 접할 수 있다는 점이다.

'전문적 학습공동체'라는 학습을 위한 공식적인 모임의 형태를 갖추기 전부터 가람중학교에는 서로 모여 배우는 문화가 일상화되어 있었다. 외부 연수를 듣고 자극받은 어느 교사가 학교에서 이야기를 풀어내면 관련 연수를 함께 수강하거나, 누군가가 대표로 연수를 듣고 와서 다른 교사들에게 전달 연수를 하기도 하고, 무엇인가를 함께 고민할 필요성이 느껴지면 수시로 모여 논의하고 학습하는 모습은 가람중학교에서 자주 볼 수 있는 장면이다. 어렵지 않게 함께 배울 동료를 찾을 수 있고, 양질의 연수를 많이 접할 수 있으며 나이나 경력과 무관하게 서로 모르면 물어보고 배우는 문화는 이제 가람중학교의 중요한 부분으로 자리 잡았다.

1.1. 새학년 준비 워크숍

교사들의 '공동의 학습'은 새학년 준비 워크숍에서부터 시작된다. 매년 구성원이 바뀌는 공립 학교는 정체되지 않는다는 장점이 있는 반면 '공동'의 목표를 장기적으로 유지하기 어렵다는 단점도 함께 존재한다. 이에 부산광역시 교육청에서는 매 학년말, 12월부터 2월까지를 '새학년 함께 준비하는 달'로 지정하고 있는데 중등학교의 경우 2월 3주 차에 5일 이상의 집중 운영 기간을 실시할 것을 권고하고 있다. 가람중학교 역시 매년 2월, 5일간의 새학년 준비 워크숍을 통해 해당 년도에 조금 더 중점을 기울여야 하는 부분이 무엇인가에 대해 함께 논의하고 초점화해 나가는 과정을 거치고 있다. 단순히 서로 안면을 트고 업무를 배정하는 기간이 아니라, 한 해를 어떻게 꾸려나갈 것인가에 대해 비전을 공유하고 신구 구성원이 함께 모여 교육과정을 만들어 나가며, 필요한 경우 연수를 듣기도 한다.

학기가 시작되고 나면 전 구성원이 오롯이 연속적으로 모일 수 있는 시간이 생각보다 많지 않다. 그렇기에 공식적으로 부여된 5일은 허투루 보낼 수 없는 귀한 시간인 것이다. 가람중학교는 이 기간을 내실 있게 운영하기 위해 2022년 1월, '새학년 준비 TF팀'을 구성했다. 겨울방학, 석면 공사를 앞두고 학교 시설을 사용하기 힘든 상황, 코로나19의 기세가 여전히 꺾이지 않는 상황이었지만 그 규모를 축소하거나 요식적으로 운영하고 싶지 않았다. 외부 장소를 섭외하고 점심식사 메뉴를 정하고 전입 교사들을 위한 환대 의식을 준비하는 것부터, 워크숍 기간 동안 구체적으로 논의되어야 할 부분이나 고민해야 할 지점들에 대해 함께 이야기를 해 나가니 혼자서는 보이지 않던 것들이 보이기 시작했다.

2022년 가람중학교 새학년 준비 워크숍

이전까지는 업무를 맡은 부서가 주가 되어 워크숍 계획을 세우고 전체 교사들에게 공유하는 식이었다면, 2022년 워크숍은 처음부터 TF팀이 촘촘하게 계획을 세워나갔다. 워크숍의 하루하루를 어떻게 열 것인가를 논의하고 매일 다르게 담당자를 지정했다. 전입 교사를 위한 환대 의식, 신뢰 써클, 몸으로 말해요, 그림책 읽기 등 다양한 아이디어가 나왔다. 학교의 교육활동들에 대해서는 각 업무 담당자가 TED 형식으로 짧은 강의를 하기로 했다. 그럴듯한 워크숍 리플렛을 만들기도 했다. 워크숍이 진행되는 5일 동안, 공식적으로 역할을 나눈 것이 아닌데도 세부 일정과 내용을 알고 있는 TF팀 교사들이 자연스레 여러 학년으로 흩어져 각 과정을 안내하며 원활한 워크숍을 진행할 수 있었다. 우리는 워크숍을 알차게 운영하는 방법에 대해 또 함께 배웠다.

뿐만 아니라 2022년 새학년 준비 워크숍 때 물꼬를 튼 여러 교육활동들은 자연스레 학기 중으로 이어졌다. 평가 혁신 연수를 바탕으로 4명의 교사가 1학기부터 자신의 평가 방법을 바꾸어 적용했으며, 융합수업 및 수업 나눔 역시 순차적으로 진행되었다. 새학년 준비 워크숍을 통해 배우는 것은 전입 교사만이 아니다. 기존의 교사들도 학기가 시작되면 학교의 비전이나 각 활동들의 의미를 잊고 하루하루 교육활동들을 해내기에 바쁜 모습을 많이 목격하게 된다. 우리에게 2월의 5일은 잠시 숨을 고르고, 내가 몸담은 학교에서 이루어지는 교육활동들을 다시 함께 배우며 그 본질을 깨닫고 의미를 되새기는 시간인 것이다.

2022년 가람중학교 새학년 준비 워크숍 일정표

	시간	내용	
1일차	09:00-10:30	환대 의식	
	10:30-12:30	1. 학교 비전공유 2. 다행복자치학교 명칭 변경 안내 3. 가람중학교 교육과정 안내	
	12:30-14:00	함께 나누는 점심	
	14:00-14:30	(공유1) 교사문화 (공유2) 학생문화/학생자치 (공유3) 생활 교육과 경계 세우기	
	14:30-16:30	(논의1-1) 경계 세우기에 필요한 영역	
		(논의1-2) 영역별 지도 방법	
2일차	09:00-10:00	하루 열기	
	10:00-10:30	새학년 워크숍 약속 정하기	
	10:30-12:00	(공유4) 교무부 학사일정 안내 (공유5) 연구부 제출물 안내 (공유6) 전문적 학습공동체 (공유7) 제안수업 및 수업 알아차림 (논의2) 수업 알아차림	
	12:00-12:30	(논의3) 교과별 협의: 시수 및 학년 배당	
	12:30-14:00	함께 나누는 점심	
	14:00-14:50	1학년 협의회	
	14:50-15:40	2학년 협의회	- 그 외 교사 개인업무
	15:40-16:30	3학년 협의회	

	09:00-12:30	평가 혁신 연수	
	12:30-14:00	함께 나누는 점심	
3일차	14:00-14:30	교육과정 설계 연수	
	14:30-16:00	(논의4) 교과별 전체 학년 평가 계획 - 교과교사: 수행평가 시기, 평가 주제 중복 여부 확인 등 - 비교과교사: 2022년 핵심 교육 활동 주제	
	16:00-16:30	전체 공유 (갤러리 워크)	
	09:00-10:00	하루 열기	
4일차	10:00-12:30	3학년 수업 교사 융합수업 논의	- 2학년 담임 협의 - 그 외 교사 개인업무
	12:30-14:00	함께 나누는 점심	
	14:00-16:30	2학년 수업 교사 융합수업 논의	- 1학년 담임 협의 - 그 외 교사 개인업무
	09:00-10:00	하루 열기	
	10:00-12:00	1학년 수업 교사 융합수업 논의	- 3학년 담임 협의 - 그 외 교사 개인업무
5일차	12:00-12:30	학년별 논의 내용 공유	
	12:30-14:00	함께 나누는 점심	
	14:00-	- 친목회 논의 - 워크숍 마무리	

1.2. 전문가 초청 연수

가람중학교 교사들은 학교에서 이미 접한 강사들을 교육청 등 더 큰 단위의 외부 연수에서 다시 만나는 경우가 적지 않다. 가람중학교에서는 학년말 교육과정 평가회를 통해 앞으로 학교가 중점을 두어야 하는 것이 무엇인가, 우리가 조금 더 채워야 할 지점은 어떤 부분인가를 성찰하고, 이를 보완하기 위해 연 2회 이상 전문가를 초청하여 전 교사가 함께 연수를 수강한다. 이때 전문가는 비록 품이 많이 들지라도 가능한 한 해당 분야의 권위자를 모시기 위해 노력한다. 최근 3년간 가람중학교의 모든 교사가 학교 내에서 대면으로 수강한 연수는 아래와 같다. 이러한 전문가 초청 연수는 주로 새학년 준비 워크숍 기간 및 시험 기간, 방학식 등 시간을 비교적 길게, 그리고 유동적으로 사용할 수 있는 날짜로 미리 계획하여 진행한다. 코로나19를 기점으로 실시간 원격 연수가 보편화된 시대이지만, 강사가 '우리 학교'로 직접 찾아오는 대면 연수는 강사와 학교 간에 조금 더 밀접한 관계를 맺게 하고, 이는 이후 학교 교육활동을 계획하고 실행하는 데에도 긍정적으로 작용한다.

가람중학교 전문가 초청 연수

	시기	연수 주제	강사
	새학년 준비 워크숍	배움의 공동체 (코로나19 상황으로 취소)	손우정 (배움의 공동체)
2020	학기중 전문적 학습공동체	수업 알아차림 기본	류한나 (수업과 성장 연구소)
	학기중 전문적 학습공동체	수업 알아차림 실습	신을진 (수업과 성장 연구소)

2021	새학년 준비 워크숍	회복적 생활교육 1 (RD1)	장효진 (한국평화교육훈련원)
	여름방학식	회복적 생활교육 2 (RD2)	한정훈 (한국평화교육훈련원)
2022	새학년 준비 워크숍	평가 혁신 기초	이형빈
	1학기 교육과정 평가회	평가 혁신 심화	이형빈

전문가 초청 연수를 계획하는 데 있어 유념해야 할 점은 그것이 일회성의 경험으로 끝나서는 안 된다는 것이다. 연수의 경험은 해당 년도의 교육활동과 연계되어야 하며 나아가서는 후년도까지 점진적으로 확대되어야 한다. 교육활동을 계획하고 함께 학습해 나가는 과정에서 전문가의 연수는 마중물 혹은 나침반과 같은 역할을 한다. 또한 교육공동체가 같은 연수의 경험을 공유하는 것은 공통의 배경지식 및 목표를 갖게 하여 학교가 일관된 교육활동을 펼치는 데 효율적으로 작용한다. 따라서 연수 담당자는 거시적인 안목으로 학교 및 교사의 요구를 파악하여 현시점에서 가장 필요한 연수가 무엇인지를 적기에 계획하고 제공하기 위해 노력해야 할 것이다.

1.3. 전문적 학습공동체

학교 안팎에서 이루어지는 교사들의 학습 모임을 일반적으로 '전문적 학습공동체'라 명명한다. 부산광역시 교육청(2020)에서는 전문적 학습공동체를 단위학교 내에서 교원들이 자발성과 동료성을 기반으로 교육활동에 대하여 공동 협의·연구·학습·실천하며 함께 성장하는 학습공동체라고 정의하고 있다. 이러한 전문적 학습공동체는 민주적 학교 운영 체제, 윤리적 생활공동체, 창의적 교육과정과 함께 다행복학교의 4대 운영체제 중 하나로서 기능하고 있으며 그 중요성에 대한 인식이 일반 학교에도 점차 확산되어 가고 있다. 특히 학교 내 전문적 학습공동체는 개인주의적 교직 문화를 극복하고 공동연구, 공동실천을 통한 단위학교 전체의 교육력 제고를 기대할 수 있다는 점에서 특히 강조되고 있다(강호수, 정바울, 안성신, 양수진, 2018; 경기도 교육청, 2016).

일반적으로 생각하는 전문적 학습공동체는 7~8명 내외의 소집단의 형태를 갖추고 있을 것이다. 가람중학교 역시 2020년까지는 학년 단위의 전문적 학습공동체를 운영해 왔다. 그러나 2021년, 다행복자치학교로 출발하면서 가람중학교는 '전문적 학습공동체'의 운영에 변화를 꾀하였다. 학교 전체 단위의 '전문적 학습공동체'를 운영하기 시작한 것이다. 기존의 전문적 학습공동체도 비교적 의미 있게 운영되고 있었으나 각 전문적 학습공동체에서 다루어진 주제들이 전체로 공유·확산되지 못하고 휘발되거나, 전문적 학습공동체 모임별로 깊이의 차이가 생기기도 하는 등 일정 부분 변화가 요구되었다. 그러나 무엇보다 일원화된 전문적 학습공동체를 운영하기로 한 것은 전문적 학습공동체가 취미 활동 중심의 친목 모임으로 변질되는 것을 경계하고, 다행복학교 재지정 및 다행복자치학교의 출발을 기점으로 다시 초심으로 돌아가 모든 교육활동의 중심이 되는 '수업'에 전 구성원이 집중하기 위함이었다.

가람중학교 전문적 학습공동체 형태 및 주제

년	형태	주제	
2020	학년별 전문적 학습공동체	1학년	생활지도
		2학년	수업 나눔과 성찰
		3학년	생활지도
2021	학교 전체 전문적 학습공동체	제안수업 및 수업 알아차림	
2022	학년별 전문적 학습공동체	해당 학년의 필요성에 따른 자율 주제	
	학교 전체 전문적 학습공동체	제안수업 및 수업 알아차림	

일원화된 전문적 학습공동체의 운영에 뜻을 모았지만 준비 과정에서 학교는 몇 가지 난관에 봉착했다. 무엇보다 눈에 보이는 걸림돌은 '시간'의 문제였다. 교사들의 '공동의 학습'을 위한 시간을 어떻게 확보할 것인가? 한 시간 단위의 분절적인 시간이 아니라 두 시간 이상의 연속된 시간을 확보하는 것은 빈틈없이 돌아가는 학교 상황에서는 쉽지 않은 일이다. 이러한 이유로 많은 학교에서는 공통의 주제로 같은 책을 읽은 후 이야기를 나누거나 동일한 원격 연수를 수강하는 등의 방법으로 전문적 학습공동체를 운영하고 있다. 여러 차례의 논의 끝에 가람중학교는 2021년부터 수요일을 5교시로 줄이고 목요일을 7교시로 늘이는 형태로 일과 운영을 조정하기로 했다. 2020년까지는 모든 요일의 수업이 6교시로 동일하였으나 일과 조정을 통해 수요일 오후 시간을 여유 있게 확보하여 깊이 있는 전문적 학습공동체를 운영하고자 한 것이다.

고민은 또 생겨났다. 수요일 5교시 후, 3시도 되지 않은 시각에 학생들을 하교시키는 것이 과연 맞는 것인가? 혹시나 생길지 모를 안전사고 등에 대한 염려의 목소리가 나왔다. 교사들은 전문적 학습공동체 운영을 위한 시간 확보를 위해서는 일과 운영의 조정이 불가피함을 인식하면서도 학생들에 대한 책임감을 동시에 느끼고 있었다. 둘다 놓을 수 없는 것들이었다. 교사뿐만 아니라 학생들에게도 의미 있는 시간이 되게 할 수 있는 방법이 없을까에 대해 고민하며 많은 의견이 오갔고 다양한 아이디어가 나왔다. 그리고 그 시간을 우리는 '자기 성장의 시간'이라 이름 붙이기로 했다. 수요일 방과 후에 자율동아리를 집중적으로 운영하고, 코로나19를 기점으로 저하된 학력을 지원하는 외부 강사의 수업을 배치했다. 지역의 대학교와 연계해 자기관리 능력의 향상을 돕는 프로그램도 개설했다. 또한 교육복지실에서는 수요일 오후를 활용하여 다양한 복지 프로그램을 운영하여 교사들과 학생들의 걱정을 덜어주었다.

또 다른 고민은 목요일을 7교시로 운영할 경우 학생들의 집중력이 저하되지 않을까 하는 것이었다. 점심시간 이후 피로와 식곤증으로 힘들어하는 학생들을 많이 목격했기 때문이다. 이를 방지하기 위하여 자유학년제 수업과 외부 강사의 스포츠 클럽 등 활동 중심의 수업을 목요일 오후에 배치하는 방법으로 다소 길어진 일과에 학생들이 지루해하지 않고 참여할 수 있도록 운영의 묘를 꾀하였다. 이 외에도 무수한 고민과 논의가 있었다. 교사의 배움을 위해 학생들의 배움을 희생하게 하지 않기 위해 가능한 한 많은 안전장치를 마련하려 노력했다. '수업'을 중심으로 한 일원화된 전문적 학습공동체의 운영은 그렇게 첫발을 내디뎠다. 그리고 그 노력을 바탕으로 수요일 오후, 우리는 서로의 '수업'을 조금 더 깊이 있게 나눌 수 있었다.

다행복자치학교 2년 차에는 전문적 학습공동체에 대한 또 다른 요구가 생겨났다. 학교 전체 단위의 전문적 학습공동체의 필요성을 인식하는 동시에 학년별 학습 및 협의 시간의 부족을 느끼기 시작한 것이다. 두 가지 다 포기하고 싶지 않은 우리는 또 고민했다. 학교 내부에서의 협의, MOU를 맺은 기관과의 협의를 통해 수업 나눔의 깊이는 더하면서 시간 부담은 줄여 학년별 전문적 학습공동체를 병행할 수 있는 방법을 모색했다. 그 결과 매월 2회의 전문적 학습공동체 중 1회는 수업 중심의 학교 전체 전문적 학습공동체, 나머지 1회는 학년별 전문적 학습공동체를 실시하는 방안을 마련하였다. 전체 전문적 학습공동체에서는 기존과 같이 제안수업 및 수업 알아차림을 시행하고, 학년별 전문적 학습공동체에서는 학년 철학에 맞는 도서를 선정하여 함께 학습하거나 학년의 안건에 대해 논의를 하는 방식으로 현재까지 이어오고 있다.

정혜란(2022)은 사례 연구를 통해 전문적 학습공동체의 성공 요인으로 활동을 열정적으로 이끌 리더 교사, 교사 스스로의 성장에 대한 갈증, 신뢰와 소통의 문화, 학교장의 관심과 제도적인 지원을 들고 있다. 앞서 1장의 학교 문화에서 기술했듯 가람중학교는 전문적 학습공동체의 성공 요인으로 꼽히는 것들 대부분이 대체로 다져진 학교였다. 그리고 2021년 다행복자치학교로 지정되면서 제도적인 뒷받침이 더해져 조금 더 내실 있는 전문적 학습공동체를 운영할 수 있게 된 것이다.

학년 단위 전문적 학습공동체

전체 단위 전문적 학습공동체

외부 연수를 듣거나 연구회 활동을 하고 싶은 마음은 있지만 개인적인 여건상 그것이 어려운 교사도 적지 않다. 그러한 교사들에게 내 곁에 함께 공부할 동료 교사가 있다는 것은 큰 힘이 되는 일이다. 특별히 시간을 내지 않고도 쉬는 시간이나 점심시간, 서로 수업이 비는 시간에 수시로 결합하여 배움을 주고받는 모습은 교사가 학생들에게 가장 기대하는 일이기도 하다. 학교는 배움을 지원해야 한다. 그 배움은 학생뿐만 아니라 교사에게도 예외일 수 없는데, 교사의 배움은 곧 학생에게 이양되기 때문이다. 배움을 통해 교사의 전문성이 향상되는 것은 말할 것도 없거니와, 학습하는 교사의 모습 그 자체가 학생들에게 좋은 본보기가 되는 것이다. 어렵게 확보한 수요일 오후 시간, 자기 성장의 시간을 마치고 집으로 돌아가며 창문 너머로 본 '우리 선생님'의 진지한 배움의 모습은 그 어떤 잔소리보다 학생들에게 큰 울림을 주었으리라.

2. 수업 나눔

학교는 배우는 곳이다. 오랜 세월이 지나도 '학교'의 정체성을 규정할 때 절대로 빠지지 않을 것이 '배움'이라는 단어일 것이다. 또한 교사는 그 어원에서 볼 수 있듯 가르치는 사람임에 틀림없다. 그렇다면 학교에서 가르치고 배우는 활동의 핵심이 되는 순간은 언제일까? 바로 수업 시간이다. 교사에게 '수업'은 단지 45분의 물리적인 시간뿐만 아니라 그것을 준비하기 위한 시간과 수업을 마친 후 평가로의 연계까지, 어찌 보면 가장 많은 시간과 공을 쏟는 활동이라 할 수 있다. 그러므로 가장 많은 고민을 하게 하고 교사의 자존감과도 직결되는 것이 바로 '수업'인 것이다.

가람중학교뿐만 아니라 많은 학교에서 다양한 형태로 수업을 나누는 활동을 하고 있으며, 교육청 차원에서도 '수업 나눔의 날'을 운영하고 연수를 개설하는 등 수업과 관련된 각종 지원을 하고 있다. 무엇보다 교사 스스로가 각종 연수를 수강하거나 수업 컨설팅을 받는 등 자신의 수업 전문성 향상을 위해 끊임없이 노력을 기울이고 있다. 가람중학교는 앞에서 이야기했듯 2021년부터 '수업'을 중심으로 학교 전체 단위의 전문적 학습공동체를 운영하고 있다. 본격적인 수업 중심의 전문적 학습공동체 운영 전부터도 그 중요성을 인식하고 꾸준히 수업을 나누어 왔는데, 이러한 공동체의 노력은 학교 구성원 스스로 가람중학교를 수업을 볼 기회가 많은 학교, 다른 말로 내 수업을 함께 하는 교사가 많은 학교로 인식하게 했다.

2.1. 수업 나눔 시작기

언제나 그렇듯 가람중학교의 수업 나눔 역시 개개 교사의 필요로부터 시작되었다. 중등의 경우 교사별로 전공과목이 다르고 그로 인해 교과 벽이 높은 편이다. 거기에 더해 가람중학교처럼 비교적 작은 학교의 경우에는 단위 수가 많은 주요 교과를 제외하면 동교과 교사가 없는 과목도 적지 않다. 매해 반복되는 형식적인 수업 공개에 들어오는 교사는 관리자 이외에는 없는 경우가 부지기수였고, 다른 교사의 수업에는 '들어가지 않는 것이 예의'라는 인식이 자연스레 자리 잡았다. 이러한 관습적인 수업 공개는 부담 없이 준비하면 되니 편하기도 하지만 뭔가 빠진 듯한 느낌을 지울 수 없게 한다. 수업에 대해 이야기할 동료가 없는 교사는 외롭다. 가람중학교 교사들 역시 이러한 허전함과 외로움을 느끼기 시작한 것이다. 그리고 이 외로움과 답답함, 막막함으로부터 수업 나눔이 싹을 틔웠다.

출발은 수업디자인 전문적 학습공동체였다. 다행복학교를 추진하던 2016년, 학교 전체의 합의가 필요한 공식적인 수업 나눔에 앞서 뜻이 맞는 교사들이 모여 자신의 수업을 어떻게 디자인할 것인가에 대해 머리를 맞대었다. 전체 교사로 확산되지는 못하였으나 수업디자인 전문적 학습공동체에 참여했던 교사들은 혼자서 고민해온 내 수업을 동료와 함께 만들어 나가는 것의 기쁨을 알게 되었다. 또한 혼자서는 생각하지 못했던 것을 시도하기도 하고 자신이 해왔던 수업의 의미를 재발견하기도 했는데 이는 곧, 더 깊이 수업 이야기를 하고 싶다는 욕구를 불러일으켰다.

그리고 이듬해인 2017년, 마침내 다행복학교로 지정된 가람중학교는 '어디에 중점을 두는 다행복학교가 될 것인가'를 두고 고민했다. 일반적인 혁신학교들은 학교 문화에서 시작하여 학생자치, 수업 순으로 학교 혁신의 단계를 차례로 밟아나가기 마련이다. 그러나 가람중학교는 처음부터 4대 과제를 동시에 추진하고 본질을 건드리기로 했다. 점진적으로 단계를 밟아온 여러 학교들이 끝내 구성원의 반발 등으로 수업 혁신에 이르지 못하는 경우를 많이 보아왔기 때문이다. 처음은 어쩌면 가장 서툰 동시에 무엇이든 할 수 있는 가장 좋은 때일 테니까.

2.2. 제안수업의 정착

가람중학교의 제안수업은 앞서 언급한 것과 같이, '배움의 공동체'에서 수업을 나누는 방식을 참고하여 만들어졌다. 배움의 공동체는 일본의 사토 마나부 교수에 의해 창안된 학교 개혁의 실천 개념으로서, 손우정(2010)을 통하여 국내에 소개된 이후 많은 학교에서 그 기초 원리를 활용하여 수업을 함께 디자인하고 나누는 활동을 하고 있다. 특히 수업의 중심을 학생의 배움에 두는 배움의 공동체 핵심 원리는 한 명의 학생도 소외시켜서는 안 된다는 교육의 본질과 부합하여 더욱 큰 의미를 지니며 학교와 교사들에게 확산되어 왔다.

2017년 다행복학교 첫해, 수업을 함께 하자는 마음은 하나로 모아졌으나 구체적으로 어떤 방식으로 수업을 나눌 것인가에 대해서는 막연하던 가람중학교도 연수에서 접한 '배움의 공동체' 방식으로 출발해 보기로 하고 수업을 열어 줄 지원자를 찾았다. 그리고 4명의 교사들이 제안수업자로 자원했으며 4월, 신규 과학 교사가 2학년을 대상으로 첫 제안수업을 열었다. 기존의 평가적인 공개수업이 아니라 학생들이 배우는 과정에 초점을 맞추고, 이를 위해 교사는 무엇을 고민하고 어떤 역할을 해야 하는지를 함께 살피고 나누는 과정에서 수업자를 비롯한 가람중학교 교사들은 모두 따뜻하고 유쾌한 경험을 하였다. 이 경험은 2명의 새로운 제안수업 지원자를 만들어냈으며, 다행복학교 출발 첫해부터 6명의 교사가 제안수업에 도전하는 것으로 이어졌다.

이렇게 출발한 수업 나눔의 형태는 상황에 따라 학년 제안수업과 전체 제안수업으로 이원화하여 운영되다가 2020년부터는 전체 제안수업을 기본으로 하여 전 교사가 2년에 1회, 의무적으로 제안수업을 여는 것을 원칙으로 운영되고 있다. 제안수업을 중심으로 한 수업 나눔은 사전 수업디자인-제안수업-수업 협의회의 순으로 진행되며, 이는 배움의 공동체에서 제안하는 절차와 크게 다르지 않다.

먼저 수업 디자인 단계에서는 수업자가 미리 작성해 온 수업 지도안을 바탕으로 동료 교사들에게 그 의도를 설명하고 의견을 구한다. 이 과정에서 학생의 배움이 더 잘 일어나게 하는 방향으로 수업 지도안이 대폭 수정되는 경우도 적지 않다. 이 단계에서는 수업자에 대한 애정을 바탕으로 수업에 대한 다양한 아이디어나 실질적인 제안 등이 쏟아지는데, 저경력 교사는 자칫 거름망 없이 모든 아이디어를 수용해 길을 잃기 쉽다는 위험성도 함께 지닌다. 때문에 수업디자인 단계에서도 수업자의 고민과 의도를 염두에 두는 것이 필요하다. 몇 해 전, 수업 디자인 모임에서 오가는 대화를 한참 동안 듣고 있던 선배 교사의 한마디가 매우 인상적이었다. '그런데 선생님이 정말로 하고 싶은 수업은 무엇인가요?' 핵심을 찌르는 이 질문으로 수업자는 다시 자신의 의도와 자신이 기대하는 학생의 배움이 무엇인지를 성찰할 수 있었다.

수업디자인

제안수업은 주로 방과 후, 제안수업 대상 학급만 추가로 수업하는 형태로 이루어진다. 업무 담당자는 교사와 학생을 1:1로 매칭하여 교사들에게 미리 안내하고, 실제 수업 현장에 전 교사가 모두 들어가 자신이 맡은 학생과 그 모둠의 배움을 관찰하게 된다. 사전에 수업 디자

2학년 O반 좌석 배치표

뒷문

	↓OOO 선생님		→OOO 선생님	학생	↓OOO 선생님
학생	학생		학생		학생
↑OOO 선생님	학생	←OOO 선생님	→OOO 선생님	학생	↓교장 선생님/OOO 선생님	↑OOO 선생님	학생	←OOO 선생님

학생　　학생
↑OOO 선생님　학생　←OOO 선생님

→OOO 선생님　학생　↓OOO 선생님

학생　　학생

→OOO 선생님	학생	↓교감 선생님/OOO 선생님	↑OOO 선생님	학생	←OOO 선생님	→OOO 선생님	학생	↓OOO 선생님
학생	학생					학생		학생
↑OOO 선생님	학생	←OOO선생님	교　탁			↑OOO 선생님	학생	←OOO 선생님

앞문

제안수업 좌석 배치표[1]

1　배움의 공동체 양식을 참고하여 사용하고 있다.

236

인에 참여한 교사들은 수업의 흐름과 수업자의 의도를 이미 파악하고 있으므로 더욱 깊이 있게 해당 수업을 관찰할 수 있게 된다. 또한 수업자도 동료 교사들과 함께 디자인한 수업을 하게 되므로 수업 공개에 대한 부담을 비교적 덜 느끼게 되는 것을 목격할 수 있다.

제안수업

제안수업 후 곧바로 이어지는 협의회에서는 먼저 수업자의 소감을 듣고, 관찰한 학생 모둠 그대로 교사 모둠을 이뤄 의견을 나눈다. 주로 자신이 관찰한 학생의 발화나 행동 등에 대해 이야기하고 모둠 내에서 오갔던 상호작용이나 의미 있는 지점, 자신이 배운 점 등에 대해 이야기를 하기도 한다. 모둠 내에서의 나눔이 마무리되면 모둠에서 나온 의견을 종합하여 전체 단위로 나누게 된다. 수업디자인-제안수업-수업 협의회의 과정을 거치며 교사들은 수업자의 의도가 실제 수업에서 어떻게 구현되었는지, 학생들은 어떤 것을 배웠고 그 배움의 형태는 어떠했는지에 대해 다시 한번 생각하게 되는 것이다.

이러한 제안수업의 형태는 크고 작은 변화가 있기는 했으나 비교적 안정적으로 3년 이상 계속해서 운영되었다. 그러나 코로나19는 학교 현장에 많은 변화를 가져왔다. 수업 나눔 역시 예외가 아니었는데, 기존에 해 오던 제안수업의 형태를 고수하기 어려워진 것이다. 학생들의 실제 수업에 전 교사가 들어가 현장의 모습을 관찰하는 것에 큰 의미를 두어왔던 가람중학교의 제안수업 형태는 '밀집도'의 측면에서 해서는 안 될 일처럼 느껴지기도 했다. 또한 개학이 거듭 연기되면서 수업 나눔을 위한 시간 확보가 어려워졌고, 자연스레 학년말에 제안수업이 동시에 몰리는 등 학사 운영에 부하가 걸렸다.

수업을 나누지 않아도 되니 수업 나눔에 대한 부담감이나 수업 나눔을 준비하는 업무도 자연스레 줄어들었다. 그러나 더 이상 수업을 나누지 못하고 다시 예전처럼 돌아가게 되는 것은 아닐까 하는 불안감 역시 크게 자라났다. 어렵게 유지해 오던 것을 섣부르게 없애면 그것을 다시 시작하는 것은 처음보다 몇 배나 어렵다는 것을 경험을 통해 알고 있었기 때문이다. 그래서 그해, 다소 무리가 되더라도 대상자 모두가 제안수업을 하며 '2년에 한 번'이라는 원칙을 지켜내었다.

또한 제안수업의 존속에 대한 고민과 더불어 기존의 수업 나눔 방식에 대한 아쉬움도 생겨났다. 같은 형태의 수업 나눔을 여러 해 거듭해오면서 본질보다는 학생의 말이나 행동만을 기계적으로 받아적고 이후 협의회에서도 학생에 대한 피상적인 이야기만 오고 간다고 느끼기 시작한 것이다. 이는 수업을 어떻게 보아야 할지에 대한 방향성을 잊은 채 단지 관성적으로 전 교사 수업 참관과 학생 관찰이라는 형식에만 매몰되어 가는 것이 아닌가 하는 위기감에서 비롯된 것이라 할 수 있다. 그리고 이와 동시에 학생의 배움뿐만 아니라 교사의 수업 고민에도 한 걸음 더 다가가고 싶다는 마음도 함께 자라났다.

2.3. 수업 알아차림 도전

앞선 고민들을 바탕으로 가람중학교는 코로나19 상황에서도 수업을 나눌 수 있는 방법, 수업자의 내면에 한 걸음 더 다가갈 수 있는 수업 나눔의 방법을 모색했다. 그리고 그 모색의 결과, 2020년부터 새롭게 도전하게 된 것이 '수업 알아차림'이다. 수업 알아차림은 신을진(2015)이 '수평적 상호작용 방법을 사용해서 수업과 관련한 교사의 능력이 현재 수준에서 시작해 잠재적 능력과 가능성이 완전히 발휘되는 수준에 이르도록 함께하는 과정'이라 정의되는 수업 코칭에 현상학적 방법론, 장 이론, 대화적 실존주의 등 게슈탈트 상담 이론의 주요 원리를 적용하여 고안한 수업 나눔의 형태이다.

즉, 교사 자신이 지금-여기에서 자신의 수업이 어떻게 진행되고 있었는지를 더욱 분명하게 알아차리는 것, 그리고 다른 수업을 할 때 이전과 달라진 선택이 무엇인지 구체적으로 그 의미를 알게 되는 것이 바로 수업 코칭에서의 알아차림이라고 할 수 있다. 수업 알아차림은 일반적으로 일상의 수업 영상을 수업자와 모둠원이 함께 보며 수업자의 고민을 나누고, 공감적 대화를 통해 수업자의 입장에서 고민의 배경을 함께 탐색하고 해결책을 찾아보며 한층 더 깊은 수업 이야기를 나누는 과정으로 진행된다.

이는 학교 현장에서는 비교적 낯선 형태의 수업 나눔 방식으로, 가람중학교 역시 시작 첫해부터 전면적으로 실시한 것은 아니다. 수업 나눔의 방식뿐만 아니라 어떤 것을 학교에 도입할 때는 기존에 해 오던 것과 융화될 수 있도록 고민하고 적응하는 과정과 그를 위한 기초작업이 반드시 필요하다. 이에 가람중학교도 장기적으로 계획을 세워 2019년, 학년 단위의 전문적 학습공동체에서 수업 코칭 관련 원격 연수를 수강하였으며, 2020년에는 전체 교사를 대상으로 한 연수와 대표 교사의 수업 알아차림을 실시하였다. 그리고 2021년부터는 수업과성장연구소와 정식으로 업무협약(MOU)을 체결하여 좀 더 밀접한 관계를 맺고 수업 나눔을 이어 오고 있다. 단순히 제안수업을 수업 알아차림으로 대체한 것이 아니라 기존에 해 오던 수업 나눔 방식에 수업 알아차림을 융합한 것으로서, 수업을 좀 더 깊게 나누고자 하는 고민에서 도출된 가람중학교의 고유한 수업 나눔 방식인 것이다.

본 장에서는 '수업 알아차림'의 이론이나 구체적인 방법에 대한 것보다는 가람중학교가 수업 알아차림에 도전하게 된 배경과 고민의 과정, 그리고 2년간 깊게 경험해보면서 얻게 된 변화와 그 후기를 위주로 기술하고자 한다.

수업자마다 지향점이 다르다

수업에는 항상 고민이 뒤따른다. 이 말은 모든 교사는 수업 고민을 가지고 있다는 말과도 상통한다. 고민은 곧 수업자의 지향점과도 연결되는데 그것은 수업자마다 다르다. 동일한 수업 장면을 보고 왁자지껄해서 정신없는 수업이라고 생각하는 교사도 있을 것이고, 학생들이 활발하게 자신의 이야기를 하니 좋은 수업이라 평하는 교사도 있을 것이다. 또 특정 반에서 교사와 학생 사이의 경계가 제대로 서 있지 않은 것이 마음에 걸리는 교사도 있을 것이고, 유난히 학생들의 반응이 적어 고민인 교사도 있을 것이다. 이처럼 교사들은 자신도 모르는 사이에 끊임없이 수업과 관련된 고민을 하고 풀어내기 위해 노력하고 있다. 그런데 자신이 고민하고 있는 것이 구체적으로 어떤 것인지, 자신이 수업에서 무엇을 중요하게 생각하고 있는지를 스스로 인식하고 있는 교사는 많지 않다. 자신의 수업 고민을 풀어내고 지향점을 알아차릴 때, 비로소 교사는 다음으로 나아갈 수 있다. 즉, 수업 속에서 고민과 아쉬움의 지점을 구체화하고 지향점을 발견하는 것, 나아가 자신이 할 수 있는 범위 안에서 해결책을 찾아보는 것이 바로 '수업 알아차림'인 것이다.

한 교사의 수업은 개인의 철학, 지향점과 맞닿아 있으며 그것을 바탕으로 오랜 시간 동안 공고히 다져진 결정체이다. 많은 교사들이 수업과 관련된 연수를 수강하거나 이른바 수업에 활용할 수 있는 기술들을 배우기도 하지만 그렇게 배운 것들이 자기 몸에 맞지 않아 몇 번 시도하다가 흐지부지된 경험이 있을 것이다. 아무리 좋은 조언이나 구체적인 방법들도 정작 수업자의 범위 내에 있는 것이 아니면 수업 장면으로 이어지지 않고 무용지물이 되고 만다. 진정한 수업 성장으로 나아가려면 반드시 수업자의 입장에서 공감하고 수업자가 할 수 있는 것을 함께 찾고 나누는 과정이 필요한 것이다. 그리고 그 과정의 중심에는 서로 공감하며 수업 이야기를 마음껏 나눌 수 있는 건강하고 안전한 공동체가 필요하다. 가람중학교가 바로 그런 공동체가 되어 교사 각자가 가지고 있는 수업 고민과 지향점을 구체화하여 수업 혁신을 이룰 수 있기를 기대하며 '수업 알아차림' 과정을 학교 내에서 시도하게 된 것이다.

수업 알아차림 연도별 진행 과정

연 도	내 용
2019	학년 단위 수업 코칭 원격 연수
2020	전 교사 수업 알아차림 대면 연수
	대표 교사 1명 전체 수업 알아차림
2021	가람중학교-수업과 성장 연구소 업무협약 체결
	교사 10명 수업 알아차림
2022	가람중학교-수업과 성장 연구소 업무협약 연장
	교사 7명 수업 알아차림

MOU체결로 수업 알아차림에 전문성 더하기

가람중학교와 수업과성장연구소의 업무협약은 2021년, '연구용역'의 형태로 체결되었다. 12학급 규모의 중학교에서는 실시한 예가 거의 없었고, 더구나 '수업'을 대상으로 한 것은 전무하여 과업지시 서나 MOU 양식을 만드는 것부터 계약의 체결이나 진행 과정까지 매 단계마다 수많은 서류작업과 협의를 필요로 했다. 그럼에도 불구 하고 공모형 직무연수의 형태나 그때그때 강의를 듣고 강사료를 지 급하는 형태가 아니라 기관 대 기관으로 업무협약을 맺고 가람중학 교의 '수업'을 함께 고민한 데에는 몇 가지 이유가 있다.

먼저 '수업'은 생각보다 많은 이야기를 담고 있기 때문이다. 가람 중학교를 잘 모르는 외부 강사가 한 단위의 수업만 보고 연수를 진행 하는 것과, 가람중학교의 풍토, 학생, 교사를 잘 알고 있는 전문가가 수업을 이야기하는 것은 그 깊이에 있어서 상당히 큰 차이가 있을 것 이다. 그리고 진정한 수업의 변화는 이러한 수업의 전후 맥락까지 고 려되었을 때 비로소 가능하리라는 것도 주지의 사실이다. 이에 가람 중학교와 수업과성장연구소는 업무협약을 맺고 가장 먼저 전 교사, 전 학급의 수업을 촬영하여 함께 분석했다. 또한 학생, 교사, 학부모 중 일부를 선정하여 심층 면담을 진행하고 수업 성장의 방향을 설정 했다. 그리고 이를 바탕으로 교사를 대상으로 연수와 수업 알아차림 을 실시하였으며, 2학기에는 학부모 연수를 통해 공유하였다. 또한 다행복자치학교로서 다행복학교의 모델이 되고자 '학교 여는 날'과 연계하여 이 과정을 다른 학교의 교사들과도 공유하였다.

가람중학교-수업과성장연구소 업무협약서
(Memorandum Of Understanding)

    가람중학교와 수업과성장연구소는 다변화되고 있는 교육 환경 속에서, 본 업무 협약을 통하여 교사의 수업 전문성 향상을 위한 논의 및 이의 실천을 위해 다음 사항을 합의한다.

1. 양 기관은 다양한 교육적 현안에 대해 소통과 협력의 과정을 통해 아이디어, 경험 그리고 전문적 지식을 공유한다.

2. 학교 내 '수업 알아차림' 과정은 '전문적학습공동체'를 기반으로 기존 '제안 수업'과 일원화하여 운영하며, 수업의 중요성 및 실제적인 수업 변화의 과정을 학교 구성원들이 함께 공유할 수 있도록 교사 및 학부모 연수를 실시한다.

3. 동료 교사의 수업을 보는 관점이 평가적 시선에서 공감적 시선으로 변화되어, 일상 속에서 피상적 수업 협의가 아닌 알아차림이 있는 수업 협의를 할 수 있도록 노력한다.

4. 본 협약의 효력은 서명한 날로부터 발생하며, 유효기간은 2022년 2월 28일까지로 한다.

2021. 3. 10.

부산광역시 북구
낙동북로663번길 55

 가람중학교
GaRam Middle School

서울특별시 용산구
한강대로44길 25

 수업과성장연구소

가람중학교-수업과성장연구소 업무협약서

2021년 업무협약에 따른 수업 컨설팅 흐름도

요구 조사 (2021. 3월)	교직원 연수 (2021. 3월-12월)	학부모 연수	지역사회 확산
- 면담(학생, 학부모, 교사 등) 및 설문조사 - 수업촬영(전학급 및 전교사) - 조사 결과 분석 - 관련 회의 (집단별 회의 & 결과에 대한 구성원 의견 수렴) - 조사결과에 기반한 학교의 수업성장 방향 컨설팅 자료작성	- 수업 방향과 내용에 반영하기 위한 연수 - 강의형 연수 - 실습형 연수 (수업 알아차림)	- 학생 이해 및 가정 내 학생 지도 방법	- 지역사회 여건에 맞는 다양한 수업 나눔의 형태 공유 - 학교 여는 날과 연계하여 외부 공개

업무협약을 체결한 또 다른 이유는 '수업', 그리고 '수업 나눔'의 문화는 단기간에 바뀌지 않기 때문이다. 오랫동안 굳어져 온 좋은 말만 하는 수업 협의회의 문화, 혹여 비난받지는 않을까 두려워하며 수업 공개를 꺼리는 분위기, 최선을 다해 공감하지만 실제로는 공감으로 포장한 일방적인 이야기, 자꾸 해결책을 알려주고 싶은 조급한 마음 등 수업 알아차림이 지향하는 진정한 공감을 바탕으로 한 수업 나눔은 결코 쉬운 일이 아니다. 자신의 생각을 괄호 속에 넣고 수업자를 온전히 공감하기 위해서는 끊임없는 연습이 필요하다. 그리고 그 바탕에는 상호 신뢰를 바탕으로 내 이야기를 솔직히 털어놓을 수 있는 안전한 공동체가 전제되어야 하며, 그것을 이끄는 전문가 또한 밀접한 관계에 있을 때 시너지 효과를 얻을 수 있을 것이라 기대했다.

이러한 이유로 가람중학교는 2021년과 2022년, 2년에 걸쳐 수업

가람중학교-수업과성장연구소 업무협약식

전체 수업 알아차림

학년별 수업 알아차림

과성장연구소와 업무협약을 맺고 함께 수업을 나누었으며, 그 결과 17명의 교사가 수업 알아차림의 수업자가 되어 자신의 고민을 이야기하는 기회를 가질 수 있었다. 1년 차가 마무리되는 시점인 2021년 말, 수업자들은 각각의 알아차림을 얻어갔지만 다른 교사들의 머릿속에는 여전히 '수업자에게 좋은 것은 알겠지만, 내가 얻는 것은 무엇인가?' '내 수업으로는 어떻게 연결할 수 있는가?'에 대한 의문이 떠 다니는 모습을 볼 수 있었다. 이렇듯 1년으로는 개념적으로만 어렴풋하게 알게 되었던 '공감'의 모습은 2년 차를 거치며 비로소 체화되고 실천적으로 이어지며 어느 정도 안정된 모습을 갖추어 갔다.

2021년 수업 알아차림 계획

회차	시기	시간	내 용	형태
1	3월	3차시	- 업무협약 체결 - 우리 학생들과 수업을 보는 것이 왜 필요한가?	강의형
2	3월	3차시	- 올해 우리 수업의 성장 방향을 세우고 공유하기 (수요조사 및 경험적 자료를 기반으로)	강의형
3	4월	3차시	- 전체 수업 알아차림 (외부 학교 공개 가능) - 관계 형성 및 학생들의 정서와 동기에 집중하기	실습형
4	5월	3차시	- 전체 수업 알아차림 (외부 학교 공개 가능) - 학생 진단에 근거하여 수업목표와 방향 설정 (나의 수업 방향 정하기 & 알리기 : 교사의 존재감)	실습형
5	6월	3차시	- 전체 수업 알아차림 (외부 학교 공개 가능) - 수업의 흐름 이끌기 (수준차, 상호작용 등) - 피드백으로 다가가기 (수업과 평가의 연결, 개별지도 등)	실습형
6	9월	3차시	- 전체 수업 알아차림 (외부 학교 공개 가능) - 1학기 진단 및 2학기 수업 방향 설정	실습형

7	10월	3차시	- 학년별 수업 알아차림 (수업자 3명)	실습형
8	11월	3차시	- 학년별 수업 알아차림 (수업자 3명)	실습형
9	12월	3차시	- 일 년 동안의 수업 알아차림 돌아보기 - 내년도 수업에 반영할 부분 정리하고 공유하기	강의형

2022년 수업 알아차림 계획

회차	시기	시간	내 용	형태
1	3월	3차시	- 2022년 수업의 성장 방향을 세우고 공유하기	강의형
2	4월	3차시	- 수업 알아차림 연수 (공감적 대화 연습)	강의 및 실습형
3	6월	3차시	- 학년별 수업 알아차림 (수업자 3명)	실습형
4	9월	3차시	- 전체 수업 알아차림 (수업자 1명)	강의 및 실습형
5	11월	3차시	- 학년별 수업 알아차림 (수업자 3명)	실습형
6	12월	3차시	- 일 년 동안의 수업 알아차림 돌아보기 - 내년도 수업에 반영할 부분 정리하고 공유하기	강의형

가람중학교-수업과성장연구소 업무협약 1년 차 마무리 후기

가장 와 닿았던 수업 또는 고민	- 한정된 수업 시간에서 개념이해와 습득을 위한 연습 시간 제공 사이에서 갈등했던 수업 - 수업 속에서 고민을 발견하고 해결해 나가는 수업 - 교과를 넘어 사소한 지식들을 하나로 꿰뚫을 수 있는 원리를 가르칠 수 있는 수업 - 모둠활동 수업에서 학생들이 원하는 수업과 선생님이 원하는 수업에의 차이로 인한 갈등이 보였던 수업 - 학급 내 학생들 간의 학력 격차로 고민했던 수업 - 학생들이 중심이 되어 이끌어가고자 하는 수업 - 학생 참여를 높이고 교사의 말을 줄이는 수업

의미 있는 경험의 순간	- 수업에 대한 고민을 다른 선생님들과 나누고 공감받았을 때 - 평가나 제안이 아니라 온전히 수업자의 생각, 마음에 공감하려고 노력했던 순간 - 선생님들이 각자의 해결되지 않은 그러나 해결하고 싶은 고민으로 애태우며 수업을 만들어가고 있다는 것을 알았을 때 - 복합적으로 연결되어 뭉쳐져 있는 수업 상황을 각각의 부분으로 나누어 보며 화살표로 그 흐름을 연결시켜 분석해 보았을 때 - 더 다양하고 깊은 생각과 고민을 이해하고, 수업과 연결해 갈 수 있었던 것 - 공감해주고 수업을 이해하기 위해 내 이야기를 차분히 들어주었던 것 - 업무적으로만 대화를 나누었던 선생님들과 수업을 공유하고 함께 고민해보는 시간 - 각 수업자들의 고민이 내가 가진 고민과 크게 다르지 않고, 같은 모둠에서 함께하고 있는 선생님들과도 크게 다르지 않아 모두가 학생들을 향하는 마음이 비슷하다는 것을 확인한 것 - 수업자와 함께 고민하면서 나의 수업도 고민하고 적용할 방법을 생각해보는 것 - 전경과 배경을 분리해서 선명하게 만든다는 것을 조금 느끼게 된 것 - 많은 사람을 통해 나의 고민을 공감받고 공감해주며 마치 자기 일인 것처럼 솔루션을 제안해 주던 부분 - 공감, 그리고 나만 그 고민을 하고 있었던 것이 아니라는 것에 안도가 되었다. - 핑퐁 공감 대화를 통해 깊이 잠재되어 있던 수업 고민을 들여다볼 수 있었다. - 비슷한 고민을 하고 있다는 사실에 위로받고 공감 속에서 힘을 얻었다.
더 해결하고 싶은 것, 지향하는 수 업	- 내가 잘하고 열심히 하는 수업보다 학생들이 열심히 하는 수업 - 의미 있으면서 재미있는 소통이 있는 수업. 피드백을 꾸준히 챙겨서 하는 것 - 모든 것에 진취적일 수 있는 에너지와 동기를 주는 수업 - 재미있는 수업 - 협력과 소통이 일어나는 수업 모형 - 수업의 재미와 의미 사이의 간극 해결 - 고민이 고민에서 멈추지 않고 소소하더라도 실천으로 이어지는 것 - 학생들과 소통하며 공감하는 수업 - 학생들의 지루함을 없애고 최대한 즐거우면서도 무언가 얻어갈 수 있는 수업을 만드는 것 - 개념 중심의 수업을 만들기 위해 단계를 쪼개고 세밀하게 수업을 구성하는 것

자연스럽게, 그렇지만 세심하게 수업 나눔 계획하기

수업 알아차림은 평가적이거나 비판적이지 않고 수업자의 입장에서 공감하는 것을 기본으로 하지만, 여전히 수업을 나눈다는 것은 부담스러운 일이다. 그리고 모든 구성원이 동일한 수준의 공감을 표현하기 어렵기 때문에 모둠별로 수업 알아차림의 깊이나 활발함의 정도가 다른 경우도 종종 목격하게 된다. 또한 일반적인 공개 수업과 달리 '수업 영상'을 통해 수업을 나눈다는 것도 생소한 형태이다. 이러한 부담이나 과정 중에 생길지도 모르는 여러 가지 어려움들은 수업자가 온전히 수업으로 집중하지 못하게 하여 알아차림을 가로막기도 한다. 이에 수업 나눔 업무 담당자는 수업 알아차림 앞뒤 과정을 꼼꼼히 점검하여 세심하게 계획하고 준비하여야 할 필요가 있다.

먼저 누구에게나 생소한 '수업 알아차림'이므로 업무 담당자가 솔선수범하여 첫 수업자가 되는 것이 좋다. 이 과정에서 업무 담당자 본인이 수업 알아차림을 경험하는 것은 물론이고, 수업 알아차림의 상을 다른 교사들에게 구체적으로 제시할 수 있으며 자원하여 자신의 수업을 보여주는 모습을 통해 여전히 부담을 느끼고 있던 동료 교사들의 마음까지 얻게 되기도 한다. 또한 모둠 구성에도 세심한 주의가 필요하다. 개인별로 공감의 정도, 평소 관계, 교과, 학년 등 여러 가지 사항을 고려하여 가능한 한 활발한 대화가 일어날 수 있도록 모둠을 구성하고 과정 중에도 끊임없이 살피며 다음 수업 알아차림에 반영할 수 있도록 한다.

물리적인 준비도 간과할 수 없는 부분이다. 모둠별로 수업 영상이 담긴 노트북 2대, 이어폰 분배기를 준비하고, 전 수업자가 수업 고민지[1]와 유선 이어폰을 가져올 수 있도록 미리 안내하고 여분도 준비해 두어야 한다. 또한 쉬는 시간에 간단히 먹을 수 있는 간식을 준비하여 3시간 가까이 이어지는 수업 대화에 지치지 않도록 살피고, 수업 알아차림 후 여러 사람의 이야기를 청취하며 불편한 점, 개선해야 될 점을 파악하여 이후 수업 알아차림에 반영하여야 한다.

2년간의 수업 알아차림을 통하여 얻은 변화들

이러한 과정을 거쳐 학교로서는 꽤 오랜 시간 외부 기관과 업무협약을 맺어 깊은 수업 알아차림을 이어오면서 가람중학교는 여러 가지가 변화하였다. 먼저 시스템적인 정착이다. 노트북에 6명 이상의 교사가 이어폰을 연결하고 수업을 본다는 것조차 어색해했던 모습이 사라졌으며, 수업 알아차림 도중에 드나들지 않는 것, 중간에 참여하게 되면 기다렸다가 전체 쉬는 시간에 들어오는 것 등 사소할지도 모르나 몰입을 방해하는 많은 요소들을 이제는 누가 말하지 않아도 스스로 조심하게 되었다. 또 전년도의 경험을 바탕으로 제안수업 지도안과 수업 고민지를 제안수업 전, 수업 알아차림 전에 각각 따로 받던 것을 제안수업 전에 한꺼번에 받으며 두 사람이 하던 업무를 일원화하고, 관찰기록지에도 수업 알아차림에서 이야기하는 6가지 관점을 적용하였다.

그리고 첫해에는 수업 알아차림 일정만 학년 초에 정해두고 제안

---

1 수업과성장연구소 양식

수업 일정은 그때그때 수업자가 희망하는 날짜에 진행했었으나 둘째 해인 2022년에는 수업 알아차림 일정에 맞추어 제안수업 일정도 학년 초에 미리 정해두었다. 수업을 여는 것이 가능한 날짜를 여러 개 뽑아 학년 초에 수업 알아차림 대상자 협의회를 하며 각자 원하는 날짜와 형태(전체/모둠별)를 고르게 했다. 날짜를 미리 정해두고 한해를 시작하니 업무 담당자 입장에서는 일 년의 윤곽을 그릴 수 있고, 수업자 입장에서는 자신이 어떤 것으로 제안수업을 할지, 어떤 고민을 이야기할지 학년 초부터 생각해 볼 수 있게 되었다.

다음은 수업자의 변화이다. 여전히 제안수업에 이어 영상으로 자신의 수업을 직면해야 한다는 것에 부담을 느끼지만 동료들을 믿고 마음을 비우고 수업 알아차림에 참여하게 되었다. 그러면서 영상으로 다시 볼 때 자신이 몰랐던 부분이 보이고 동료들과 이야기를 나누며 고민이 선명해지는 경험을 하게 되면서 자신의 수업을 알아차리고 다음 수업에 대해 고민하게 된 것이다.

또한 모둠원들도 변화하였다. 이제 가람중학교 교사들은 공식에 딱 맞는 공감의 언어나 모습은 아닐지라도 반언어적, 비언어적인 표현 등 모든 것을 동원해 공감해주려 노력하는 모습을 보인다. 핑퐁 대화에서도, 영상을 보고 난 후 이야기를 나눌 때도 수업자의 입장에서 한 번 더 생각하고 이야기하기 위해 노력한다. 모둠에서는 순서를 지켜서 말해야 하는 것, 반드시 앞의 맥락을 따라가야 하는 것, 영상을 보며 수업자가 설명할 때 그 내용도 중요하지만 그때 수업자의 어조, 눈빛, 표정 등도 못지않게 중요하다는 것, 나의 생각을 괄호 안에 넣

가람중학교 제안수업 관찰기록지

수업일시:	수업자:	관찰기록자:

		현상	해석
제안 수업 중	교 수 - 학 습		

교수 (교사의 의도 및 활동 구성, 수업 디자인, 수업 방법 등)
- 교사는 학생들이 무엇을 배우기를 원하고 수업을 하고 있는가? (ex. 교사는 '선거'와 관련된 수업을 통해 학생들이 선거의 중요성을 알게 되는 것에 초점을 맞춰 수업을 계획하고 있다. 이를 위해 선거를 하지 않았을 때 벌어질 수 있는 다양한 실제 사례를 제시한다.)
- 그것을 위해 어떤 활동이나 수업 방법을 사용하고 있는가? 등

학습 (경험 및 참여, 학습자의 배움 등)
- 이 수업에서 학생들은 어떤 것을 배웠는가?
- 교사가 의도한 것과 학생의 배움이 일치하는가?
- 학생에게 배움(점프, 성장)이 일어난 지점은 어디인가?
- 학생이 배움에서 주저한 지점은 어디인가? 등

		현상	해석
상호작용 - 관계 - 경계			

상호작용 (교사와 학생간, 학생과 학생간)
- 상호작용의 형태는 어떠한가? (질문과 대답, 자유로운 대화, 누가 주도하는가 등)
- 상호작용이 가장 활발했던/없었던 지점은 어디인가? 등

관계 (친밀성)
- 교사와 학생, 학생과 학생 간의 관계는 어떠한가? (ex. 학생들이 교사에게 말 거는 것을 어려워하지 않는 것으로 보아 평소 친밀한 관계로 보인다. 학생들도 옆자리 친구에게 서로 물어보고 의논하는 것에 망설임이 없다.) 등

경계 (규칙, 질서)
- 수업 중 경계가 어떠한가? (ex. 학생들이 자유롭게 토론하다가도 교사의 집중 신호가 주어지면 교사의 말을 경청한다. / 교사의 안내가 없어도 학생들이 순서를 지켜 교구를 사용한다.)
- 교사는 수업에서 어떤 경계를 활용하고 있는가? 등

제안 수업 후	내가 배운 점 (수업자의 자원과 연결지어)	
	수업을 함께 한 후 생긴 질문들	- - -

(수업과성장연구소의 수업을 보는 여섯 가지 관점에 기초해 만들어졌다)

어야 한다는 것 등. 수업 알아차림이 거듭될수록 모둠원들이 변하고 안정되는 것이 가장 큰 변화라 할 수 있다.

마지막으로 학교 문화 역시 변화하였다. 단순히 '수업 알아차림' 시간뿐만 아니라 제안수업 협의회, 다모임, 일상의 대화에서도 상대방의 입장에서 생각하고 이야기하려는 모습이 많이 눈에 띈다. 또 수업 알아차림 다음 날을 비롯하여 일상 속에서도 수업 이야기가 늘어났고, 내 동료 교사의 수업 고민을 알게 되니 서로 한층 가까워진 느낌을 갖게 되었다. 100시간의 의미 없는 대화보다 한 번의 수업 알아차림 대화가 훨씬 더 그 사람에 대해 잘 알게 하며, 이는 동료에 대한 신뢰로 이어진다. '나를 비난하지 않는구나. 아, 내가 공감했을 때 수업자의 얼굴이 환해지는 것이 이렇게 좋은 것이구나. 선생님들이 나의 수업을 위해서 이렇게 고민하고 애써서 말해주시는구나'를 경험하면서 자연스럽게 믿음이 쌓이게 된 것이다.

특수과 이OO 교사의 수업 고민지

함께 나누고 싶은 나의 수업 고민
- 수업에 대한 나의 지향점, 관심, 그리고 해결하고 싶은 과제 -

0. 평상시	* 수업에 대해 평소에 가장 고민이 되었던 것은 무엇인가요? 매년 장애이해교육을 하는데, 과연 효과가 있을까. 장애이해교육을 준비하는 주체이면서도 확신을 가지지 못하고 있다. 준비하기 전에는 매번 이것도 해볼까, 저것도 해보고 싶은데 하며 마음이 부풀었다가. 아냐, 현실적으로 어렵지. 혹은 역효과가 날 수도 있어. 하며 지레 포기하게 되는 경우도 많다. 장애이해교육은 지식을 전달하는 것이 아니라 마음을 움직여야 하는 일이라고 생각하는데, 그것이 참 어렵다. * 수업을 공개할 반 학생들에 대해 평소에 고민되던 점이 있었나요? 2학년 O반에는 특수교육대상학생이 없고, 평소 교류도 거의 없어서 학생들에 대한 정보가 전무하다. 래포 형성의 기회가 없었던 만큼 어느 정도의 난이도(?)로 수업을 준비해야 할지, 학생들이 낯선 교사의 수업에 잘 따라올지 등이 고민되었다.
1. 수업전	* 평소 수업을 준비하면서 가장 고민되거나 많이 생각했던 것은 무엇인가요? (번호에 체크) 1) 해당 단원에 대한 배경지식　　2) 수업의 목표 설정 √ 3) 목표에 맞는 학습활동구상　　4) 수업계획안 작성 5) 수업 진행 방법선택　　6) 필요한 학습자료 * 위에서 해당 항목을 표시한 이유를 구체적으로 적어주세요. 평소 장애이해교육(주로 전교생을 대상으로 하는)을 준비할 때 항상 하는 고민은 올해는 어떤 주제로 진행해 볼까 하는 것이다. 그리고 주제(목표)를 정하면 그다음에는 어떤 활동이나 자료로 구성할지 찾아보는 데 많은 시간을 할애한다. 유의미한 활동으로 구성해서 조금이라도 마음에 울림이 있기를 바란다.
2. 수업중	* 이 수업을 진행하게 된다면 다음 중 어떤 부분에 가장 마음이 쓰이나요? (번호에 체크) 1) 학습내용에 대한 동기유발　　2) 학생들의 내용 이해(난이도) 3) 학습활동의 제시와 운영 √　　4) 학생과의 상호작용(질문 혹은 발화, 피드백 등) 5) 학생들의 적극적 수업참여유도　6) 모둠활동 또는 학생들 간의 상호작용 촉진 √ 7) 기타 * 위에서 해당 항목을 표시한 이유를 구체적으로 적어주세요. 사전 수업 디자인을 통해 장애이해보다 좀 더 큰 범주인 '차별'로 접근하기로 했다. 편견, 차별 등이 좋지 않다는 것은 누구나 머리로는 알고 있을 것이지만, 실천하기는 쉽지 않다. 그것이 마음으로 와닿아 일상생활에서 실천하려면 학생 스스로 깨달아야 한다고 생각한다. 그를 위한 가장 좋은 방법은 모둠에서 학생들 간의 대화와 활동을 통해 알아가는 것이라고 생각해 본 수업을 모둠활동으로 계획했다. 다행복학교에 근무하면서 학생들의 참여가 있는 수업, 삶과 연관되는 수업이 좋다고 들었지만 나는 일반학급 학생들을 대상으로 모둠활동 형태의 수업을 해 본 경험이 거의 없어서 막막했다. 또한 개별 자료나 학습 활동들이 촘촘히 연관되어 목표를 향해 잘 나아가기를 바라며, 수업 전 고민과 마찬가지로 어떤 자료와 활동을 넣고 뺄 것인가에 대해서도 많이 고민했었다.

*수업이 잘 되었다면 어떤 상태가 되는 것인가요? (선생님의 수업평가기준)

3.
수업후

수업에서 학생들의 눈이 반짝반짝하고 서로 자유로운 대화가 오갈 때 수업이 잘 되었다고 느껴진다. 우리 반 수업 때 아이들 눈이 반짝반짝거리는 모습이... 나는 정말 좋다. 좀 더 나아가, 수업 내용과 비슷한 상황을 접했을 때, 배운 것을 떠올리게 된다면 잘 된 수업이라 할 수 있을 것이다.

---

*이번 수업에 대한 나눔에서 가장 해결하고 싶은 부분은 무엇인가요?

4.
수업
나눔

모둠(토론) 수업 진행 방법. 정의적(?)인 주제에 대한 수업 방법.
모둠수업 경험이 거의 없다고 적었지만, 어쩌면 5명으로 구성된 특수학급 자체가 하나의 모둠이 아닐까 하는 생각이 지금 든다. 내가 우리 반에서 하는 모둠활동은 주로 돌아가며 발표하기 정도이다. 좀 더 학생 참여를 이끌 수 있는 모둠 수업 방법을 익히고 싶다.

특수과 이OO 교사의 전체 수업 알아차림 후 동료 교사들의 후기

특수과 이○○ 교사의 전체 수업 알아차림 후기

나의 고민은 항상 희미했고, 그래서 다른 사람에게 꺼내기 어려웠고, 그러니 늘 가슴 한구석을 짓누르고 있었다. 내 고민의 지점인 우리 학교에서, 학교 풍토와 학생들 특성을 다 알고 있는 우리 학교 선생님들과 수업을 들여다보는 시간. 작년부터 한 달에 한 번 수업 알아차림 모임을 하고 있지만 어제의 수업 알아차림은 그래서 주말의 그것과는 다른 의미로 다가왔다.

수업 고민지의 주요 내용은 지식 전달이 아닌 마음을 움직일 수 있는 수업, 그리고 모둠활동이었다. 그렇지만 평소 내 고민이 모호하니 수업 고민지도 두루뭉술했다. 한참 시간을 들여 고민지를 쓰면서도 이게 내 진짜 고민인가 하는 생각이 들었다.

이번 수업 알아차림은 수업에 대한 고민에 앞서 '특수교사'인 내 이야기로부터 시작되었다. 특수학급에 근무하는 많은 특수교사들은 일반학교에서 우리 학생들과 일반학급 학생들과의 관계로 인한 어려움, 그것을 어찌해 주지 못하는 특수교사로서의 무력감에 지쳐있는 경우가 많다. 나 역시 몇 년 전 그런 이유로 학급이 아닌 교육청을 택했었다.

단단히 마음을 먹고 다시 학급으로 왔는데 매번 무력함을 느끼는 상황은 여전히 반복되었다. 그런데 이런 고민을 정작 학교 선생님들과는 나누지 못했던 것 같다. 일반교과 선생님들이 이런 고민에 공감하실까? 하는 걱정이 앞섰기 때문일 테지. 모든 선생님들이 나를 응시하고 내 이야기를 들을 준비를 하고 계셨다. 그 진심 어린 눈빛에 처음으로 같이 일하는 동료 교사들에게 내 마음을 솔직히 이야기할 수 있었다. 서로를 이해하는 시간. 분별없이 눈물이 났다.

옳고 그름으로 답이 명확히 정해져 있는 어떠한 가치를 어떻게 학생들이 자연스럽게 알아가게 할 것인가. 내 고민은 이렇게 초점화되었다. 내 수업 고민을 함께 고민하는 시간에 앞서 선생님들이 '특수교사로서의 나'의 고민을 알게 되니 최대한 내 입장에서 생각해 주려고 노력하는 것이 눈에 보였다.

많은 답이 나왔다. 아직 나를 알아가는 시간은 끝나지 않았다. 어째서 나는 다른 학생들에게 직접 특수학급 학생들에게 어떻게 해 주기를 직접 전달하지 않았던 것일까? 왜 맨날 직구를 던지지 않았던 걸까? 생각조차 해 본 적 없는 이유는 뭘까? 그에 대한 답 역시 선생님들의 질문을 통해서 알 수 있었다. 나는 우리 학생들이 시혜적인 도움을 받는 것이 아니라 그냥 다른 학생들과 친구가 되기를 바라고 있었던 것이다. 그래서 매번 빙 둘러 가며 내 머리만 쥐어뜯었구나.

이번 수업 알아차림 시간은 '고민알아차림', '나알아차림'이라고 이름 붙이고 싶다. 내 고민이 뭔지 하고 고민하는 시간이라니! 그것도 매일 얼굴 보는 학교 선생님들과! 한없이 부담스러웠던 그 시간은 고민을 발견하며 끝이 났다. 선생님들께서 주신 많은 아이디어(그보다 더 큰 공감의 모습)는 이제 나에게 왔고, 그것을 정교화해야 하는 숙제가 남았다. 그러나 희미하던 무엇인가가 걷히니 다시 해 볼 용기가 난다.

수업 알아차림의 묘미는 고민을 해결하는 데 있지 않고 고민을 발견하는 데 있다. 수업의 시작은 고민으로부터. 그리고 고민은 함께하면 더 좋은 것. 어제 수업자로서 앞에 앉아서 본 선생님들이 내 고민을 함께 해 주시는 모습은 앞으로 특수교사로서 어려움을 겪을 때마다 큰 힘이 될 것 같다.

체육과 이OO 교사의 수업 고민지

함께 나누고 싶은 나의 수업 고민
- 수업에 대한 나의 지향점, 관심, 그리고 해결하고 싶은 과제 -

0. 평상시	* 수업에 대해 평소에 가장 고민이 되었던 것은 무엇인가요? 학생들은 체육 시간을 쉬는 시간이라고 생각하는 경향이 있다. 그래서 교사가 디자인하고 진행하고자 하는 방향으로 수업을 끌고 가는 것이 힘들다. 학생들은 본인들이 하고 싶은 것을 빨리, 많이 하려고 하고, 축구, 농구, 배구, 배드민턴 등 바로 시합 상황으로 들어가고 싶어 한다. 일부는 교실을 벗어나 긴장을 풀고, 친구들과 이야기를 나누면서 스트레스를 해소하고 싶어한다. 가장 기본이라고 생각하는 준비운동, 교구 준비 및 정리정돈이 안되고 있고, 여기에 에너지를 뺏기면 수업 진행과 수행평가 일정을 맞출 수가 없어 늘 불편한 마음이 있다. * 수업을 공개할 반 학생들에 대해 평소에 고민되던 점이 있었나요? O반 학생들은 체육을 좋아하는 학생들이 많다. 이 학생들을 규칙과 질서, 예의가 있는 시합 장면으로 데리고 오는 것이 쉽지 않다. 시합방식을 제대로 전달하는 데도 시간이 걸리고, 여학생들의 조력 없이는 수업 진행이 힘들다.
1. 수업전	* 평소 수업을 준비하면서 가장 고민되거나 많이 생각했던 것은 무엇인가요? (번호에 체크) 1) 해당 단원에 대한 배경지식 2) 수업의 목표 설정 3) 목표에 맞는 학습활동 구상 √ 4) 수업계획안 작성 5) 수업진행 방법선택 √ 6) 필요한 학습자료 * 위에서 해당 항목을 표시한 이유를 구체적으로 적어주세요. 영역과 종목 중심으로 수업이 진행되기 때문에 어떤 형태의 시합이나 종목의 경험이 그 영역을 제대로 경험하게 할 수 있을지 고민한다. 이번 학기 건강, 경쟁, 도전, 표현의 영역과 농구를 어떤 활동 형태로 매치할지 고민하고, 그에 맞는 학습자료를 찾고 준비한다.

* 이 수업을 진행하게 된다면 다음 중 어떤 부분에 가장 마음이 쓰이나요? (번호에 체크)

1) 학습내용에 대한 동기유발

2) 학생들의 내용 이해(난이도)

3) 학습활동의 제시와 운영 √

4) 학생과의 상호작용(질문 혹은 발화, 피드백 등) √

5) 학생들의 적극적 수업참여유도

6) 모둠활동 또는 학생들 간의 상호작용 촉진 √

7) 기타

2.
수업중

* 위에서 해당 항목을 표시한 이유를 구체적으로 적어주세요.

코로나 이후 이론 수업을 따로 잘 하지 않는데, 체육시간이나마 최대한 활동 시간을 확보하고, 학생들의 기초체력을 조금이라도 유지하도록 해야겠다고 생각해서이다. 그러다 보니 집중해서 교사의 설명을 들어야 수업의 방향이 의도한대로 잘 흘러갈 텐데, 설명 자체에 대해 지루해하거나, 빨리 슛을 쏘고 싶어하거나, 서로 공놀이를 하면서 시간을 낭비하게 되는 경우가 빈번하게 발생한다. 교사안내—학생이해—학생연습의 과정을 거치는데 많은 시간이 소비되고, 제대로 진행되지 않아 속상할 때가 많다. 학생활동을 제시하고 제시한대로 운영하는 과정을 지키는 것이 몹시 힘들었다. 또한 학생들이 시합 장면에서 서로 코칭해주고, 격려해주기를 바라는데, 승부와 상황에만 매몰되어 뛰고 나면 남는 게 없는 시합이 되는 건 아닌가 하는 허탈함도 있다.

3.
수업후

* 수업이 잘 되었다면 어떤 상태가 되는 것인가요? (선생님의 수업평가기준)

골대와 공 정리를 제자리에 잘 두는 것, 입은 조끼를 잘 정리해서 두는 것,

서로 시합 상황에서 어떤 역할을 어떤 식으로 해주어야 하는지 발견하고 말해주는 장면,

승부에 크게 연연하지 않고 후련하게 운동하고 맑아진 표정,

다음 시합 자신의 모습을 기대하는 표현이 있는 것. 생각만 해도 황홀하다.

4.
수업
나눔

* 이번 수업에 대한 나눔에서 가장 해결하고 싶은 부분은 무엇인가요?

교사의 의도를 잘 전달하고, 교사의 제안과 설명을 잘 이해시키고 싶은데 막막하다.

준비운동을 하고, 수업 도구를 정리하고, 교사의 설명을 듣는 것.

이번 수업에서는 평소의 고민이 해소되었다. '이 학생들이 이렇게 할 수 있는 학생들이었구나!'하는 가능성을 확인한 시간이었다. 다만 수업 알아차림 시간을 통해 평소에 학생들에게 내가 전하고자 한 바를 가슴 안에 계속 쌓아왔다는 것을 알게 되었다.

내 수업은 늘 학생들이 원하는 활동과 내가 주고 싶은 경험 사이의 간극이 컸다고 생각한다. 학생을 중심에 두어야 한다는 생각에 학생들이 원하는 활동으로 따라가면서도 계속 마음 한 켠에서는 이렇게 하고싶은데...하는 아쉬움이 남아 있었던 것 같다.

알아차림 과정을 통해 내가 바라는 방향을 분명하고 확실하게 제시하고 유지할 수 있는 용기와 자신감을 가져야 할 것 같고, 수업의 방향이나 목적을 제대로 안내하는 시간을 따로 교실에서 마련해야겠다는 것을 알게 되었다. 또한 학생들이 경쟁하고 이기려고 들 때마다 브레이크를 걸어 속도를 조절하고 주위를 둘러보고 친구들을 챙길 수 있도록 더 분명한 제스쳐를 취해야겠다는 생각이 들었다.

평소 학생들에게 미처 하지 못했던 이야기를 함께 하는 선생님들이 학생이라고 생각하고 내 진심을 말했던 순간 '내가 나를 느낄 수 있었고, 내 마음에 전하지 못한 분명한 메시지가 이것이었구나' 하는 알아차림. 그리고 '지금까지의 그 모든 순간과 상황 속에 이 마음은 늘 나와 함께 하고 있었구나. 참 괜찮은 마음이다' 라는 안심과 앞으로도 시도해볼 수 있겠다는 자신감이 들었다.

<시도하기>

1. 내가 원하는 바를 학생들의 시각에서 이해하고 활동할 수 있는 시간이 조금 더 구체적이고 단계적으로 구성해야겠다.
2. 내가 원하는 수업의 방향성을 수시로 구체적인 활동과 문장으로 제시해야겠다.

-경쟁보다는 협력하기

-경기보다 중요한 친구의 마음

-내 몸을 관찰하고 인식하기

(이것이 내가 전달하고 싶은 내 수업 메시지이다.)

정보과 황OO 교사의 수업 고민지

함께 나누고 싶은 나의 수업 고민
- 수업에 대한 나의 지향점, 관심, 그리고 해결하고 싶은 과제 -

0. 평상시	* 수업에 대해 평소에 가장 고민이 되었던 것은 무엇인가요? 주어진 문제를 해결하기 위해 필요한 명령어의 순서나 기능을 잘 생각하지 않고 보여주는 코딩을 그대로 따라서 배열하는 것에 급급하다. 단순히 명령어 블록을 배열하는 것을 넘어서 순서와 기능을 잘 생각하며 코딩해나가는 것을 익히게 하고 싶다. 수학에서 단순히 계산만 한다고 생각했던 내각, 외각이 코딩에서는 하나의 무늬를 만드는 데 사용된다는 것, 우리가 방향을 회전할 때 외각과 내각을 활용할 수 있다는 것, 수학이 문제를 풀고 답을 구하는 것만이 목적이 아니라는 것을 알았으면 한다. * 수업을 공개할 반 학생들에 대해 평소에 고민되던 점이 있었나요? 1학년 O반은 모둠활동에서 토의 등이 활발한 반은 아니다. 하지만 수학, 정보 교과에서 개인의 결과물이 다른 반에 비해 잘 나오는 편이다. 수업을 진행할 때 학생들의 반응이 별로 없어서 어떤 내용을 아는 것인지 모르는 것인지 바로 알아채기가 힘든 점이 있다.
1. 수업전	* 평소 수업을 준비하면서 가장 고민되거나 많이 생각했던 것은 무엇인가요? (번호에 체크) 1) 해당단원에 대한 배경지식 2) 수업의 목표 설정 3) 목표에 맞는 학습활동구상 √ 4) 수업계획안 작성 5) 수업진행 방법선택 √ 6) 필요한 학습자료 * 위에서 해당 항목을 표시한 이유를 구체적으로 적어주세요. 수업을 놓치는 학생이 생기지 않도록 역할을 부여하고 적극적으로 참여시키는 것이 나에겐 너무 어려운 숙제이다.
2. 수업중	* 이 수업을 진행하게 된다면 다음 중 어떤 부분에 가장 마음이 쓰이나요? (번호에 체크) 1) 학습내용에 대한 동기유발 √ 2) 학생들의 내용 이해(난이도) √ 3) 학습활동의 제시와 운영 4) 학생과의 상호작용(질문 혹은 발화, 피드백 등) 5) 학생들의 적극적 수업참여유도 √ 6) 모둠활동 또는 학생들 간의 상호작용 촉진 √ 7) 기타 * 위에서 해당 항목을 표시한 이유를 구체적으로 적어주세요. 주제선택을 할 때 고민이 많았다. 코딩을 할 수 있는 다양한 주제 중 학생들이 제일 싫어하는 다각형 그리기를 하였는데 수학에서 배운 내용이 아름다운 무늬를 만드는 데 사용될 수 있음을 보여주고 싶었다. 그렇기에 동기유발과 학생들의 내용 이해(난이도)가 신경 쓰이고 몇 번의 코딩 수업에서 서로의 도와가며 같이 코딩을 하는 모습을 많이 보지 못하고 내가 한 코딩을 그저 따라하기 급급했었기에 아무래도 많은 신경이 쓰인다.
3. 수업후	* 수업이 잘 되었다면 어떤 상태가 되는 것인가요? (선생님의 수업평가기준) 모든 학생들이 주제에 대해 유사하게라도 코딩할 수 있는 상태 (친구끼리 도와주며 뒤처지는 학생이 없도록 챙겨봐주며 같이 완성하는 과정이 있는 수업)

4.	* 이번 수업에 대한 나눔에서 가장 해결하고 싶은 부분은 무엇인가요?
수업	- 수학시간에 배운 내용을 직접 코딩해보며 교과 사이의 연결점을 찾는 것
나눔	- 함께 문제 해결을 위한 아이디어를 내며 서로 나누는 과정이 많았으면 하는 것

정보과 황OO 교사의 모둠별 수업 알아차림 후기

평소 수업에 대해 학생의 동기부여가 잘 되고 있는지, 이 내용을 배워서 활용을 잘 할 수 있을지, 남이 하는대로 따라 하지 않고 스스로 생각해서 답을 찾을 수 있을지에 대한 고민이 항상 있었다. 제안 수업 영상을 보기에 앞서 자신의 수업을 마주해야 하는 상황이 많이 부끄럽기도 하고 걱정스럽기도 했다.

그러나 공감 대화를 하면서 나의 고민이 명확해지고, 어지럽던 생각들이 정리되는 경험을 하였다. 학생들에게 스스로 수업에 대해 생각할 수 있는 충분한 시간을 더 많이 줘야 한다는 생각, 이 수업 내용은 꼭 알고 넘어가야 한다는 생각 중에서 둘 중 하나를 수없이 선택하며 수업을 만들어왔다는 결론에 도달했을 때는 내가 수업에서 조급함과 불안감을 느낀 이유를 찾은 듯하여 너무 감사하고 기뻤다.

수업 나눔을 하며 나의 작은 반응에도 공감해 주고 같이 고민해주는 선생님들과 함께 문제 해결을 위한 대화를 할 때도 나만의 고민이 아니라고 말해주셔서 많은 위로를 받았다. 학생들에게 많은 시간을 주면서도 진도에 쫓기지 않고 학습 내용을 잘 숙지할 수 있는 수업을 위해 여러 의견을 내어 주셨는데, 성취감을 높일 수 있도록 작은 목표들을 정해주고 적당한 범위를 설정하는 방법은 당장 다음 시간에라도 써 볼 수 있을 정도로 현실적이고 많은 도움이 되었다.

제안 수업에서뿐만 아니라 평소 보셨던 모습을 얘기하시며 격려와 응원을 보내주신 선생님들께 큰 감동을 받았고, 수업 나눔에서 들었던 이야기들을 마음에 새겨서 좋은 수업을 만들어가는 거름으로 삼으리라 다짐하는 시간이 되었다.

가람중학교의 수업 나눔은 이러한 변화의 과정을 거쳐 2022년 현재 아래 표와 같은 흐름으로 진행되고 있다. 가장 먼저 수업디자인에서부터 출발하는데 이는 수업자의 희망에 따라 선택 가능하다. 수업디자인 없이 자신이 구상한 수업을 바로 하는 경우도 있고, 수업디자인을 통해 동료 교사들과 수업 설계부터 머리를 맞대기도 하는데 시간적인 여유가 없어 이 단계를 건너뛰는 경우도 많다. 그리고 실제 수업이 이루어지고 이때 전 교사가 수업에 들어가 자신과 매칭된 학생의 배움을 관찰하게 되는데 이것이 제안수업의 단계이다. 제안수업

후에는 곧바로 제안수업 협의회가 이어진다. 이 협의회에서는 자신이 맡은 학생 모둠 그대로 교사 모둠을 구성하고 관찰한 학생의 배움, 모둠 내의 상호작용, 자신이 배운 점이나 인상 깊었던 점 등을 나눈다. 이때 제안수업과 협의회는 영상으로 촬영하여 이후 수업 알아차림 단계에서 활용하게 된다. 수업 알아차림 단계에서는 수업 영상을 함께 보며 수업자와 모둠원이 함께 공감적 대화를 나누며 고민과 지향점을 구체화하고 수업자의 입장에서 해결책을 찾아나간다. 이러한 과정이 마무리되면 수업자는 패들렛 등을 활용하여 수업 나눔 후기를 작성하여 수업 나눔이 휘발되지 않도록 하는 동시에 한 번 더 자신의 수업을 돌아보는 과정을 거친다.

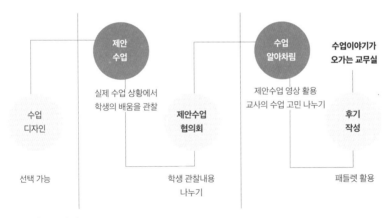

가람중학교 수업 나눔 흐름도

가람중학교 교사들은 예외 없이 2년에 한 번은 전 교사가 들어오는 제안수업 대상자가 되어야 하며, 한 수업에 대해 두 번의 나눔이 이어지고, 수업 알아차림이 있는 날은 평소보다 한 시간 늦게 퇴근하기도 했다. 학교 전체가 이 흐름을 함께 할 수 있었던 이유는 단순하다. '수업을 잘 하고 싶다', '학생들에게 더 좋은 수업시간이 되면 좋겠다'라는 마음. 그리고 다소 복잡해 보이지만 이와 같은 수업 나눔이 원활하게 이어지고 있는 것은 수업자를 응원하고 주인공으로 세우는 문화, 수업을 여는 것이 마치 축제와 같은 느낌을 갖게 하는 가람중학교의 문화가 바탕이 되었기에 가능한 것이었다. 수업이 교실 벽을 넘어 학교 문화로 이어지고 선순환하는 모습은 어찌 보면 가장 교육, 학교의 본질에 가까운 모습이 아닐까?

가람중학교 수업 나눔의 현재 형태는 어느 날 갑자기 만들어진 것이 아니다. 수업 나눔의 시작기부터 최소 5년 이상 점진적으로 조금씩 변화해 온 형태이다. 수업 나눔과 관련된 공동의 책 읽기부터 온라인 연수 수강, 대면 연수 수강, 대표 수업 나눔부터 전 교사 2년에 한 번 수업 나눔에 이르기까지 차근차근 그 단계를 밟아왔다. 해마다 조금씩 깊어지면서 정착되어 온 것이다.

수업은 저마다 다른 개성을 지닌 학생들을 대상으로 한다. 수업을 하는 교사도 모두 다르다. 또한 각종 정책이나 요구 등 학교 현장 역시 끊임없이 변화한다. 처음부터 완벽한 것은 어느 것도 없으며 학생과 학교 환경이 변화하듯 여기에서 제시한 가람중학교의 수업 나눔 형태도 고정된 것은 아닐 터이다. 그러나 가람중학교 구성원들은 늘 그래왔듯 그동안의 고민과 경험을 바탕으로 학생들을 중심에 두고 최선의 안을 만들어내고 매해 조금씩 더 다듬어 나갈 것이다.

수업 나눔을 응원하는 문화

라운드 테이블 II

- 못다한 이야기, 그리고 사람 -

윤미경: 가람중학교 교장 (2019~)

김영희: 전 가람중학교 교사 (2016~2021)

허금주: 가람중학교 교사 (2014~)

장지숙: 가람중학교 교사 (2014~)

최순희: 가람중학교 교사 (2020~)

이현주: 가람중학교 교사 (2012~)

조효신: 가람중학교 교사 (2016~)

강민주: 가람중학교 교사 (2021~)

백지영: 가람중학교 교사 (2020~)

김상협: 가람중학교 교사 (2016~)

이혜림: 가람중학교 교사 (2020~)

이혜림　반갑습니다. 선생님. 매일 학교에서 뵙지만 이렇게 공식적인 자리에서 만나니 더욱 새롭습니다. 이 자리에서 혁신 교육, 우리 학교의 이야기, 나아갈 방향 등을 허심탄회하게 나눌 수 있기를 기대합니다. 먼저, 책에 실릴 원고를 쓴 분들도 있으신데 소감이 궁금합니다. 어떠셨나요?

조효신　네, 저는 글을 쓰면서 설렘, 열정도 다시 생겨났고, 매년 바쁘게 학교생활을 해오다 보니 철학이나 의미 등을 잊고 있었던 것 같은데, 우리 학교의 교육 활동들을 '이런 마음으로 시작했었구나… 그래, 우리는 이런 취지를 갖고 시작을 했지' 하는 것들을 상기하면서 다시 도약할 수 있는 힘을 얻은 것 같아요. 물론 글을 쓴다는 게 쉽지 않아서 고전했지만요.

이혜림　네, 맞습니다. 전문 작가가 아닌 교사들이 직접 글을 쓴다는 것이 보통 일이 아님을 저도 이번 작업을 통해 알게 되었습니다. 그렇지만 조효신 선생님 말씀처럼 내가 몸담은 학교를 더 깊이 들여다보고 가람중학교, 나아가 다행복학교의 의미를 발견할 수 있기도 했지요. 오늘 모이신 분들을 비롯해서 가람중학교에는 내부 초빙, 재초빙 등으로 가람중학교와 오래 함께한 분들도 있고, 다른 다행복학교를 경험하고 오신 분들도 여러분 있는 것 같습니다. 고민이 깊으셨을 것 같은데요. 가람중학교에 남게 된, 혹은 옮겨오신 이유와 결심하신 배경을 말씀해 주실 수 있을까요?

강민주　저는 일반학교의 문화에 회의를 느끼고 다행복학교인 이전 학교로 옮겨갔습니다. 개교하는 학교여서 모두 처음부터 만들어야 했지만 저의 에너지를 정말 교육을 위한 곳에 쓰고 싶다는 마음이었어요. 그런데 그곳에서 우리가 노력하고 시도하고 있는 것들의 방향이 맞는지 아닌지를 잘 모르겠더라구요. 저도 다행복학교를 그곳에서 처음 경험한 것이니까 비교군이 없었던 거죠. 그렇게 4년을 근무하고 옮길 시기가 되어서 일반학교와 다행복학교 사이에서 많이 고민을 했습니다. 일반학교에 가서 그 학교들이 변화하는 데 어떤 역할을 해야되는 것이 아닌가 하는 생각과 나라는 개인이 일반학교를 변화시킬 수 있을까 하는 것에 대한 불확실성 사이에서요. 또 내가 하고 있는 것이 제대로 하고 있는 것인지에 대한 확신도 필요했구요. 그래서 다른 다행복학교에서 근무해보고 싶다는 마음이 생겼어요. 이전 학교와 가람중학교는 정말 환경이 다른 두 학교잖아요. 학교 규모부터 지역 상황, 다행복학교의 출발이 교육청 지정이냐, 학교에서 공모한 것이냐 등등이요. 그러니까 저는 다행복학교라는 것이 어떤 형태의 것인가, 앞으로도 내가 계속 그 길을 간다면 확신을 가져야 될 것 같다라는 생각, 누군가가 다행복학교에 대해 물으면 뭐라고 대답을 해줄까에 대한 답을 스스로 구하려고 오게 된 것 같아요.

최순희 다행복학교에서 다른 학교로 옮길 시기가 오면 누구나 하게 되는 고민인 것 같습니다. 다행복학교에서 경험한 것들을 퍼뜨리는 민들레 홀씨와도 같은 존재가 되어야 한다고 이야기하시는 분들이 많죠. 저는 이전 학교에서 제 교직 생활의 화양연화라 할 만큼 의미 있고 행복한 경험을 많이 했어요. 그렇지만 교육청에서 지정된 학교로서 가진 한계점이라든지 승진 가산점이 있는 학교로서의 한계점, 학교 규모가 너무 큰 것 등의 어려움도 함께 느꼈습니다. 그래서 교사들이 자발적으로 공모에 응해 다행복학교가 된 곳은 의지가 남다를 것 같다는 생각이 들었어요. 가람중학교의 교사 초빙에 응모를 하고 면접을 볼 때 저는 가람중학교에서 하고 있는 것들이 많은 학교에서 꿈꾸는 일인데, 그것이 과연 어떻게 실현이 되는가가 궁금하다고 이야기했었어요. 그러니까 혁신교육이 다행복학교 내에서 실현되는 것을 제3자적인 입장에서 보고 싶다라는 생각이 좀 컸던 것 같아요.

백지영 저 역시 이전 학교가 모든 것을 새롭게 만들어가는 학교였기 때문에 재밌기도 했지만, 내가 하고 있는 일이 새로 만들어 가는 학교여서 하고 있는 것인지, 다행복학교여서 하는 것인지 구분이 어려웠던 것 같아요. 그리고 작은 학교로 가고 싶은 생각도 굉장히 컸어요. 다행복학교에서 시도해 보는 여러 가지 교육 활동들은 큰 학교에서도 실천할 수 있는 것들이 있지만 작은 학교에 더 맞지 않나 하는 생각이 있었거든요. 큰 학교는 교사들이 학교 곳곳에 분산되어 근무하는데 가람중에서는 한 교무실을 사용하죠. 처음에는 다 모여 있는 것이 굉장히 어색하고 낯설고 답답함도 느껴지고 했지만, 협의가 바로바로 이루어질 때 그것이 너무 재밌고 '내가 하고 싶었던 것이 이런 것이었구나' 하는 생각이 들었어요.

이혜림 그렇군요. 다행복학교에 근무하다가 다시 가람중학교로 오신 선생님들은 다행복학교의 정체성을 확인하고, 다른 다행복학교는 어떻게 하고 있는지에 대해 알고 싶으셨던 이유가 큰 것 같습니다. 또 학교 규모에 따라 협의가 펼쳐지는 형태가 다른 것도 흥미롭네요. 그렇다면 유예를 결정하거나 내부 초빙, 재초빙으로 남은 분들의 이야기도 듣고 싶습니다.

허금주　저는 가람중학교에서 만기가 될 무렵에 다른 학교의 이야기를 들으니 우리 학교 문화와 너무 다른 거예요. 또, 가람중학교가 다행복학교를 시작하고 곧 열매를 맺을 단계였거든요. 그래서 욕심이 나더라고요. 그때 공모제(내부형) 교장선생님도 오시고 눈에 띄게 학교가 성장하고 발전하는 게 보였기 때문에 조금 더 있어 보고 싶었습니다. 우리 학교가 정말 어디까지 갈 수 있을지 궁금했습니다. 그래서 더 남기로 결심한 것입니다.

이혜림　많은 고민이 있으셨네요. 선생님들의 말씀 중에 '사람'이라는 것이 떠오릅니다. 유독 가람중학교에 좋은 사람들이 모여든다고 이야기하는 분들이 많더라구요. 그렇게 열정을 가진 사람들이 모이니 다행복학교를 더 내실 있게 운영할 수 있는 것 같습니다. 그러나 사람은 언젠가는 바뀌잖아요. 내부 초빙이 가능했던 다행복학교의 인사제도도 변화가 예고되어 있구요. 만약 사람이 없다면 가람중학교의 다행복교육이 지속 가능할까에 대한 고민이 자연스레 생기게 됩니다. 또 사람이 떠나도 축적해 온 문화가 지속되게 하려면 어떻게 해야 하나 하는 고민도요. 현재의 가람중학교를 만들고, 또 이어오고 있는 것은 오직 사람일까요?

김영희　저는 무조건 사람이라고 생각합니다. 가람중학교 학생들은 거친 면도 있지만 굉장히 심성이 착한 아이들입니다. 또 교사들, 그러니까 제가 교사라고 생각하는 그 교사상을 가진 사람들이 이 안에 다 있는 거예요. 다 한

마음이 되어서 적극적으로 도와주는 분위기이죠. 무엇을 하고자 할 때 망설임 없이 얘기할 수 있습니다. 그래서 명예퇴직을 하고도 시간강사로 나오고 있는 것이겠죠.

장지숙 저도 사람의 힘이라고 생각합니다. 계속 가람중에 남게 된 고민과도 연결되는데…… 이렇게 좋은 사람들과 즐겁게 일하다가 다른 곳에 가서 신나게 할 수 있을까? 못할 것 같은 두려움에 빠졌어요. 뜻이 같은 교사들을 만날 수도 있겠지만 학교 전체 분위기가 그렇지는 않을 거잖아요. 그래서 그런 분들 두고 간다는 게 너무 아쉬웠습니다. 또 학교가 궤도에 올라서 더욱 의미 있는 교육 활동을 해 나가는 것을 좀 더 남아서 보고 싶다는 마음도 있었고, 공모제(내부형) 교장선생님도 오셨기에 옆에서 함께 하고 싶기도 했어요. 교직 생활동안 저는 '선배' 교사에게 많은 도움을 받았습니다. 그런데 어느 순간 제가 선배가 되어 있더라구요. 나도 선배로서 내 역할을 하려면 남아야 되지 않겠나 이런 생각도 들었구요. 그래서 재초빙에 임했습니다. 사람 때문이죠. 그래서 있는 동안은 최선을 다하고 싶어요.

이혜림 네, 다행복학교의 방향성에 대해서 고민이 많아지는 시기에 우리 학교의 이야기를 쓰고 이렇게 함께 이야기를 나누는 자리가 더욱 의미있게 느껴집니다. 대부분의 선생님들이 지금의 가람중학교를 이끄는 힘은 '사람'이라고 말씀을 하시는데, 그러면 사람이 떠나면 가람중학교의 문화는 지속되지 않고 자연히 없어질까요? 어떻게 생각하시는지요?

장지숙 저는 사람이 달라져도 지속될 수 있게 핵심적인 것들은 단단하게 남겨야겠다고 생각합니다. 너무 복잡하고 많은 것들은 다음 사람이 하고 싶어도 가로막는 장벽이 될 수 있으니까요. 시스템도 중요하지만 그 시스템 자체가 너무 버거우면 사람이 운용할 마음이 없어지잖아요. 그러니까 우리가 지금부터 핵심적인 요소를 남기고 간결하게 만드는 준비를 해야 되지 않나 싶어요. 2024년까지 다행복자치학교로 지정된 동안 준비할 것들이죠. 예를 들면 전문적 학습공동체와 같은 것은 계속 더 탄탄하게 해야 될 것 같아요. 단순히 다행복학교가 지속되거나 없어지는 차원이 아니라 교사들이 함께 학습하며 성장해 나가는 문화나 서로 신뢰하고 도와주는 문화 등은 학교 안에서 계속 사람들이 만들어 가야 되지 않을까 하는 생각입니다.

이현주 저는 '지속 가능'이라는 말을 들었을 때 지속 가능하게 하고자 하는 대상이 뭘까, 우리가 하고 있는 교육과정을 계속 똑같이 하는 것이 지속 가능일까 하는 의문이 들었는데 그렇지는 않다고 생각합니다. 왜냐하면 학교 구성원은 당연히 바뀔 것이고 학생들 성향도 바뀔 것이고 정책도 바뀔 테니까요. 다모임이나 전문적 학습공동체와 같은 굵직굵직한 문화를 남겨놓는 것이 가람중학교를 지속 가능하게 하는 방법이지, 지금 하고 있는 것을 영원히 반복하는 것이라고는 생각하지 않아요. 학교라는 조직도 유기체라고 생각하거든요. 지금 하고 있는 것을 심플하게 남겨두어도 형식적으로 지키고 해 나가는 것은 할 수 있지만 그것을 왜, 어떤 의미로 하는지를 모르고 기계적인 사고로 지키는 것은 가람중학교의 문화가 될 수 없다고 생각합니다. 그래서 최대한 이 문화를 잘 전수하는 방법이 뭘까를 고민해봤을 때, 제가 다

행복교육 부장을 다음 선생님께 넘겨주고 그냥 떠나는 것이 아니라 최소 1
년은 같이 있으면서 의미를 공유하고 전해줄 수 있는 그런 마음가짐도 좀 필
요하지 않을까 하고 생각합니다. 다행복부장뿐만 아니라 학년부장, 각 업무
담당자들 모두가요. 그냥 정해진 기간 동안 업무를 하고 다른 업무를 맡으면
단절되는 것이 아니라 업무는 바뀌되, 같은 학교 내에서 일정 기간 동안은
의미를 전해주고 가야 하지 않을까 하는 생각을 했어요. 내가 찾은 의미만
큼, 내가 경험한 만큼 다음 사람에게 최선을 다해서 전해주고 같이 서포트해
주고 내 자리를 떠난다 이런 마음들이 좀 있었으면 좋겠다 하는 개인적인 바
람으로 고민을 정리했습니다.

강민주　저는 약간은 다르게 생각합니다. 생활교육을 할 때 아이들에게 좀
더 기회를 주고 싶은 마음, 경계 세우기의 딜레마, 어떤 상황에서 결단을 내
리는 것 등이 저한테는 좀 어려웠습니다. 그런데 가람중학교에는 그런 결단
의 상황이 많죠. 학년부장으로서 그런 역할을 요구를 받았을 때 저를 노력하
게 했던 원동력은 내가 이것들을 망치면 안 되겠다는 생각이었어요. 가람중
학교가 그동안 해 온 것들이 눈앞에 보이고, 그런 것들을 해나가는 선생님들
이 보이니까 내가 이것을 허투루 하지 않아야 되겠다는 생각이…… 누군가
가 나한테 직접적으로 말하지 않아도 어떤 메시지로 다가왔어요. 이전 학교
에서는 계속 학급 수와 학생 수가 늘어나면서 작년에 했던 방식 그대로 할
수 있는 게 하나도 없었고 매년 처음부터 다시 시작하는 느낌이었죠. 그런데
가람중학교에는 누적된 것들이 있잖아요. 사람들의 힘으로 5~6년간 계속
해 오면서 이미 일종의 시스템이 만들어졌다고 생각합니다. 예를 들면, 제

가 가장 낯설었던 것 중 하나가 문화예술 교육과정이에요. 그런데 낯설었지만 어쨌든 해냈고, 지금도 하고 있잖아요. 그러니까 시작은 어떤 것을 공고히 해가는, 시스템을 만들어가는 과정에서는 분명 사람의 힘이 크겠지만, 재초빙이나 유예 등으로 오래 남으신 선생님들에 의해 교육활동의 형태가 공고히 다져지고 나면 그 안에서 또 그것을 움직일 수 있는 사람이 되는 거라는 생각도 들었어요. 이현주 선생님이 도제교육처럼 서로 전수하며 연결고리를 만들어가자라고 얘기하지만 지금도 사실 그렇게 하고 있거든요. 문화라는 것은 형체가 없어서 더 애매할 것 같아요. 그런데 형식적이고 기계적인 것이라고 말할지 몰라도 눈에 보이는 규칙이나 방식은 오히려 더 흔들리지 않는 것 같거든요. 굳이 이것을 어떤 의미로 만들었고 어떤 과정을 거쳤는지를 반복해서 이야기할 필요는 없을 것 같아요. 대신에 문화예술 교육과정을 왜 하는지, 왜 현장 체험학습을 그렇게 기획하는지, 아이들을 어떤 마음으로 만나고 대할 것인지에 대한 방향성만 잊지 않고 있으면 기존의 사람들이 바뀌거나 새로운 좋은 분들, 방향이 맞는 분들을 모셔 오지 못해도 저는 계속 잘 이어 나갈 것 같다는 생각이 듭니다.

장지숙 저는 가람중학교에서 하고 있는 교육활동의 의미에 동의하고 하느냐 또는 기계적으로 하느냐에 따라서 그 방향은 상당히 달라질 거라고 생각합니다. 시스템이 자기한테 맞지 않으면 굳이 그 시스템을 돌려보고 싶지 않잖아요. 그래서 저는 그게 결국은 사람의 몫이고 가치고 자세라는 생각이 들거든요. 이야기를 나누다 보니 그 의미를 알고 교육활동을 할 수 있는 사람을 키우는 문화가 필요하지 않을까 싶습니다.

이혜림 사람을 키운다는 말이 와닿습니다. 학교의 본질은 무엇보다도 사람을 키우는 데 있죠. 그렇다면 학교장에 대해서도 궁금해지는데요, 학교장은 학교를 키우는 자리에 있는 동시에 학교의 사람 중 한 명이잖아요. 가람중학교의 문화가 지속되려면 학교장의 역할도 굉장히 중요할 것 같아요. 학교장의 리더십에 대한 이야기도 이어서 나누어 볼까요?

김상협 학교장 리더십과 관련해서…… 저는 초빙제도에 대해 부정적이어서 당연히 가람중학교에서 만기가 되면 다른 학교로 옮기려고 했습니다. 그런데 교장선생님이 제일 많이 걸렸어요. 저는 깊어지고 싶은 사람이거든요. 우리가 생각하는 방향으로 할 수 있게 힘을 실어주고 큰 그림을 그려주는 교장선생님의 리더십에 젖어들고 싶기도 했고, 도움이 되고 싶기도 했어요. 제가 초빙을 결심한 가장 큰 이유라고 할 수 있습니다.

이혜림 학교장의 리더십이나 철학에 따라서 학교가 달라지는 그런 분위기를 느끼시나요?

장지숙 꼭 다행복학교, 공모제(내부형) 교장이 아니더라도 관리자에 따라서 일반 학교도 민주적인 문화나 지향점이 조금씩 다르잖아요. 다행복학교를 처음 시작할 때 계셨던 교장선생님도 교사들이 하려는 교육활동이 학생들에게 좋은 것인지를 가장 우선시하고 지지해 주셨습니다. 그런데 김상협 선생님이 말씀하신 것처럼 학교의 상을 어떻게 그리느냐가 바로 그 학교의 정체성이라는 생각이 들거든요. 교장선생님의 리더십, 민주적인 리더십에 따라 학교의 정체성이 달라지기도 하니까 그 중요성이 매우 크다고 생각합니다.

윤미경 저는 교장이 가지고 있는 권한이 학교에서 얼마만큼인지 알아보고 싶었고, 그 영향력이 크다면 내가 좋은 영향력을 발휘해 보고 싶다는 생각이 있었어요. 학교에서 근무하면 뜻이 맞지 않는 관리자가 올까 봐 늘 노심초사 하잖아요. 그래서 교장이 되면 좀 다를 수가 있겠구나, 내 학교든 다른 학교든 교장이 할 수 있는 것이 많다면 최선을 다해 교사들을 돕고 학교를 바꾸고 싶었습니다.

이혜림 그렇군요. '학교장이 차지하는 비중이 70% 이상이라고 생각했는데, 실제로 교장이 되어보니 100%이더라'라는 말이 떠오릅니다. 질문을 이어가 볼게요. 다행복학교, 혁신 교육을 이야기할 때 항상 나오는 말이 학력이죠. 학력과 역량에 대한 고민은 없으셨는지요?

최순희 학력과 역량이 별개의 것이 아니지 않나요. 단순히 문제 풀기를 잘한다거나 시험을 잘 칠 수 있게 하는 것을 학력으로 보는 사람도 있고 어떤 것을 해 낼 수 있게 하는 능력, 즉 역량을 학력으로 보는 사람도 있어요. 학력에 대한 개념이 다를 뿐이지 학력과 역량은 별개의 것이 아니라고 생각합니다.

장지숙 역량은 시대에 따라서 또는 교육과정에 따라서 나라에 따라서 요구하는 것이 달라집니다. 문제를 해결하는 것만이 역량이 아니고 핵심적인 지식을 바탕으로 문제를 발견하는 것 자체도 역량인데 그 문제를 발견하려면 학력이 필요해요. 이전에는 모든 내용을 아우르는 것을 학력이라고 말했다면 지금은 핵심적인 학력이 필요한 것이라고 생각해요. 이 핵심적인 학력이 저는 역량의 개념으로 읽히더라고요.

백지영   하신 말씀에 동의하지만 수학과의 경우에는, 현실적으로 우리 아이들이 졸업을 하고, 고등학교를 가고 대학에 진학할 때 자신들이 가진 역량으로 평가받고 진학하는 것이 맞지만 거기에 굉장히 많은 벽들이 있잖아요. 그것을 바꾸려는 노력에도 불구하고 이상과 현실의 차이가 너무 큰 거예요. 그래서 최소한 아이들이 후회하지 않을 만큼의 학력은 갖춰줘야 한다고 생각을 해요. 다들 아시겠지만 사실 입시에서는 아이들에게 주입식으로 지식을 전달하고 문제풀이를 계속하고 하면 '시험'은 잘 칠 수 있단 말이죠. 우리나라 입시 상황에서 수학 교사로서는 계속해서 딜레마가 있어요.

윤미경   오지선다형으로 정답을 찾는 단순 문제풀이 능력은 실제 사회에서는 한계를 보이죠. 이제 그 학력의 개념을 역량 개념으로 바꿔서 포괄적으로 파악을 해야 되는데, 문제는 그 역량을 평가할 수 있는 척도나 기준이 확실하지 않은 데 있다고 생각합니다. 한편으로는 우리가 판단하기에는 이것이 옳고 맞는 길이라고 생각하지만 아이들이 나중에 고등학교 가고 입시를 치를 때 '나 중학교 때 배운 거 하나도 없어' 이렇게 생각하지는 않을까 하는 우려도 있습니다.

최순희   우리가 이 아이들을 제대로 키우기 위해서는 어떻게 해야 된다라는 방향, 철학을 분명히 하지 않으면 우리는 계속 그 부분에 대해서 갈팡질팡하게 되지 않을까요. 정확한 방향과 철학을 가지되, 학력에 대해서도 최선을 다하는 거죠.

김상협　저도 시차의 문제지 방향은 분명히 맞다고 생각해요. 방향은 맞는데 불안함이 우리에게 있는 거죠. 학력에 대한 우려로 지금의 것을 보완하는 것에 대해서는 동의하지만 방향이 틀리다거나 지금 하고 있는 것이 흔들릴 우려는 없을 것 같아요. 제 아이가 고등학교를 가고 대학교를 갈 텐데 이런 것들을 경험하지 못하고 누리지 못하면서 그냥 외워서 시험 보고 잘했다 못했다 한다거나 단순히 점수를 잘 받는 것을 내가 원하는 것인지를 생각해 보면 그건 아니거든요. 제가 원하는 건 점프해서 다른 문제가 왔을 때도 해결해 나갈 수 있는 능력 같은 것인데 사실 그러한 지향점은 우리도 명확하게 알고 있고 부모님들도 알고 있지만 지금 현실 때문에 안 하는 거잖아요. 지향하는 바는 우리가 확실히 붙들고 있어야 되는 게 맞고, 다만 현실과의 차이가 주는 불안함을 어떻게 보완할까 하는 것에 대한 고민이 남죠. 우리가 기초학력을 위한 노력을 안 하고 있는 것도 아니거든요. 그런 것들을 계속하고 있음에도 불안한 거죠. 우리 아이들 앞에 바로 닥칠 일들이니까…….

윤미경　그러니까 진짜 역량을 가지는 사람을 인재로 발탁할 수 있는 시스템의 필요성이 절실해지네요.

이혜림　선생님들의 이야기를 들으니 다행복학교만이 답인가라는 근본적인 질문에 대한 답이 조금 정리가 되는 것 같아요. 현재와 미래를 연결하는 교육이 중요하다고 생각하고 지금 우리 학교에서 그것을 하고 있기 때문에 의미 있게 논의하는 것이지, 혁신교육만이 정답은 아니라는 거죠. 가람중학교로 전입해오거나 남게 된 고민의 과정, 지금 하고 있는 것들의 출발점과 지속 가능성, 학교장 리더십, 학력과 방향성에 대한 고민을 나누다보니 자연스레 도출된 결과라서 더 뜻깊습니다. 저는 가람중학교에 왔을 때 가장 놀랐던 것이 모두들 최선을 다하는 점이었어요. 그래서 저도 동료들이 열심히 하니까 점점 닮아가려고 노력했던 것 같아요. 그 과정에서 저의 성격적인 부분이나 업무적인 부분도 조금 달라졌다고 생각합니다. 저처럼 가람중학교에 와서 달라진 분들이 많죠?

이현주　알 속에 있다가 깨고 나왔죠. 그런데 혼자 깨고 나온 게 아니라 줄탁동시로 동료 교사 그리고 교장선생님 학생들⋯⋯ 이 모든 경험이 저를 알에서 나오게 한 것 같아요. 내 세상 속에만 이렇게 갇혀 있다가 탁 나와서 교육, 학교, 수업 등이 그냥 나 하나의 세계가 아니라 더 넓은 세계 속에 나 하나가 있었구나를 이제 알게 된 거죠. 저에게는 수업이 정말 두려운 존재였어요. 학생들의 눈빛이 가장 두렵고 무서웠어요. 그렇지만 이제는 그렇지 않아요. 이젠 내가 하고자 하는 수업이 뭔지 내가 알고, 내가 할 수 있는 수업이 무엇인지 알고, 내가 학생들에게 줄 수 있는 수업이 어떤 건지를 알게 됐어요. 여전히 좌절할 때도 있지만 그게 나를 움츠러들게 하는 경험이 아니라 어떤 것을 해결해야 할까, 내가 어떤 것에 좀 더 힘을 내야 할까 이런 것들을 고민하게 만드는 계기가 되는 거지 두려움 속으로 밀어넣는 경험은 아니라는 것을 가람중학교에서 깨달은 거죠.

조효신　저는 가람중학교에서 충만함을 느꼈어요. 또 이상하고 아름다운 그런 학교라는 느낌도 많이 받아요. 처음 가람중학교에 와서 공개수업을 하면서 늘 그렇듯 제가 잘하는 단원, 화려하게 보여줄 수 있는 단원을 선택해서 수업을 했죠. 그런데 제안수업을 시작하면서 고민을 하기 시작한 거예요. 그전까지는 별로 고민을 안 했던 것 같아요. 나는 이 수업이 진짜 힘든데, 한 번도 토론을 해본 적이 없는데…… 다른 학교에서는 못 물어보겠는 거예요. 그건 스스로 해결해야 될 문제라는 느낌이어서 교사가 하나의 섬이라는 생각이 들었어요. 오로지 내가 싸워야 되고 스스로 해결해야 되는 거구나 그런 느낌이 많았는데 여기서는 그냥 자유롭게 얘기를 툭 던지면 툭 얘기를 해 주세요. 섬 같지 않은, 뒤에서 나를 받쳐주는, 내가 조금 틀려도 내가 조금 부족해도 나를 채워줄 수 있는 사람들이 많구나하는 생각이 들어서 충만함이 있었구요. 동료들 덕분에 자발성이 생기는 것 같아요. 다른 곳에서도 내가 이렇게 자발적인 사람으로 살 수 있을까를 생각했을 때, 저는 예전의 모습으로 금방 돌아갈 것 같은 생각이 들더라고요. 여기서 머뭇거리기엔 너무 좀 아쉽다, 그래서 남기를 결정했던 거예요. 사람들 때문인 거죠.

김상협　우리 학교가 고민하고 바꾸는 것을 주저하지 않는 학교라는 말을 들었는데 저도 그런 것 같아요. 2016년도에 가람중학교에 와서 제일 새로웠던 게 국어과가 자꾸 모여서 수업에 대해 이야기 하는 것이었어요. 그렇게 하는 학교도 잘 못 봤고 교과 협의를 수시로, 그냥 편하게 하는 것도 못 봤거든요. 우리 학교에서 그런 것들을 경험하고, 실천하고 또 바뀌고 하면서 한 단계 나아가는 것 같아요. 제가 쓴 글에도 고민하고 바꾸면서 나아가는 것과 관련된 경험을 많이 쓴 것 같거든요. 교사로서 고민은 이전 학교에서도 했었고, 불만스러운 것도 많았지만 저는 바꾸기보다는 그냥 했죠. 제가 새로운 걸 막 하는 편이 아닌데, 여기는 아이디어를 내면 모두가 합심해서 새롭게 만들어가죠. 작년에 제가 많이 들었던 말이 '그만 좀 해도 되겠는데요'였거든요. 객관적으로는 지금도 충분하니까 애쓰는 것이 안타까워서 하는 말씀이죠. 그런데 '이렇게 해보면 더 좋겠어요'하는 의견들이 수시로 나오고, 여기저기서 덧붙여지고 하니까 그냥 충분한 것을 넘어서 진짜 아름답게 되더라고요. 그런 과정을 많이 경험하니까 더 노력하게 되는 것이죠.

이혜림　그렇군요. 선생님들의 성장담을 직접 들으니 더욱 생생하게 느껴집니다. 책을 쓰면서 가람중학교의 문화가 지속 가능하려면 이 의미를 계속 다음 사람에게 남기고 의미를 전수하면서 사람을 키워야겠구나, 사람을 키우는 문화가 시스템화가 되면 더 좋겠구나 하고 생각했습니다. 그리고 오늘 대담을 통해서 더 명확해진 것 같습니다. 미래 역량을 갖춘 사람을 키우는 곳이 다행복학교이고, 지금의 가람중학교를 만든 것은 '사람'이며, 사람은 늘 오고 가겠지만, 사람을 키우는 문화와 시스템이 정착되어 있으면 가람중학교가 해 온 노력들이 사람이 변하더라도 휘발되지는 않겠다고요. 그러기 위해서 앞으로 우리가 준비해야 할 것들이 무엇인지 함께 고민해 보겠습니다. 솔직하고 의미 있는 대화를 나누어 주셔서 감사드리며 이것으로 대담 자리를 마무리하겠습니다.

에필로그

책은 특별한 사람들이 쓰는 것이라고 생각했다.

가람중학교의 이야기를 온전히 우리의 목소리로 담아내고자 직접 책을 쓰기로 결정하고 난 뒤에도, 이 과정이 과연 가능할까? 하는 염려스러움이 여전히 우리 마음에 남아 있었다. 그러나 그 너머에는 어서 빨리 우리의 이야기를 전하고 싶다는 마음, 그리고 새로운 프로젝트를 향한 호기심이 발을 구르고 있었다.

책을 쓰고 다듬는 지난 몇 개월의 과정은 수업 혁신, 학교 비전과 학년 철학, 문화예술 교육과정, 주제 중심 학년 교육과정 등 몇 년에 걸쳐 하나씩 채워갔던 가람중학교의 교육활동을 누구나 언제라도 감상할 수 있는 500호쯤 되는 그림으로 그려나가는 듯한 시간이었다. 우리의 경험이 글로 쌓일 때마다 함께 한 그간의 노력과 도전에 생명을 불어넣는 무언가가 이 세상에 생겨나는 것 같았다. 모두 우리가 한 것들인데 돌아보니 그립고, 새로웠다.

가람중학교의 사례를 나누는 자리에 나가면 다양한 질문을 받게 된다. 그러나 어디서든 빠지지 않고 나오는 질문이 있는데 그 중의 하나가 '무엇이 가장 힘들어요?'이다. 우리 학교의 교육활동을 소개하는 이야기가 혁신학교를 해보라는 권유로 받아들여졌나 보다. 질문자들이 어떤 대답을 예상하고 질문을 했을지는 모르겠지만 우리의 대답은 늘 같았다.

"고민하는 겁니다"

가람중학교 이전까지의 학교생활은 내 학급, 내 교과, 내 수업 시간만 챙기면 되는 것이었다. 그것만으로도 벅차 답답하고 막막한 마음으로 방법들을 찾아다녔다. 방학이 되면 늘 연수로 스케줄을 꽉 채우고 각종 교수 방법과 교육적 트렌드를 따라가려고 애썼다. 그러나 가람중학교에서는 자꾸 서로의 생각을 궁금해하고 같이 논의하자고 한다. 하나의 사안을 두고 다양하게 풀어내고 각자의 의견을 듣고 말하는 과정에서 내 속에 있는 것만이 전부라고 믿었던 견고한 세계가 조금씩 열리면서 우리는 오히려 넓어지고 깊어질 수 있었다.

물론 의견 대립으로 화가 나기도 하고, 절대로 이해할 수 없는 의견으로 괴로울 때도 있다. 그러나 그 순간조차 모든 교사가 품고 있는 동일한 가치는 '잘 가르치고 싶다', '학생들에게 도움이 되는 교사가 되고 싶다' 하는 마음이다. 그 마음으로 치열하게 나누고 다투는 과정을 거치면 창의적인 대안이 마련되는 집단지성을 발휘하는 순간을 만나게 된다. 이 모든 순간에 고민이 자리하고 있다.

지금 우리 학교 교육과정에서 놓치고 있는 것은 무엇인가?

지금 우리에게 필요한 연수는 무엇인가?

지금 학생들에게 필요한 경험은 무엇인가?

지금 우리가 함께 논의하고 토론해야 할 것은 무엇인가?

지금 하고 있는 교육과정의 다음 스텝은 무엇인가?

고민은 늘 우리를 따라다니는 걸림돌 같았고 널뛰기하듯 펄떡거렸다. 그러나 그것은 우리를 교사로서 성장시키는 동력이 되었다.

다름을 수용하고 인정하며, 작은 목소리라도 내기를 소망하는 협의 문화(다모임), 한 사람의 제안이 모두에게 공유되어 교육적 실천으로 이어지는 학교. 책을 쓰는 과정이 우리의 활동을 돌아보면서 그 의미를 다시 짚어보게 했다. 성공의 경험이든 실패의 경험이든, 즐거운 시간이든 힘든 시간이든, 배움이 아닌 순간이 없었다.

가람중학교의 다행복학교 6년, 아니 그 이전부터 이어져 온 많은 고민들을 통과해 온 시간은 한 사람의 열 걸음과 열 사람의 한 걸음의 힘이 어떻게 다른지 확인한 시간이었다. 뜨거운 마음으로 애쓰는 학년팀도, 곁에서 지원하는 업무팀도 함께 고민하며 나아온 시간들을 돌아보니 역시 모든 것은 한 사람의 힘으로 된 것이 아니고 그렇다고 일부 사람의 힘으로 된 것은 더더욱 아니며, 결국 교육과정의 실천은 모든 교사의 몫임을 알 수 있었다. 그리고 그것은 다시 성취감과 함께 또 다른 과제로 돌아온다.

여한이 없다.

죽을 때나 하는 말 같지만, 몹시 만족할 때 하는 말이기도 하다. 교사로서의 배움과 성장은 가람중학교에서 꽃피웠다. 비로소 꽃을 피운 것이라기보다는 스스로가 피어날 수 있게 토양, 햇빛, 바람, 비 모든 것들의 협업으로 피어난 꽃 피움이었다.

우리와 같은 고민의 지점에 있는 독자들에게 도움이 되고자 글 속에 최대한 자세히, 낱낱이 우리의 고민의 과정을 펼쳐 보이려고 노력했다. 이 책을 읽는 독자들에게도 꽃피움의 경험이 함께하는 사람들 속에서 이루어지기를 바란다.

2022년 12월, 가람교육공동체

"세상 모든 것에 감탄하는 지혜로운 사람들의 공간"
도서출판 호밀밭 **homilbooks.com**

오늘과 내일을 잇는 학교

함께 고민하고 성장해온 다행복 가람중학교 도전의 기록

ⓒ 2023, 가람교육공동체

지은이　가람교육공동체
초판 1쇄　2023년 01월 20일
편 집　하은지
디자인　박인미
사 진　김백선
마케팅　최문섭

펴낸이　장현정
펴낸곳　㈜호밀밭
등 록　2008년 11월 12일(제338-2008-6호)
주 소　부산 수영구 연수로 357번길 17-8
전 화　051-751-8001
팩 스　0505-510-4675
이메일　homilbooks@naver.com

Published in Korea by Homilbooks Publishing Co, Busan.
Registration No. 338-2008-6.
First press export edition January, 2023.

ISBN 979-11-6826-099-3 (03370)

※ 본 사업은 부산광역시 교육청을 통해 사업비를 지원받았습니다.
※ 가격은 겉표지에 표시되어 있습니다.